DEN GODA VILJAN

DEN GODA VILJAN

av

INGMAR BERGMAN

NORSTEDTS

ISBN 91-1-911312-9
© 1991 Cinematograph AB, Fårö
Norstedts Förlag, Stockholm
Grafisk formgivning: Björn Bergström
Sättning: FaktorsTjänst AB, Malmö
Tryckning: WSOY, Finland 1991

Förord

Åkerbloms var en fotograferingsglad familj. Efter fars och mors död ärvde jag ett präktigt antal album, de tidigaste daterade från mitten av adertonhundratalet, de senaste från början av sextiotalet. Det finns otvivelaktigt en myckenhet magi i de där bilderna särskilt om de besiktigas med hjälp av ett gigantiskt förstoringsglas: Ansikten, ansikten, händer, kroppshållningar, kläder, smycken, ansikten, husdjur, utsikter, belysningar, ansikten, gardiner, tavlor, mattor, sommarblommor, björkar, älvar, frisyrer, ilskna finnar, knoppande bröst, ståtliga mustascher, det här kan fortsätta ad infinitum, så det är bäst att stanna. Men mest ansikten. Jag går in i bilderna och rör vid personerna, dem jag minns och dem jag inte vet något om. Det här är nästan roligare än gamla stumfilmer som förlorat sina förklarande texter. Jag fabulerar egna mönster.

Ända sedan den självbiografiska Laterna Magica har det föresvävat mig att göra en film om mina föräldrars unga år, deras begynnande äktenskap, deras förhoppningar, tillkortakommanden och "goda vilja". Jag ser på fotografierna och känner stark dragning till de där båda mänskorna, som på nästan alla sätt är så olika de halvt bortvända, mytiskt överdimensionerade varelser som domi-

5

nerade min barn- och ungdom.

Eftersom filmen och bilden är min särskilda uttrycks-
form började jag ganska avsiktslöst att rita upp ett hand-
lingsmönster, baserat på utsagor, dokumentationer och
som sagt fotografier. Jag strövade i min föreställning på Up-
salas gator, då Upsala fortfarande var en liten bortvänd,
halv-sovande universitetsstad. Jag besökte Dufnäs i Dalarna
då Våroms, mina morföräldrars sommarhus, ännu var ett
särskilt och illusoriskt paradis långt från allfarvägarna.
Jag skrev så, som jag sedan femtio år är van att skriva: i
kinematografisk, dramatisk form. I min föreställning ut-
talade skådespelare sina repliker på en intensivt belyst
scen, omgivna av något softade men underbart tydliga de-
korationer. I centrum av denna ansenliga iscensättning
rörde sig min mor och min far i Pernilla Östergrens och
Samuel Frölers personifikationer.

Jag vill inte påstå att jag alltid har varit så noga med san-
ningshalten i min berättelse. Jag har skarvat, lagt till, dragit
ifrån och kastat om, men som ofta är fallet med den här
sortens lekar har leken förmodligen blivit tydligare än verk-
ligheten.

Eftersom jag utan all bitterhet visste att jag inte skulle
iscensätta min saga, var jag extra noga i mina beskrivningar,
ända in i skildringen av ganska obetydliga detaljer, även
sådant som aldrig skulle registreras av en kamera. Utom
möjligen som suggestioner åt skådespelarna.

På så sätt vecklade historien ut sig under ett sommar-
halvår på Fårö. Jag rörde försiktigt vid mina föräldrars
ansikten och öden och tyckte att jag lärde mig åtskilligt om
mig själv. Sådant som varit dolt under lager av dammiga
förträngningar och koncilianta formuleringar utan riktig
innebörd.

Den här boken har inte på någon enda punkt anpassats efter den färdiga filmen. Den har fått förbli som den var skriven: Orden står oemotsagda och lever förhoppningsvis ett eget liv, liksom en egen föreställning i läsarens sinne.

Fårö den 25 augusti 91

Ingmar Bergman

I

Jag väljer en vårvinterdag i början av april 1909. Henrik Bergman har just fyllt tjugotre år och studerar teologi vid Upsala universitet. Nu är han på väg uppför Östra Slottsgatan mot Drottninggatan och Stadshotellet, där han ska möta sin farfar. Det ligger forfarande snö i Slottsbacken men smältvattnet forsar i rännstenarna och molnen tågar.

Hotellet är ett långt tvåvåningshus som trycker under Domkyrkan. Kajorna skränar runt tornen och en liten blå spårvagn tar sig försiktigt nerför backen. Ingen mänska syns till. Det är lördag morgon, studenterna sover och professorerna förbereder sina föreläsningar.

Vid portierdisken sitter en förnämt blickande åldring som läser Upsala Nya Tidning. Han låter Henrik vänta ett passande antal ögonblick, fäller därefter bladet och säger med nasal hövlighet att, jo kandidatens farfar väntar på rum sjutton, det är trappan till vänster. Därefter rättar han till pincenén och återgår till läsningen. Från köket hörs slammer och kvinnoröster. En sur lukt av kall cigarr och stekt strömming förenar sig med oset från en mäktig kolkamin som rungar i ett hörn.

Henriks impuls är att fly, men benen för honom uppför

den mattbelagda, knarrande trätrappan, bort genom den smutsgula korridoren till dörr sjutton. Vid tröskeln står farfars nyputsade kängor. Henrik andas in och sedan andas han ut, knackar. En välljudande, ganska ljus röst säger stig in bara, dörren är öppen.

Rummet är stort med tre fönster mot kullerstensgården, stallarna och de ännu kala almarna. Vid långväggen står två sängar med överstycken av mahogny. Vid motsatt vägg tronar kommoden med handfat, handkannor och rödbroderade handdukar. Möblemanget kompletteras av en soffgrupp och ett runt bord med en frukostbricka. Över golvets kvistiga tiljor utbreder sig en sliten matta av tveksamt orientaliskt ursprung. På de milt mönstrade, bruna tapeterna hänger kopparstick med jaktmotiv.

Fredrik Bergman reser sig med möda ur fåtöljen och går sin sonson till mötes. Han är en reslig man, längre än pojken, bred och knotig, stor näsa, håret järngrått och kortklippt, polisonger men varken skägg eller mustascher. Bakom de guldbågade glasögonen blickar mörkblå ögon något rödkantade. Han räcker fram en kraftig hand med söndriga men rena naglar. De båda männen hälsar varandra utan leenden. Den gamle anvisar sin sonson en stol med slitet överdrag och snidade ben.

Fredrik Bergman blir stående och betraktar Henrik med nyfikenhet men utan tillmötesgående. Henrik ser ut genom fönstret. En lastvagn förspänd av två hästar bullrar över gårdens kullerstenar. Då oväsendet bedarrat tar farfadern till orda. Han talar omständligt och tydligt, liksom den som är van att göra sig förstådd och åtlydd.

Fredrik Bergman: Som du kanske har hört är din farmor sjuk.

För några dagar sedan opererades hon på Akademiska

Sjukhuset av professor Oldenburg. Han säger att det inte finns något hopp.

Fredrik Bergman tystnar och sätter sig. Med käppen följer han mattans mönster, detta tycks intressera honom. Henrik förhärdar sitt hjärta och ställer sig likgiltig. Hans vackra ansikte är lugnt, ögonen stora och milt blå, munnen under den prydliga mustaschen hårt sammanpressad: jag säger ingenting, jag lyssnar, den mannen därborta har ingenting av vikt att säga mig. Farfadern harsklar, rösten är stadig, talet långsamt och tydligt med en skugga av dialekt.

Fredrik Bergman: Din farmor och jag har talat åtskilligt om dig under de sista dagarna.

Någon skrattar i korridoren och går med hastiga steg. En klocka slår tre kvartsslag.

Fredrik Bergman: Din farmor säger, och har sagt i många år, att vi gjorde dig och din mor orätt. Jag hävdar att var och en tar ansvar för sitt eget liv och sina egna handlingar. Din far bröt med oss och flyttade bort med sin familj. Det var hans beslut och hans ansvar. Din farmor säger, och har alltid sagt, att vi borde ha tagit hand om dig och din mor när din far dog. Jag menade att han hade träffat sitt val, både för sig själv och sin familj. Döden ändrar därvidlag ingenting. Din farmor har alltid sagt att vi har varit obarmhärtiga, att vi inte betett oss som kristna mänskor. Det där är ett resonemang som jag inte förstår.

Henrik: (plötsligt) Om farfar har kallat på mig för att klargöra sin inställning till min mor och mig så har jag känt till den så länge jag kan minnas. Var och en svarar för

13

sig själv. *Och* sina gärningar. Där är vi eniga. Kan jag få gå nu, jag tentamensläser nämligen. Det var tråkigt att farmor är sjuk. Farfar kanske vill vara vänlig att hälsa henne.

Henrik reser sig och betraktar sin farfar med lugnt och oförställt förakt. Fredrik Bergman gör en otålig gest, den fortplantar sig genom hela den stora kroppen.

Fredrik Bergman: Sitt ner och låt mig tala färdigt. Jag ska inte bli långrandig. *Sitt ner,* säger jag! Du har kanske ingen an-ledning att älska mig, men det innebär inte att du måste vara ohövlig.

Henrik: (sätter sig) Och...?

Fredrik Bergman: Din farmor har sagt åt mig att söka upp dig. Hon säger att det är hennes sista önskan. Hon säger att du ska besöka henne på sjukhuset. Hon säger att hon vill be dig om förlåtelse för allt det svåra som jag och hon och vår familj har tillfogat dig och din mor.

Henrik: Då jag var nyfödd och min mor var änka kom vi den långa vägen från Kalmar ända till er gård för att be om hjälp. Vi blev hänvisade till två små rum i Söderhamn och ett underhåll på trettio kronor i månaden.

Fredrik Bergman: Det var min bror Hindrich som ordnade det praktiska. Jag hade ingenting med det ekonomiska att göra. Farmor och jag bodde i Stockholm under riks-dagsperioden.

Henrik: Ingenting kan vara meningslösare än det här samta-let. Dessutom är det genant att behöva bevittna hur en gammal herre, som jag alltid respekterat för hans omänsklighet, plötsligt faller ur och blir sentimental.

Fredrik Bergman reser sig och ställer sig mittemot sin son-

14

son. Han tar av de guldbågade glasögonen, en gest av häftig vrede.

Fredrik Bergman: Jag kan inte komma till din farmor och säga att du har avvisat mig. Jag kan inte komma till henne och säga att du inte vill besöka henne.

Henrik: Jag tror nog att det blir nödvändigt.

Fredrik Bergman: Jag har ett förslag att göra dig. Jag vet att dina fastrar på Elfvik har skrivit på ett lån, så att du kan dra dig fram här i Upsala. Jag vet också att din mor försörjer sig som pianolärarinna. Jag erbjuder dig att lösa lånet. Jag erbjuder dig och din mor ett passande underhåll.

Henrik svarar inte. Han betraktar den gamle mannens panna, hans kinder, hans haka, där finns ett litet sår efter morgonens rakning. Han ser på det stora örat, på halsen med en bultande puls ovanför den stela kragen.

Henrik: Vad vill farfar att jag ska svara?

Fredrik Bergman: Du är mycket lik din far, vet du det, Henrik?

Henrik: Det sägs det, ja. Mor säger det.

Fredrik Bergman: Jag kunde aldrig begripa varför han hatade mig så förfärligt.

Henrik: Jag har förstått att farfar aldrig förstått det.

Fredrik Bergman: Jag blev bonde och min bror blev präst. Det var ingen som frågade oss vad vi ville eller inte ville. Ska det ha så stor betydelse?

Henrik: Betydelse?

Fredrik Bergman: Jag kände aldrig något hat eller någon bitterhet mot mina föräldrar. Eller också har jag glömt.

Henrik: Så praktiskt.

Fredrik Bergman: Vad sa du? Jaså, praktiskt! Ja det kan man säga. Din far hade så livliga föreställningar om frihet.

15

Han talade alltid om att han måste "ha sin frihet". Och så blev han en bankrutterad apotekare på Öland. Det var hans frihet.

Henrik: Farfar hånar honom. (tystnad)

Fredrik Bergman: Vad säger du om mitt anbud? Jag står för dina studier, betalar ett månatligt underhåll så länge din mor lever och löser in ert lån. Det enda du behöver göra är att gå till Akademiska Sjukhusets avdelning tolv och försona dig med din farmor.

Henrik: Hur ska jag kunna lita på att farfar inte lurar mig?

Fredrik Bergman skrattar kort. Det är inte något vänligt skratt, men där finns uppskattning.

Fredrik Bergman: Mitt hedersord, Henrik. (paus) Du ska få skriftligt. (muntert) Låt oss upprätta ett kontrakt. Du bestämmer summorna och jag skriver under. Vad säger du om det, Henrik? (plötsligt) Farmor och jag har levat tillsammans i nästan fyrtio år. Nu gör det ont, Henrik. Det gör förtvivlat ont. Hennes kroppsliga plågor är förfärliga men där på sjukhuset kan man ju lindra sådant, åtminstone tillfälligt. Det svåra är att hon lider själsligen. Jag ber dig om ett ögonblick av barmhärtighet. Inte mot mig, det begär jag inte. Utan mot henne. Du ska bli präst, Henrik? Du måste veta något om kärleken, jag menar den kristna kärleken? För mig är det där bara prat och undanflykter, men för dig måste talet om kärleken vara något verkligt? Förbarma dig över en sjuk, förtvivlad mänska. Jag ger dig vad du vill. Du bestämmer summans storlek. Jag köpslår inte. Men du måste hjälpa din farmor i hennes nöd. (paus) Hör du vad jag säger?

Henrik: Gå till den kvinnan som kallas min farmor och hälsa

16

henne att hon levde ett helt liv vid sin makes sida utan att hjälpa mor eller mig. Utan att sätta sig upp mot farfar. Hon kände till vårt elände och skickade små presenter till jular och födelsedagar. Hälsa den där kvinnan att hon har valt sitt liv och sin död. Min förlåtelse får hon aldrig. Hälsa henne att jag föraktar henne för min mors skull och för min egen skull, just så som jag avskyr dig och din sorts mänskor. Jag ska aldrig bli som du.

Fredrik Bergman tar ett hårt grepp i pojkens arm och skakar honom långsamt. Nu ser Henrik på honom.

Henrik: Tänker du slå mig, farfar?

Han gör sig fri och går långsamt genom rummet, stänger dörren försiktigt bakom sig och avlägsnar sig genom den mörka korridoren. Några gaslampor flämtar i det svaga dagsljuset från tre smutsiga fönster högt uppe under taket.

Första veckan i maj ska Henrik tentera i kyrkohistoria för den fasansfulle professor Sundelius. Detta är en måndag klockan halv sex på morgonen. Solen står stark bakom den trasiga rullgardinen i ynglingens anspråkslösa kvarter med plats för en nerlegad säng, ett skraltigt bord översvämmat av böcker och kompendier, en skrivstol, en hårt lastad bokhylla som sett bättre dagar men aldrig bättre litteratur, ett tvättställ med sprucket handfat, dito kanna, hink och potta, en trebent fåtölj stöttad med fyra volymer av Malmströms oläsliga exegetik. Två fotogenlampor (en förvånande lyx!), den ena i det låga taket där fuktfläckar bildar kontinenter, den andra på skrivbordet, vakande över två fotografier: modern då hon fortfarande var ung och älsklig och fästmön vit och vacker med ljusa blickar och breda leende läppar. På det sluttande golvet några trasmattor av outslitlig sort. På de buckliga tapeterna reproduktioner av gammaltestamentliga motiv. I hörnet vid dörren reser sig en smal kakelugn med blommigt mönster på kaklet. Denna studerkammare andas armod, luthersk renlighet inskrubbad med grönsåpa och surnad piprök. Utsikten mot gården består av en brandmur och sju utedass som ängsligt stöttar sig på varandra och muren. I de nästan utslagna syrenbuskarna väsnas småfåglarna. Vedgubben i källaren har redan börjat sitt sågande. Någonstans skriker ett spädbarn efter modersbröstet. Klockan är som sagt halv sex och Henrik vaknar med ett hugg i magen: tentamen i kyrkohistoria. Den fasansfulle professor Sundelius.

Justus Bark stiger in utan att knacka. Han är jämnårig med Henrik men liten och bred, mörka ögon, stor näsa, svarthårig. Han talar hälsingedialekt och har trasiga tänder. Nu är han prydligt klädd i mörk kostym, vit skjorta, löskrage, lösmanschetter, svart kravatt och ursinnigt blankade men slitna skodon.

Justus: Ecclesia invisibilis, ecclesia militans, ecclesia pressa, ecclesia regnans *och* slutligen men inte minst ecclesia triumphans. Vet du vad som är det värsta med gubben Sundelius? Det berättade Gyllen i går kväll. Han sprack på ekumeniken för han visste inte att romersk-katolska kyrkan hållit tjugo möten men att grekisk-katolska kyrkan bara erkände de sju första. Vilka möten erkände de grekiska?

Henrik: Nicaea år 325, Konstantinopel 381, Efesos 431,

18

Chalkedon 451. Konstantinopel igen år 553 *och* 680 samt Nicaea 787.

Justus: Bravo, bravo kandidaten. Gyllen gick bet och den fasansfulla Sundelius körde ut honom. Första frågan, fel svar, ut. Nu är vi rädda, kandidaten, nu är vi ordentligt rädda, jag har konsumerat alltför mycket kaffe eller något som kallas kaffe. Har du några théblad att låna mig. Min mage brinner som Gehenna.

Henrik: Skåpet Justus. Vi ses om tio minuter. Nedanför trappan. Vid medvetande.

Justus: Gyllen är förmögen. Han blir utkörd av Sundelius efter tre minuter, rycker på axlarna och tar sommarlov efter vårbalen. Så klämmer han kyrkohistorien till jul. Skulle du vilja vara —

Henrik: Nej tack. Amicus.

Justus: Vad har du för blå märken på bröstet?

Henrik: Det är Frida. Hon bits.

Justus: Vi ses om tio minuter.

Henrik: Pax tecum.

Då Justus lämnat rummet står Henrik några ögonblick naken i det starka solljuset och försöker andas lugnt, så säger han alldeles tyst: Gud, ska du hjälpa mig? Går det illa idag, är det katastrof. Gubben Sundelius kunde väl bli lite sjuk och skicka den snälla Docenten, det har hänt förr.

Men just den här morgonen är den fasansfulle professor Sundelius inte det minsta sjuk, snarare tvärtom. Tio minuter i åtta sitter tre kandidater och väntar i den rymliga tamburen. Professorn har nämligen gift sig till pengar och bor i en ståtlig tolvrumsvåning vid Vaksala torg. Dörren till matsalen står öppen och två tjänsteflickor i blått och vitt dukar av efter frukosten. Professorskan, ståtlig, men låghalt, skymtar några ögonblick. Hon lornjetterar som hastigast de tre tentanderna och deras bleka ansikten. De reser sig och bugar vördnadsfullt och med inställsamma leenden — som om det skulle hjälpa. Nu slår salsklockan åtta med dova klanger: "hör ej din gravklockas ljud, som kallar dig till Satan eller Gud" tänker Henrik och citerar därmed Macbeth andra akten, scen ett. Professorns sekreterare (han har faktiskt sekreterare och är alltså mycket förmögen, det sägs att han blir minister i nästa regeringsombildning) sekreteraren, alltså, är en ganska dammig mänska med psoriasis och vattniga ögon, han njuter hemligt av den fasa han sprider då han med ett ödmjukt tonfall kallar de tre ynglingarna till professorns arbetsrum.

Professor Sundelius är en ståtlig man i femtioårsåldern med ett öppet ansikte, rödlätt hy, kraftigt gråstrimmat hår och skägg. Han är klädd i en välsittande bonjour som framhäver hans välproportionerade gestalt. Han går med snabba steg över den orientaliska mattan, räcker leende fram en muskulös hand och hälsar hjärtligt på delinkventerna.

Arbetsrummet är rymligt men ganska mörkt. Tunga draperier håller den lysande vårdagen ute. Härinne härskar böckernas dofter och tystnad. Ett skrivbord, mäktigt som en borg. Skinnmöbler. Tre framställda mörkbetsade stolar med rottingsitsar och raka ryggstöd, glänsande armaturer, mörka tavlor i gyllene ramar och svagt skimrande kvinnokroppar.

Professorn slår sig ner vid skrivbordet och bjuder de tre att sitta på de framställda stolarna. Han väljer en cigarr (första cigarren efter frukost) ur ett silverskrin, snoppar den omsorgsfullt och tänder den.

Professor Sundelius: Ingenting går upp mot frukostcigarren.

Jag kan i förtroende tala om att detta är en äkta cubansk cigarr. Se hur ädelt den glöder. Se hur tobaksbladets fina nerver suger åt sig elden och hur milt de förvandlas till aska.

Professorn och hans tentander begrundar några sekunder cigarrökandets skönhet, därefter lutar sig Sundelius fram och sträcker tigande ut en stor hand. Studenterna förstår genast att de ska lämna över sina tentamensböcker. Professorn lägger dem i en rad på skrivunderlägget.

Professor Sundelius: Vem av herrarna vill börja? Vem tar första stöten? Som herrarna säkert känner till, anses jag fordrande. Det är inte kitslighet utan en genomtänkt attityd som genom åren förskaffat mig många mindre smickrande epitet. Nå, hur som helst med den saken. Vi dras med alltför många lata, dumma och obildade teologer. Genom att ställa rimliga krav kan jag bidra till att höja ert anseende och er status. Man säger ofta: en präst är en själasörjare, vad har hans Menighet för glädje av att han vet något om Bonifacius den sjunde och vad han ställde till med? Det är ett bestickande men felaktigt resonemang. En god behärskning av kyrkohistorien kräver flit, intresse, överblick, gott minne och självdisciplin. Egenskaper som är bra för en präst. Jag håller upp ett raster och ser till att idioterna, lathundarna och svamlarna fastnar. Det är väl alltid något, eller hur mina herrar?

Tre bleka leenden och några tonlösa instämmanden. Därefter blir det tyst. Så harsklar sig Baltsar, den tredje av de tre. Om honom är inte så mycket att säga. Han hör till matlaget hos "Kalla Märta", är mager och har sjukligt gulaktig hy, utstående matta ögon och dålig andedräkt. Baltsar förekommer inte länge till på jorden. Något år efter den här dagen stoppar han en dynamitpatron i munnen och exploderar bland stadens berömda kungsängsliljor som just slagit ut. Det fanns inte så mycket att begrava.

Professor Sundelius: (nytert) Så bra, så bra, herr Bejer. Vi ska tala om Skolastiken, det är ett stort och närande ämne, och vi ska börja med den så kallade Tidig-skolastiken vars främsta representanter var —?

Baltsar: Johannes Scotus Erigena samt Anselm av Canterbury. Tidig medeltid. Niohundratalet.

Professor Sundelius: Så där ungefär. Och vad var nu karaktäristiskt för de här båda herrarna?

Baltsar: Johannes Erigena hävdade att den sanna religionen och den sanna filosofin är identiska. Anselm av Canterbury påstod att de allmänna begreppen, det vill säga idéerna, är realiteter och inte bara ord. Credo ut intelligam.

Professor Sundelius: — nihil credendum nisi intellectum.

Baltsar: Det sa inte Anselm utan i viss mån hans motståndare Abailard. För honom spelade förnuftet en avgörande roll. Han ville inskränka auktoritetstron som han ansåg riskabel. Det gjorde att han fick mäktiga fiender.

Professor Sundelius: Vi ska komma tillbaka till Högskolastiken och Tomas från Aquino om en liten stund. Herr Bergman, ert ämne får bli det "Apostoliska". Vill ni nämna några av de Apostoliska Fäderna. Vilka författare anses ha varit omedelbara lärjungar till apostlarna?

Henrik: Barnabas.

Professor Sundelius: Det är rätt. Men där finns ytterligare några *mycket* viktiga figurer?

Henrik: Clemens av Rom. (paus) Polycarpus.

Professor Sundelius: Tre till, herr Bergman.

Henrik: Nej.

Professor Sundelius: Vad menas med en apostolisk församling?

Henrik: Det är de församlingar som apostlarna själva instiftade i Rom, Efesos och Korint.

Professor Sundelius: Fler?

Henrik: Efesos.

Professor Sundelius: Efesos har ni redan nämnt.

Henrik: Alexandria.

Professor Sundelius: Nej, men Antiokia. Jerusalem.

Henrik: Ja. Visst.

Professor Sundelius: Vad menas med apostolisk symbolum?

Henrik: Det är nånting som har med trosbekännelse att göra. Mer vet jag inte.

Henrik betraktar sina naglar. Katastrofen är ett faktum. Baltsar och Justus har slutat andas. Professor Sundelius tiger. En yrvaken vårfluga surrar i den smala solstrimman mellan de tunga fönsterdraperingarna.

Nästan en hel minut försvinner ut i evigheten. Professorn ser uppmärksamt på kandidat Bergman. Så vänder han sig mot skrivbordet och bläddrar i tentamensboken, räcker den sedan till Henrik.

Professor Sundelius: Nu ska kandidaten ta en skön promenad i Botanicum. Där finns mycket att förundra sig över vid den här tiden på våren. Antingen man tror på den allvisa Guden eller inte. Adjö herr Bergman och välkommen tillbaka i slutet av november. Jag vill kanske tillfoga att mitt inledningsanförande inte gäller er. Jag tror att kandidaten kommer att bli en bra präst, oavsett Symbolum eller de Apostoliska Fäderna.

Professorn nickar och antyder därmed att Henrik bör dra sig tillbaka. Man kan inte påstå att den Fasansfulle skulle le men han betraktar Henrik Bergman med något som liknar nyfikenhet. Så är det slut. Ut genom dörren, ut i matsalen där parkettgolvet knäbonas, ut i tamburen att ta ner studentmössan. Nedför marmortrapporna som ekar. Den stora porten dånar. Mitt i gatan tågar en musikkår som tutar som den kan, bländande sol, folk stannar och glor eller tågar i takt. En gänglig ung man, barhuvad med mörkt tunt hår, mörka ögon och välansad mustasch stannar framför Henrik och rör vid hans arm med sin eleganta spatserkäpp.

Ernst: Tjänare Bergman, du glömmer väl inte repetitionen i kören i kväll. Hugo Alfvén kommer. Efteråt blir det Zwyck.

Han nickar och är försvunnen.

Nu ska vi tala om Frida Strandberg, Henriks fästmö sedan två år. Det är visserligen en ytterst hemlig förlovning, den är bara känd av de närmaste vännerna, varken Henriks mor eller fastrarna på Elfvik är underrättade. Flickans släktingar i Ångermanland vet heller ingenting. En förlovning är det likafullt med ringar, heliga löften, levande ljus och ömma kyssar.

Frida är tre år äldre än sin fästman och arbetar som servitris på Gillet, stadens gentilaste hotell. Hon och flera av den övriga personalen bor i usla och dragiga kyffen högt

uppe på det massiva husets övre vind. Den moraliska kon-
sekvensen av detta blandade boende bekymrar inte led-
ningen, men nattspring är förbjudet. Den enda personalin-
gången bevakas av en Cerberus och hans hustru. De anses
sakna normala sömnbehov.

Frida är en vacker kvinna, välväxt, något knotig med
höga bröst och runda höfter under den långa, snäva kjolen.
Hon bär det askblonda håret i en valk över pannan och sam-
lat i en konstlös knut högt uppe på hjässan. Ögonen är sto-
ra, nästan runda och iakttagande, värderande, nyfikna. Hon
skrattar gärna, förvånande stort, läpparna är välformade
men smala, hakan rund och bestämd. Hon ser beslutsam ut
med en sådan haka. Näsan är lång och ädelt formad. Hon
talar snabbt med stark dialekt, rör sig livligt, för sig väl, an-
tingen hon bär tunga brickor i hotellets matsal eller går på
söndagspromenad i Fyrisparken med fästmannen.

De träffades av en slump. En av Henriks kamrater i matla-
get hos "Kalla Märta" hade ärvt en avliden moster och ville
fira. Man gick på Flustret nere vid Svandammen. Frida som-
marvikarierade i den övre våningen med de enskilda rum-
men. Det var en varm kväll med öppna fönster, balsamiskt
tunga dofter och militärmusik från paviljongen.

Alla blev berusade, Henrik värst. Då sällskapet bröt upp
för att ta sig till bordellen i Svartbäcken kunde man inte få
liv i teologen och lämnade honom åt hans öde eller Frida,
som så småningom (då hon slutat sin tjänst klockan två på
natten) skaffade en droska. Hon lyckades lirka fram adres-
sen och med hjälp av kusken bar och släpade man den allt-
jämt redlöse studenten uppför trapporna till hans rum.
Den natten hände ingenting mer än att Henrik kräktes på
Fridas kjol, slog huvudet i en bordskant och blödde ganska
starkt.

Två dagar senare begav sig Henrik till Flustret med dyrt inhandlade blommor. Han mötte henne vid den schabbiga baksidan, där hon tillfälligt tog igen sig med en kopp kaffe och cigarrcigarett. Båda blev djupt förvirrade. Henrik ursäktade sig för sitt klandervärda uppträdande och krävde att få ersätta Fridas kostnader för kjolens rengörande. Hon visste inte vad hon skulle svara, eftersom kjolen inte gick att tvätta, den var förstörd. Samtidigt insåg hon att Henrik knappast hade råd att köpa en ny kjol.

Hon drack ur kaffet och släckte cigarillen och stoppade det som var kvar i en liten tenndosa. Så reste hon sig och sa att hennes rast nog var slut — men ville han träffas, så slutade hon klockan två. Han slog sig ner vid ett runt marmorbord ute i en av de stora syrenbersåerna, beställde en mineralvatten, såg på folk, lyssnade till regementsmusik, ändernas snattrande och forsen under Islandsbron.

Då det var dags följde han Frida till Gillet, där kysste han hennes hand, något som han lärt sig av sin mor. Han förklarade dessutom att han var ensam i Upsala, i Sverige, i Världen och Universum. Frida skrattade förvånad men lite oroad och föreslog en utflykt till Graneberg. Hon skulle vara ledig nästkommande söndag.

Så började en samvaro som ganska snart utvecklade sig till ett samliv. Henrik plågades av syndaångest, liderlighet och oregerlig svartsjuka. Frida använde list, klokhet, vita lögner och strategi för att lugna detta upprörda och förvirrade barn. Hon lärde honom dessutom hur de skulle undvika konsekvenser, vilket i sin tur framkallade anfall av retrospektiv svartsjuka. Frida lirkade och Henrik väsnades. Snart var de oskiljaktiga.

Efter kort tid var de förlovade — hemligt. Henrik vågade inte berätta för sin mor om Frida, men Frida bråkade inte.

Hon bidade sin tid. Att bli välbeställd prästfru kunde vara en framtid. Hon drömde ofta och gärna om ett sådant liv men höll sina drömmar för sig själv. Frida visste åtskilligt om verkligheten och var klok nog att dra konsekvenser och göra upp planer. Henrik däremot visste ingenting, eftersom ett berg av krav skymde utsikten. Han levde nedsjunken i egna tvång och andras förväntningar. Tillsammans med Frida kunde han känna plötsliga sting av lycka, eller vad han nu skulle kalla det där obekanta som förvånade honom och pressade fram heta tårar under ögonlocken.

Då Frida kom hem till Henrik på tentamenskvällen var det redan ganska sent. Hon hade lyckats byta en vakt efter nådigt tillstånd från Hovmästaren. Nu kom hon när Domkyrkan slog tio och fann dörren öppen och rummet nästan mörkt. Henrik låg på sängen med armen över ansiktet. Då hon försiktigt närmade sig satte han sig upp.

Frida: Justus var förbi och berättade. Har du ätit? Du har inte ätit något på hela dagen? Jag tänkte väl det, så jag tog med mig en öl och lite kallskuret från köket. Fröken Hilda hälsade så mycket — du vet hon som vi mötte på konserten i Trefaldighetskyrkan. Hon sa att hon tyckte du var stilig men på tok för mager. Kan jag tända lampan så dukar jag bordet — jag lär väl flytta böckerna lite?

Hon sysslar tyst och envetet. Henrik ser på henne, känner tyngd och lättnad, dessutom är han sprängande kissnödig.

Henrik: Jag måste gå ner och pinka. Jag har visst inte pinkat på hela dagen.
Frida: Så ledsen kan väl ingen mänska vara!

Henrik ler svagt och försvinner i korridoren, hörs bullra i trappan. Frida häller upp öl i tandborstglaset, slår sig ner vid bordet, tänder en cigarrcigarett och betraktar fotografiet av Henriks mor. Så går hennes blick ut genom fönstret ner mot brandmuren och gården. Där står Henrik, svagt belyst av lyktan i portvalvet. Han knäpper byxorna och känner antagligen att hon ser på honom, så han vänder ansiktet mot ljuset från fönstret och ser henne stå där inramad av den gula fyrkanten. Hon ler men han besvarar inte leendet. Då vinkar hon åt honom att han ska komma upp, höjer glaset och dricker. Så öppnar hon blusen, drar ner linnet och blottar högra bröstet.

I gryningen stiger Frida upp för att ta sig hem.

Frida: Nej, ligg kvar du. Det är snart ljust och jag tycker om att spatsera utefter ån, när stan är tyst och tom.

Henrik: Jag måste resa hem i nästa vecka. Kan du se hur det blir? Mor står där tjock och förväntansfull och väntar på perrongen. Jag går fram till henne och säger att det blev ingen tentamen, jag klarade det inte. Och så börjar hon gråta.

Frida: Stackars Henrik! Jag kunde följa med.

De skrattar lite glädjelöst åt det otänkbara i en sådan planering. Henrik stiger raskt ur sängen och klär sig. Så är de på väg genom den orörliga, kyliga majmorgonen. Då de kommer till Nybron stannar de och ser ner i det mörka, häftigt strömmande vattnet.

Henrik: När jag var barn beställde mor ett litet altare av en snickare. Själv sydde hon en duk med spetsar och så köpte hon en gipsbild av Thorvaldsens Kristus och tog två tennljusstakar från matsalen och ställde på altarduken. Om söndagarna gjorde vi högmässa, jag var präst i prästkappa och prästkrage. Mor och en gammal tant från ålderdomshemmet var församling. Mor spelade på orgeln och vi sjöng psalmer. Vi hade till och med nattvardsgång, kan du tänka dig! Senare fick jag be mor att vi skulle sluta med den där genanta teatern. Jag började tro att vi begick någon hemsk synd — det var så löjligt och förödmjukande alltsammans — jag trodde att Gud skulle straffa oss. Mor var så besinningslös på något sätt. Hon blev ledsen förstås. Hon hade ju gjort allt det där för min skull och jag hade, i alla fall de sista åren, gjort det för hennes skull. Ja, det var ett elände. Och nu undrar jag, en dag som idag, om jag tänker bli präst för mors skull och för att min far inte ville bli präst trots att hela släkten ansåg att han borde bli präst. Och jag undrar vad han tänkte när han avbröt sina studier, som hade varit så lovande. Jag undrar vad han tänkte. Och apotekare, han blev apotekare. Kan du tänka dig farfar och den övriga släkten? Och skammen! Ja.

Frida: Varför skulle du inte bli präst, Henrik? Det är ett bra yrke. Hederligt och bra och rejält. Du kan försörja dig själv och din familj och din mor inte minst.

Frida har raljerat, det är ingen tvekan. Eller kanske är det hennes dialekt som får problemet att låta betydelselöst. Eller Frida själv, som tycker att hennes teolog krånglar. Det är inte så lätt att veta.

Trafikchefen Johan Åkerblom lutar. Därmed menas, att man på ett värdigt sätt förkortar eftermiddagens tråkighet med en slummer. Trafikchefen är dessutom i sin fulla rätt att luta. Han har fyllt sjuttio år och dragit sig tillbaka från järnvägsbroar, rangerbangårdar och signalsystem, konstruerade och uppbyggda under den rälsburna trafikens häftigaste expansion. Redan som ung, nykläckt ingenjör sökte han sig till Statens Järnvägar, blev nästan genast omtalad för sina raska och praktiska idéer. Han avancerade lätt och snabbt. Då han var tjugofyra år gifte han sig med en förmögen grosshandlardotter, köpte det nybyggda huset Trädgårdsgatan tolv, och flyttade in i tiorumsvåningen en trappa upp. Tre söner föddes i rask följd: Oscar, Gustav och Carl. Efter tjugo år av yttre framgång och äktenskaplig förlägenhet, dog den sjukliga hustrun. Johan Åkerblom stod ensam och handfallen med tre halvvuxna och överuppfostrade söner. Hemmet sköttes av hushållerskor och sönderfallet accelererade.

Trafikchefen spelade cello på fritiden och umgicks med familjen Calwagen vars överhuvud hade författat en tysk skolgrammatik som i generationer skulle plåga svenska barn: "Die Heeringe der Ostsee sind magerer als die der Nordsee". Och så vidare.

Tillsammans med trafikchefen bildade man en stråkkvartett som efter behag kunde utökas till en kvintett eftersom äldsta dottern Karin var en ambitiös amatörpianist, som ersatte bristande musikalitet med entusiasm och beslutsamhet. Karin kände stark sympati för den nästan trettio år äldre änkemannen. Hon såg klart hur hemmet föll sönder efter hustruns död. En vårdag föreslog hon utan vidare omsvep att Johan och hon skulle gifta sig. Överväldigad av så mycken generositet och handlingskraft, kunde Johan rörd och stammande knappast göra något annat än att tacka ja. De gifte sig ett halvår senare och efter en för den tiden ytterligt kort bröllopsresa till en nybyggd järnvägsknut i staden Halle flyttade Karin, tjugotvå år gammal och bräddfull av god vilja, in i tiorumsvåningen vid Trädgårdsgatan.

De tre sönerna, som praktiskt taget var hennes jämnåriga, reagerade med avvisande misstänksamhet och de alltför hårt uppfostrades sofistikerade busfasoner. Inbördes var de fiender men fann plötsligt anledning att sluta sig samman mot den som så tydligt hotade deras frihet. Inom några månader fick ynglingarna emellertid erfara att de drabbats av sin överman. Efter en tid av svåra tillkortakommanden fann de för gott att sträcka vapen och ansöka om villkorslös kapitulation. Karin var en insiktsfull strateg redan i de yngre åren och insåg klart att hon inte skulle utnyttja sitt övertag till att förödmjuka motståndarna. Tvärtom. Hon överhöljde dem med nådevedermälen, inte bara av klokhet utan av tillgivenhet. Hon tyckte om sina drumliga, snälla och förvirrade styvsöner och mötte deras gryende tillgivenhet med kärv och munter ömhet.

Nu är Karin fyrtiofyra år och har två egna barn, Ernst och Anna, båda i tjugoårsåldern. Huset håller sig med fyra tjänare och stort umgänge. Dessutom har två av de äldsta bröderna gift sig och bildat egna familjer som ofta kommer på mer eller mindre improviserade besök.

Då Karin gifte sig avbröt hon sin lärarinneutbildning, något som hon aldrig fick tillfälle att ångra. Verkligheten försåg henne med oavbruten sysselsättning. Hon var mänskoklok, klarsynt, humoristisk, vänlig och muntert energisk. Hon var dessutom häftig, diktatorisk, hänsynslös och skarptungad. Man kan inte påstå att hon var vacker men hela den lilla personen utstrålade charm och kroppslig vitalitet. Det är knappast troligt att trafikchefen och hans trettio år yngre hustru älskade varandra i trivial bemärkelse, men de spelade sina roller utan protest och så småningom blev de vänner.

Således lutar trafikchefen Johan Åkerblom. Det protestantiska arvet förbjuder honom att klä av sig och vila ryggen och den värkande höften i den bekväma sängen. Nej, han sitter i sin stora läsfåtölj iklädd kort, elegant rökrock och med en vetenskaplig avhandling inom räckhåll. Han har bara skjutit upp glasögonen i pannan. Eftermiddagspipan, tobaksburken och det lilla glaset med absint finns på bordet bredvid stolen. Under fötterna en pall med broderad dyna, över hans knän en filt. Det ljusa rummet vetter mot gården därav stillheten. Ett resligt vårdträd skuggar solen vid fönstren och ger gröna rörliga skuggor över väggarnas bokhyllor och tavlorna med italienska motiv. Ett allvarligt golvur mäter tiden med hövliga knäppningar. En orientalisk matta i lätta färger och mönster täcker golvets tiljor.

Nu öppnas i alla fall dörren, ytterst försiktigt, och denna berättelses andra huvudperson stiger in så tyst. Det är en ung kvinna som heter Anna, hon är nyss fyllda tjugo år, är liten och nätt men välutvecklad, har långt brunt hår, rödaktigt längst ut i topparna. Varma bruna ögon, fint formad näsa, sinnligt vänlig mun och barnsligt runda kinder. Hon är klädd i en dyrbar spetsblus, ett brett bälte kring den smala midjan och en lång elegant skuren kjol i ljust ylletyg. Hon bär inga smycken utom ett par lätta briljantörhängen. Kängorna är modemedvetet högklackade.

Så ser hon ut — Anna som hette Karin i verkligheten. Jag varken vill eller kan förklara varför jag har ett sådant behov att blanda bort och ändra namnen: min far hette ju Erik och min mormor hette just Anna. Nåja, det kanske hör till leken — och en lek är det.

Anna: Sover pappa?

Johan Åkerblom: Ja visst. Jag sover och drömmer att jag sover. Och jag drömmer att jag sitter i mitt arbetsrum och sover. Och så öppnas dörren och in kommer den vackraste — den allra mest älskansvärda — den ömmaste. Och hon kommer fram till mig och blåser på mig med sin milda andedräkt och säger sover pappa. Och då drömmer jag att jag tänker: Så här måste det vara att vakna i paradiset.

Anna: Pappa ska lära sig att ta av glasögonen då han lutar middag. Annars kan de ramla i golvet och gå sönder.

Johan Åkerblom: Du är lika snusförnuftig som din mor. Du borde veta att hos mig är allting avsiktligt och genomtänkt. Skjuter jag upp glasögonen i pannan då jag tar min lilla middagsvila, ger det intryck av ett skapande tillstånd med slutna ögon. Ingen — utom du — får överraska Johan Åkerblom med hängande haka och öppen mun.

Anna: Nej då. Pappa sov så korrekt och ståtlig och kontrollerad. Som alltid.

Johan Åkerblom: Nå vad vill du, mitt hjärta?

Anna: Det är middag om några minuter. Får jag smaka på pappas absint förresten? Det sägs ju vara så lastbart? Tänk på Christian Krohg och alla de där geniala norrmännen som blev tokiga av absint. (smakar) Om man ska dricka absint får man nog vara lite särskilt lastbar för att förmå sig att dricka absint. Sitt stilla nu, ska jag kamma pappa så pappa blir fin.

Anna försvinner till ett inre rum och kommer genast tillbaka med kam och borste.

33

Johan Åkerblom: Skulle vi inte ha en gäst till middagen? Var det inte Ernst som skulle —

Anna: Det är en kamrat till Ernst. De sjunger tillsammans i Akademiska kören. Ernst säger att den här gossen läser teologi.

Johan Åkerblom: Va? Ska han bli präst? Umgås vår Ernst med en prästlärling — då stundar väl de yttersta dagarna.

Anna: Var inte fånig, pappa. Ernst säger att den här pojken — jag har glömt vad han heter — är väldigt trevlig, lite blyg men väldigt trevlig. Han lär dessutom vara förskräckligt fattig. Men vacker.

Johan Åkerblom: Jaha, jaha, då förstår jag det oväntade intresset för din brors senaste vänskapsförbindelse.

Anna: Nu är pappa fånig igen. Jag ska gifta mig med bror Ernst. Han är den Ende för mig.

Johan Åkerblom: Men jag då?

Anna: Och så pappa förstås! Har inte mamma sagt till att pappa måste hålla reda på hårtussarna i öronen. Hur kan man höra med så mycket hår i öronen.

Johan Åkerblom: Det är särskilt fina så kallade *hörselhår* och dem får ingen röra! Med mina hörselhår får jag en särskild sorts hörsel som säger mig vad mänskor tänker. De flesta säger nämligen ett och tänker något annat. Det hör jag genast med mina hörselhår.

Anna: Kan pappa säga vad jag tänker precis nu?

Johan Åkerblom: Du är för nära. Hörselhåren blir överansträngda. Ställ dig därborta i solstrimman, så ska jag genast säga vad du tänker.

Anna: (skrattar och ställer sig) Nå pappa!

Johan Åkerblom: Du är mycket nöjd med dig själv. Du är dessutom mycket nöjd med att din pappa älskar dig.

Då klockan i Domkyrkan, klockan i matsalen, klockan i förmaket och den inåtvända golvklockan i arbetsrummet slår fem, öppnas dörren och trafikchefen inträder i salongen med Anna vid sin sida. Han har lagt höger arm om hennes axlar, med den vänstra stöder han sig på en käpp. Alla reser sig och hälsar familjens överhuvud. Här är möjligen det rätta ögonblicket att beskriva de närvarande: fru Karin har vi redan talat om, likaså älsklingssonen Ernst som är jämnårig med Henrik. De tre bröderna Oscar, Gustav och Carl står lite avsides och reder ut någon av Carls ständiga växelaffärer. De talar i munnen på varandra. Då fadern stiger in i rummet tystnar de genast och vänder sig hövligt leende mot de inträdande.

Oscar är lik sin far, välbeställd grosshandlare, självsäker och fåmäld. Han är gift med en lång, mager kvinna med sjukligt utseende, glasögonen döljer hennes smärtfyllda blick. Hon anses ständigt döende. Varje höst reser hon till kurer och hälsobad i Sydtyskland eller Schweiz, varje vår kommer hon tillbaka framåtböjd, lätt svajande och med ett plågat ursäktande leende: jag dog inte nu heller, ni får ha lite tålamod.

Gustav är professor i romersk rätt och en tråkmåns, något som omgivningen gärna påpekar. Till skydd har han skaffat sig en ansenlig rondör. Han skrattar godmodigt och skakar på huvudet åt sin egen ledsamhet. Hans hustru Martha är av rysk börd, talar svenska med stark accent och är gladlynt. Hon och hennes man förenas i en innerlig kärlek till bordets fröjder. De har två vackra och något bångstyriga döttrar i de lägre tonåren.

Carl är ingenjör och uppfinnare, oftast misslyckad. De flesta anser att han är familjens svarta får. Han förenar intelligens med misantropi, är ungkarl och inte särskilt renlig

35

vare sig till själ eller kropp, det senare till styvmoderns ständiga förargelse. Ja, det är något lurt med broder Carl och till honom återvänder jag om en stund.

Ytterligare närvarande är Torsten Bohlin, ett ungt snille med djärva drag och flygande hår, vårdslöst elegant och älskad av familjen. Han skriver vid tjugofyra års ålder sin doktorsavhandling (om den gregorianska kyrkosången i den förprotestantiska koralen så som den återspeglas i den återfunna melodisamlingen i Skattungbyns kyrka vid restaureringen adertonhundranittioåtta). Slutligen och sist betraktas unge Bohlin som Annas tillkommande. Man påstår att varma känslor kommit till synliga uttryck mellan de båda ungdomarna.

Den redliga fröken Siri uppenbarar sig i dörren till matsalen, hon förefaller lätt desorienterad. Karin Åkerblom säger tvärs genom rummet: vår extra middagsgäst har inte infunnit sig. Vi väntar väl några minuter och ser om han dyker upp.

Karin: (till Ernst) Är du säker på att du sa din vän att middagen är klockan fem.

Ernst: Jag betonade att vi är sjukligt punktliga i den här familjen. Han påpekade att han själv är en desperat punktlighetsentusiast.

Johan Åkerblom: Vad är han för sorts figur?

Ernst: Kära pappa, han är inte alls någon figur. Han studerar teologi och ska bli präst om Gud vill.

Carl: En präst, en präst! Varför inte en präst i familjen? Ett professionellt tillskott i hycklarligan.

Martha: Har Underdjuret något namn?

Ernst: Henrik Bergman. Gästrike-Hälsinge nation. Vi sjunger i Akademiska kören. Han har en utmärkt baryton,

36

dessutom har han tre ogifta fastrar.

Oscar: Fröknarna på Elfvik.

Ernst: Fröknarna Bergman på Elfvik.

Johan Åkerblom: Då måste riksdagsman Fredrik Bergman vara hans farfar.

Karin: Känner vi honom?

Johan Åkerblom: En gammal räv i den högre skolan. Han ivrar för ett särskilt förbund — ett bondeparti. Det skulle just bli vackert. Strid och splittring. Vi lär förresten vara släkt nånstans. Kusinbarn eller något i den stilen.

Detta utlöser en liten munterhet som tystnar då det ringer på dörren. Jag öppnar, säger Anna avgörande. Hon hejdar fröken Siri som just är på väg med ett särskilt, ogillande ansiktsuttryck, det skulle skrämma vem som helst. Anna får upp dörren. Där står nu Henrik Bergman. Han är skräckslagen.

Henrik: Jag är försenad. Jag är sen.

Anna: Ni kan få middag i alla fall. Fast ni måste nog sitta i köket.

Henrik: Jag är förfärligt — Jag är i vanliga fall —

Anna: — en punktlighetsminister. Det vet vi redan. Kom in nu! Annars blir middagen ännu mer försenad.

Henrik: Jag tror inte jag vågar, nej.

Henrik vänder tvärt och tar några hastiga kliv mot trappan. Anna är efter honom och tar honom i armen. Hon behärskar sin skrattlust.

Anna: Vi är visserligen ganska farliga när vi kommer tillsammans som familj, särskilt när vi inte får vår mat på utsatt tid. Men jag tycker i alla fall att Ni ska fatta mod. Det blir väldigt god mat och jag har egenhändigt gjort efterrätten. Kom nu. För *min* skull.

Hon tar av honom studentmössan och slätar till hans hår med handen; såja, nu är kandidaten fin, och skjuter honom framför sig genom tamburen.

Anna: Herr Bergman ber om ursäkt. Han har varit på sjukbesök hos en vän och var tvungen att gå till apoteket. Där var det kö. Så han blev försenad.

Karin: Goddag kandidaten. Välkommen. Jag hoppas att er vän inte var allvarligt —

Henrik: Nej — nej. Han var bara —

Anna: Brutit benet. Det här är min pappa.

Johan Åkerblom: Välkommen. Jag tror bestämt att ni är ganska lik er farfar.

Henrik: Jag lär vara det, ja.

Anna: Mina bröder Gustav och Oscar och Carl och Martha som är gift med Gustav och Svea med Oscar och flickorna är döttrar till Gustav och Martha och det här är Torsten Bohlin, som anses vara min tillkommande. Nu känner Ni familjen.

Karin: Då föreslår jag att vi äntligen går till bords.

Ernst: Tjänare, Henrik.

Henrik: Hej.

Ernst: Vem hade brutit av sig benet.

Henrik: Ingen alls. Det var din syster som —

Ernst: Ja, ja. Akta dig för henne.

Henrik: Jag har inte längre någon —

Karin: (avbryter) Vill kandidat Bergman vara vänlig att slå sig ner därborta bredvid fru Martha. Och Torsten sitter bredvid Anna. Då ber vi bordsbön.

Alla: I Jesu namn till bords vi gå. Välsigna Du den mat vi få.

Man bugar och niger hastigt. Därefter sätter sig alla under muntert språkande. Fröken Siri och fröken Lisen, i svart och vitt och stärkta serveringsmössor, uppenbarar sig med färsk sparris och seltersvatten.

Nu drabbas Henrik Bergman av ytterligare prövningar. Han har aldrig sett en sparris. Han har aldrig ätit en middag med fyra rätter, han har aldrig druckit annat än vatten, öl eller brännvin till maten, han har aldrig i sitt liv sett en sköljkopp där en liten röd blomma simmar i vattnet, han har aldrig sett så många knivar och gafflar, han har aldrig konverserat en sarkastiskt gemytlig dam med stark rysk brytning. Murar reser sig, fallgropar öppnar sig.

Martha: Jag är från Sankt Petersburg. Vår familj bor fortfarande i ett stort hus vid Alexanderträdgården. Sankt Petersburg är mycket vackert särskilt om hösten. Har kandidaten varit i Sankt Petersburg? Jag reser hem varje år i september, det är den vackraste årstiden, då har alla just kommit från sina sommarnöjen och säsongen börjar, bjudningarna, teatrarna, konserterna. Kandidaten ska bli präst. Ert utseende är utmärkt passande. Kandidaten har vackra sorgsna ögon, kvinnorna är säkert förtjusta i ett sådant utseende. Men man måste stryka håret ur pannan när man har en så vacker ung diktarpanna. Så låt mig hjälpa! Min man Gustav, den där snälla tjockisen som sitter därborta, ja just det! jag talar om dig min älskling! han är professor i romersk rätt, det skulle man inte tro av hans utseende (skrattar uppsluppet) — jag har varit i Sverige snart tjugo år, jag älskar ert land, men jag är ryska, nej Gustav ser ut som en bagare, han har ett varmt hjärta. Han var på besök i Sankt Petersburg, vi möttes på en välgörenhetsfest, han friade senare på kvällen och jag sa till mig själv: Martha, dumma flicka du kunde alldeles säkert få en vackrare man men *den* mannen har ett hjärtelag av renaste guld, och så gifte vi oss ett år senare och visst har jag undrat ibland över detta land och dessa besynnerliga mänskor, men jag har egentligen aldrig ångrat mig. Ånger är förresten inte förenligt med min natur. Är kandidaten en ångerfull mänska? (skrattar, blir allvarlig) Kyrkorna är så fattiga i detta land, sången är så fattig, inga stora ögonblick. Kära kandidaten, ibland tror jag att vi tillber två helt olika gudar. (skrattar lågt) Nu ska jag, nej vänta lite, nu ska jag visa kandidaten hur man äter sparris, se här, det är knoppen som är det goda, vi får lov att ta i stjälken med fingrarna, det smakar bättre så — är mer njutning, så lägger man den mot läpparna och biter men *försiktigt.* Och så här gör man med sköljkoppen, se nu på mig, kandidaten.

På matsedeln står, utom sparris, en laxmousse med grön sås, vårkyckling (svår att operera) och Annas mästerstycke en skälvande brylépudding.

Efter kaffet i salongen görs musik. Det skymmer utanför fönstren. Man tänder levande ljus kring musikerna: den långsamma satsen i Beethovens sista stråkkvartett. Johan Åkerblom spelar cello, Carl är en duktig amatörviolinist, medlem i Akademiska orkestern. Ernst är andraviolin, med stor känsla men med mindre framgång. Från övervåningen anländer till kaffet och groggen en pensionerad hovkapellist med sin altfiol, en hövlig skugga, älskvärd och något högdragen. Han står knappast ut med att musicera i detta sällskap, men trafikchefen har skrivit på växlar och lidandet är begränsat.

Musik och skymning. Henrik försjunker: allt detta är drömlikt, utanför och bortom hans egen färglösa vardag. Anna sitter vid fönstret, hon ser oavvänt mot de spelande, lyssnar uppmärksamt. Hennes profil avtecknar sig mot skymningsljuset. Nu känner hon sig betraktad, behärskar sin första impuls men ger strax efter och vänder blicken mot Henrik. Han betraktar henne allvarligt, hon ler lite formellt, lite ironiskt men blir sedan allvarlig, gengäldar Henriks allvar; jag ser dig nog. Jag ser.

Nu är det uppbrott och farvältagande. Henrik bugar och tackar åt alla håll, ett kort ögonblick står Anna framför honom. Hon höjer sig på tå och viskar snabbt i hans öra, hennes hår doftar, den lätta beröringen.

Anna: Jag heter Anna och du heter Henrik, inte sant?

Hon går genast bort och ställer sig hos fadern, tar hans arm och lutar huvudet mot hans skuldra, alltsammans en smula teater, men älskvärt, inte utan talang.

Henrik står omtumlad (det heter ju så, det är banalt men just nu finns inte något bättre ord: omtumlad). Henrik står alltså omtumlad i hörnet av Trädgårdsgatan och lilla Ågatan, han borde gå hem och skriva det där plågsamma brevet till modern, men det är tidigt och ensamt. Vännen Ernst skulle på eskapad, han hade bråttom och for av neråt Drottninggatan så att rockskörten viftade.

Kastanjerna har slagit ut och militärmusiken tonar från Stadsparken. Klockan slår nio i Domkyrkan och Gunillaklockan svarar med spröda klanger från höjden ovanför Sturevalven.

Någon petar Henrik på axeln. Det är Carl. Nu är han älskvärd, utandas konjak.

Carl: Ska vi slå följe kandidaten? Ska vi till exempel gå den
här gatan rakt ner till Svandammen och se på de tre ung-
svanarna, Cyg-Nus Ocor eller den svarta svanen, Che-
nopsis Atrata, som just importerats från Australien? Eller
ska vi utsträcka promenaden precis hundra meter, dric-
ka ett glas punsch och — inte minst, se på de tre sprillans
nya hororna som anskaffats från Köpenhamn. Vi tar till
Flustret kandidaten. Vi tar till Flustret!

Carl ler vinnande och klappar Henrik på kinden med en liten mjuk hand.

De sitter på Flustrets glasveranda, kvällen är stillsam, publiken har slagit sig ner utomhus i den milda försommarskymningen. Det är bara några avsigkomna docenter som häckar inomhus och i bitter ensamhet bevakar sina aftongroggar. En smärt, påfallande vacker servitris kommer fram till bordet för att ta emot beställningen. Hon hälsar bekant, niger lite.

Frida: Godafton ingenjören, godafton kandidaten, vad får
jag bjuda på i kväll?
Carl: Fröken Frida får bjuda på en halva punsch — den van-
liga och cigarrer.
Frida: Jag ska säga till flickan.

Hon nickar och svänger på klacken. Carl ser efter henne med en blå blick bakom pincenén.

Carl: Kandidaten verkade bekant med fröken Frida.

Henrik: Nej, för all del. Matlaget går hit ibland när vi har pengar. Nej, jag känner henne inte.

Carl: (skarpögd)Färgen stiger på pastorns kind, är det förnekelse på gång? Får vi höra hanen gala?

Henrik: Jag vet bara att hon heter Frida och är från Ångermanland. (rycker upp sig) Stilig flicka.

Carl: Stilig, mycket stilig. Tveksam reputation. Eller? Vad anser kandidaten? Teologisk utbildning lär ge blick för mänskliga svagheter. Eller ska jag säga näsa?

Nu kommer cigarettflickan med sin bricka och förser herrarna med Havannacigarrer. Carl betalar och ger rundlig dricks. Flickan snoppar och tänder. Man bolmar och lutar sig bakåt.

Carl: Nå, kandidaten, hur var kvällen?

Henrik: Hur menar ingenjör Åkerblom?

Carl: Vad tyckte ni om oss, kort uttryckt.

Henrik: Jag har aldrig ätit middag med fyra rätter och tre viner. Det var som på teatern. Jag satt där mitt inne i ert skådespel och förväntades spela med, men jag klarade inte replikerna.

Carl: Mycket bra formulerat!

Henrik: Alltsammans var tilldragande men också frånstötande. Eller rättare sagt ogenomkomligt, jag menar inte att vara kritisk.

Carl: Ogenomkomligt?

Henrik: Om jag ville tränga in i er värld och hade ambitionen att spela med i ert skådespel så skulle det i alla fall vara omöjligt.

Nu kommer Frida med punschen, i en iskylare och med två små glas utan fot, lätt immiga. Carl betraktar Henrik med mild uppmärksamhet. Henrik vågar inte möta Fridas blick. Tänk om hon kysser mig på munnen eller lägger handen mot min nacke? Vad skulle det göra? Egentligen är det ogenomträngligt åt hennes håll också. Kanske, åt alla håll? Utanför? tänker Henrik med bitter vällust. Utanför?

Carl: Det är min styvmor, Anna Calwagen, som spelar huvudrollen i vårt obetydliga familjedrama. Mammchen är en märklig karaktär, betydligt större än sina omständigheter. En maktmänska som styr oss med järnhand. Somliga säger att det är vår smala tur, andra påstår att hon är en inpiskad satkärring. Om någon kom på idén att fråga *mig*, skulle jag säga att hon vill det goda men gör det onda som det står hos — ja, är det inte Paulus. Hennes ambition är att hålla samman familjen, vad det nu ska tjäna till. Är det något som inte passar i mönstret, då skär hon, amputerar, deformerar. Det kan hon bra den lilla, charmerande damen.

Carl höjer sitt glas mot Henrik som besvarar skålen, de betraktar varandra med sympati.

Carl: Får jag vara så djärv att föreslå en bror-skål. Carl Eberhard, åttionio. Tack ska du ha.
Henrik: Erik Henrik Fredrik, noll sex. Tack ska du ha.

Ritualen genomförs och de nyblivna bröderna iakttar noga den stillhet som brukar följa en så betydelsefull handling.

Carl: Jag är egentligen uppfinnare och har fått några mindre inventioner antagna av Kungliga Patentverket. I familjens ögon är jag misslyckad, det svarta fåret. Jag har varit på dårhus några gånger. Jag är väl inte galnare än andra, men anses något osammanhängande. Vår familj har producerat så förbannat mycket normalitet att man har fått en rest av tokighet, den har jag tagit hand om. *Dessutom* råkade jag i delo med rättvisan för några år sedan, jag härmar andras handstilar alldeles för bra. Att bli präst förutsätter ju en tro på någon sorts gud, är det inte ett huvudvillkor?

Henrik: Det är nog ett huvudvillkor.

Carl: Hur fan kan en ung mänska av idag tro på Gud? Ursäkta formuleringens avsiktliga taktlöshet!

Henrik: — svårt att förklara. Såhär.

Carl: — en inre röst? En känsla av att vara i någons hand? Att inte vara utelämnad, utlämnad? Som en varm andedräkt mot kinden? Som att vara en liten puls i ett oöverskådligt blodomlopp? En icke obetydlig puls, trots ådernätets väldighet? Mening, mönster, ögonblick av nåd? Nej, jag är inte ironisk, det är bara min strupe som aldrig upphör att producera sarkastiska uppstötningar. Jag är fruktansvärt allvarlig, min unge vän.

Henrik: Varför frågar du om du vet?

Carl: Jag tror att en man som är född blind, mycket väl kan göra sig föreställningar om rött, blått och gult.

Henrik: Jag är en tveksam person. Jag inbillar mig kanske att prästrocken ska bli en bra korsett. Jag blir nog präst för min egen skull. Inte för mänsklighetens.

Frida återkommer, lägger notan på bordet bredvid Carl. Hon sneglar på Henrik.

45

Frida: Jag ber om ursäkt att jag kommer med notan, men som herrarna kanske såg av anslaget nere i tamburen, ska vi stänga tidigare i kväll. Vi har frukost för konsistoriet i morgon och måste duka om hela lokalen.

Carl: Så då är fröken Frida —

Frida: — upptagen i afton? (skratt) Det kan man säga.

Medan Carl betalar och med omständliga rörelser stoppar ner plånboken, lutar sig Frida bakom Henrik och nyper honom i örat. Det sker snabbt och omärkligt. Hon doftar gott och lite fränt av svett och rosen-vatten.

Carl Åkerblom och Henrik Bergman står vid Svandammens räcke och betraktar den svarta svanen som liksom drömmande flyter genom det speglande, mörka vattnet. Ett fint regn har börjat falla.

Henrik: (efter lång tystnad) Och din halvsyster? Anna?

Carl: Anna? Hon är snart tjugo år. Du såg ju själv.

Henrik: Ja. (nickar) Jovisst.

Carl: Hon går på Sophiahemmets sjuksköterskeskola. Mammchen påstår att unga kvinnor måste erhålla utbildning. Att de ska stå på egna ben och så vidare. Mammchen tror att hon tror på det där. Själv avbröt hon en lärarinneutbildning för att gifta sig.

Henrik: Din lillasyster är mycket —

Carl: — tilldragande. Just det. Vi har haft många friare i huset, men vår herr Far har skrämt bort dem med sin ohyggliga men mycket sofistikerade svartsjuka och vår fru Mor har skrämt dem ännu mer med det föga uppmuntrande perspektivet att få Karin Åkerblom till svärmor. Just nu frekventeras familjen av det unga snillet Torsten Bohlin.

46

På honom biter just ingenting och han förefaller märkvärdigt tolererad. Men så är han också en framtidens man. Att han ska bli statsråd eller ärkebiskop förefaller självklart. Anna verkar ovanligt road av hans uppvaktning. Fast min teori är att Annas öde skrivs i en annan bok.

Henrik: Ser du, nu kommer den andra svarta svanen ut ur deras hus. Det regnar så behagligt.

Carl: Efter torkan. Ja. Annas öde blir förmodligen att älska en galning eller en lustmördare eller kanske en nolla.

Henrik: Varför tror du det så säkert?

Carl: Vår lilla prinsessa är så välanpassad och klok och renhjärtad och ömsint och kärleksfull, så det är ingen hejd.

Henrik: Det låter ju bra det? Alltihop? Eller?

Carl: Hon har en skärva, förstår bror. En vass skärva som skär. (skrattar) Nu blev du allt förskräckt!

Henrik: Jag förstår inte vad bror menar.

Carl: Det är inte heller något som man kan förstå så där utan vidare. Men jag känner henne. Jag känner *igen* henne.

Henrik: Det där låter som en finare sorts litteratur.

Carl: Ja visst. Ja visst, Henrik.

Henrik: Ska vi gå. Det regnar rätt ordentligt.

Carl: Du får dela på mitt paraply. Eftersom jag har en uttalat tragisk aspekt på världsförloppet medtor jag alltid paraply. Om jag sedan använder det eller inte är mitt fria val. Det är mitt finurliga sätt att bekämpa determinismen och att bedra slumpen.

Henrik: (ler) Jag kan av naturliga skäl inte dela din —

Carl: — åsikt ville du säga. Jag har inga åsikter men jag pladdrar. Vet du vad, Henrik? Jag tror att fröken Frida skulle bli en *utomordentligt* storartad prästfru.

På detta svarar inte Henrik. Han är helt enkelt svarslös.

Terminen är slut och Henrik reser hem.

Det är en het dag i mitten av juni och tåget segar långsamt genom försommarlandet, stannar länge vid varje perrong, tystnad, flugsurr. Blommande kastanjer sträcker sig mot kupéns igenbommade fönster. Inga mänskor någonstans, varken på stationerna eller ombord på tåget. Så pustar man vidare, först genom granskogen och sedan utmed havet. Det tar hela dagen att färdas med persontåget mellan Upsala och Söderhamn.

Henrik anländer till västra stationen klockan åtta och tjugosju på kvällen. Mamma Alma väntar vid ingångsdörren. Han ser henne genast — det är som en osynlig krets av tårfylld ödslighet omkring den tunga gestalten. Henrik ler, sätter ner väskan och omfamnar sin mor.

Hon är fet, säkert hundra kilo. Ansiktet är runt med uppspärrade ängsliga ögon, en liten uppnäsa, stor känslig mun och kort hals. Hon är klädd i en trång sommarkappa som är ganska sliten, där fattas en knapp. Hennes svarta hatt med fjädern har åkt på sned vid omfamningen. Hon skrattar och gråter översiggivet. Henrik bemödar sig att gengälda moderns ömhetsbetygelser. Hon luktar surt av torkad svett och andas astmatiskt. Få se på dig gossen min, vad du är blek och vad du är mager, du har väl slarvat med maten förstås! Så snällt att du kommer hem till din gamla mamma för några dagar. Ska du verkligen ha mustasch, jag tror inte att din mamma är så förtjust i den där mustaschen, du får nog raka av den när du nu ska vara min lilla älsklingsgosse igen.

Alma Bergman bor i tre små rum högst uppe i gårdshuset vid hörnet av Norralagatan och Köpmangatan. Ett av rummen är Henriks, det hyrs ut under vinterhalvåret.

Ett mycket litet rum är Almas sovrum och så är det matsalen, som med en besynnerlig serveringsgång står i förbindelse med ett rymligt kök. Våningen är hårt belamrad som om dess innevånare plötsligt tvingats flytta från något betydligt större och inte haft mod att skiljas från skrymmande möbler, tavlor och föremål.

Över allt detta smetar en hinna av stolt fattigdom. Handfallen uppgivelse. Hopplöshet och tårar.

Medan Alma dukar fram något att äta stiger Henrik in i sitt pojkrum: den smala nerlegade sängen. Den söndriga korgstolen med dynorna, det rankiga skrivbordet med gamla sår av pennknivens härjningar, de omaka stolarna. Klädskåpet med den spräckta spegeln, bokhyllan med de sönderlästa böckerna, tvättstället med det omaka handfatet och handkannan, de slitna handdukarna. Det smutsiga fönstret med gardinkappan som släppt från stången. Tavlorna från barndomen med sina bibliska motiv: Jesus med barnen. Den förlorade sonens hemkomst. Ovanför sängen hänger fotografiet av fadern. Ett ungt, vackert ansikte, tunt flygigt hår, bakåtkammat från en hög panna, stora blå ögon; ett litet självmedvetet leende: stolthet, sårbarhet, integritet och lidelse, en skådespelares anletsdrag.

I ett hörn vid fönstret, något indrängt, står altaret med altarduk, tennljusstakar, Thorvaldsens Jesus och en uppslagen bönbok. Framför altaret en pall för att knäböja, den är broderad i grönt och guld. Antependiet är violett med ett kors i dunkelt rött. Vid Jesu fötter prunkar en bukett nyplockade gullvivor.

Henrik sjunker ner på en av de omaka stolarna. Han döljer ansiktet i händerna och andas djupt, som om han drabbats av ett kvävningsanfall.

49

Han har svårt att svälja trots att han borde vara hungrig eftersom han bara ätit några medhavda smörgåsar under den långa resan. Modern sitter mittemot honom vid matbordet, fotogenlampan lyser, det är skymning utanför de fyrkantiga fönstren.

Alma: Allt har blivit så förfärligt dyrt på det sista. Sånt behöver *du* inte tänka på förstås, men jag vet nästan inte hur jag ska klara det. Tänk bara: Fotogenet har gått upp med tre öre och fem liter potatis kostar 32 öre. Oxkött har jag nästan inte råd med nuförtiden, det får bli vanligt fläsk eller kanske soppkött. Och kolen — du anar inte en sån vinter vi har haft — kolen och veden har stigit med det dubbla. Det blev att pälsa på sig, fast jag var ju tvungen att hålla varmt för pianoeleverna, det kostade förfärliga pengar. Vad är det Henrik? Du ser så ledsen ut, har det hänt något tråkigt? Du vet att du kan säga vad som helst till din gamla mamma.

Henrik: Jag tenterade i kyrkohistoria och sprack.

Han gör en hjälplös gest och stirrar på moderns öra. Hon sätter försiktigt ner thékoppen och lägger den feta lilla handen mot bordsduken, de tunga vigselringarna glänser matt.

Alma: När hände det här?
Henrik: Några veckor sen. Slutet av april.
Alma: Och vad blir följderna?
Henrik: Jag ska tentera igen i slutet av november. Professor Sundelius låter mig inte försöka tidigare.
Alma: Då blir din examen ganska försenad.
Henrik: Ett halvt år.
Alma: Hur ska vi klara oss, Henrik? Lånet är nästan slut och

allting har blivit så dyrt. Och terminsavgiften och böcker och ditt uppehälle. Jag vet mig ingen råd? Jag har aldrig kunnat handskas med pengar.

Henrik: Inte jag heller.

Alma: Och lånet som vi lovade att betala tillbaka genast du fått din prästvigning.

Henrik: Jag vet, mamma.

Alma: Jag försöker skaffa fler elever men pianolektioner är det första folk drar in på nu när allt blivit så dyrt. Det måste man förstå.

Henrik: Det måste man förstå, ja.

Alma: Jag kan väl börja städa igen, men min astma har blivit så svår och jag får känningar åt hjärtat.

Henrik: Snälla mamma, inte ska du börja städa.

Alma reser sig suckande och fylld av ömhet. Hon omfamnar sin son och överhöljer honom med kyssar. Samtidigt jollrar hon: min lille gosse, min älskling, mitt hjärta! Du är allt jag har, det är ju för dig jag lever, vi ska hjälpa varandra, vi ska aldrig överge varandra eller är det inte så, min käraste gosse, är det inte så?

Med milt våld gör Henrik sig lös och placerar modern på en stol. Han håller henne om armarna och ser in i hennes tårfyllda, klara ögon.

Henrik: Jag kan sluta mina studier, mamma. Jag slutar och söker ett arbete och flyttar in här hemma igen. Och så ser vi i första hand till att betala lånet till tanterna på Elfvik. Sen kan jag kanske börja studera igen, när jag sparat så mycket pengar att jag kan klara mig själv och inte behöva ligga någon till last.

Då skrattar Alma och det är ett stort, friskt skratt med vita tänder. Hon stryker över sonens ansikte med den mjuka, feta handen.

Alma: Stackars min pojke, du är bestämt ännu dummare än jag. Du tror väl inte att vi ska låta oss hejdas *nu,* när vi snart är vid målet? Du tror väl inte att jag tänker ha dig gående här som telegrafassistent eller extralärare? Du som ska bli präst. *Min* präst!

Modern skrattar igen och stiger upp, fylld av plötslig energi. Hon går fram till den vådliga byffén som behärskar hela utrymmet mellan fönstren, hämtar fram en flaska portvin och två glas, serverar. Henrik börjar också skratta — detta är välbekant och laddat av märkvärdig trygghet: han och hon i bedrövelse, plötsligt kommer ett skratt, oemotståndligt, mamma skrattar — då är det inte så farligt. De skålar och dricker. Hon lutar sig fram och suckar.

Alma: Jag har hört att riktigt begåvade bedragare aldrig smusslar med småpengar. De svänger till med storkovan direkt. På det sättet blir de mer trovärdiga och kan sno åt sig ännu mer pengar.
Henrik: Nu förstår jag inte?
Alma: Förstår du inte? Vi har varit alldeles för beskedliga! Nu ska tanterna få klämma fram ordentligt med pengar. Vi ska avlägga visit, Henrik. Genast. I morgon.

I en trävilla vid Ljusnan, två mil söder om Bollnäs, bor de mytiska Fastrarna. De är systrar till Henriks farfar och av hög ålder, farfar är deras lillebror, han kom mer på sladden.

De heter i tur och ålder, Ebba, Beda och Blenda.

Med dem är det kort sagt så här: Farfarsfar var en man som ägde skog och mark och ett gott affärssinne. Då exploateringen av Norrland började på allvar, såg den driftige Leonhard till att skapa sig en förmögenhet. Vid hans död fanns ett ansenligt arv. Farfar Bergman ansåg att allt skulle behållas orört och ingå och fortplanta sig i släktgårdens kapital och drift. Ingen vågade opponera sig utom Blenda som krävde arvsdelning för sig och sina systrar. Brodern satte sig till motvärn men Blenda drog tvisten inför Länsrätten i Gävle. Innan skandalen hade blivit ett faktum böjde sig Fredrik Bergman och med hjärtat darrande av hat såg han sig tvingad att betala ut arvslotterna till sina ogifta systrar. Därefter vägrade han att vidare tala med dem och hatet från båda sidor var väletablerat. Varken födslar, vigslar eller dödar kunde överbrygga den ömsesidiga bitterheten.

Blenda, den yngsta systern, som visat så mycket handlingskraft, övertog förvaltningen av förmögenheten. Genom klokhet och affärssinne fick hon den att växa ytterligare. Hon lät bygga en ståtlig trävilla med utsikt över Ljusnans fagraste bygd. Huset inreddes med tidens allra bekvämaste möblemanger och tapetserades med århundradets smaklösaste tapeter, väggbonader och tavlor.

Till villan hör en trädgård, nästan en park, som i avsatser sänker sig mot älven. Därstädes arbetar systrarna vårar, somrar och höstar, iklädda vita linneklänningar, överdragskappor, bredbrättade hattar, handskar och träskor. All kärlek, ömhet, uppfinningsrikedom, som de äger men knappast slösar på varandra, ger de åt trädgården. Den gengäldar deras känslor med bolmande grönska, dignande fruktträd och prunkande blomrabatter.

Ebba är äldst och en aning bakom flötet, vilket hon alltid

varit. Dessutom är hon döv och talar inte mycket, hon har en trogen vän, en giktbruten labrador av hög ålder. Ebbas ansikte är som vissnade rosenblad, hon har antagligen varit en vacker flicka.

Beda är, trots sin ålder, fortfarande mörkhårig, mörkögd och tragisk. Hon läser romaner och spelar Chopin med mer lidelse än insikt, grälar ofta och klagar högljutt över det mesta. Då och då bryter hon upp men kommer alltid tillbaka. Sortierna är uppseendeväckande och entréerna vardagliga. Till skillnad från systrarna har hon — påstås det — genomlevat en passion.

Blenda, slutligen, är liten, snabb och behärskad. Hon har en omtalad förmåga att få sin vilja igenom. Håret är järngrått, pannan låg och bred, näsan stor och något rödtonad, munnen sarkastiskt krökt, passande för blixtrande utfall och ironiska tillmälen.

En gång om året reser man till Huvudstaden, umgås i kretsar, besöker konserter och teatrar och beställer dyrt och modernt i stadens ledande modehus. Någon gång beger man sig till något kurbad i Sydtyskland eller Österrike.

Så är det med Fastrarna på Elfvik.

Systrarnas sovrum är möblerade efter vars och ens tycke men gruvligt belamrade. Ebba lever i ljusblommigt, Beda i violett och jugendmönstrat, medan Blenda bor i blått, ljusblått, mörkblått, dunkelblått. För ögonblicket råder upphetsning. Man klär sig till middagen och rådgör, hjälper varandra, småskäller. Rummen är sinsemellan förbundna med dörrar ofta låsta men just nu vidöppna.

Blenda: Kan du se dem?

Beda: Vad gör de?

Ebba: Kors i krökarna! De är nere vid badhuset.

Blenda: Va! Ska de bada kallbad?

Ebba: Kors i krökarna! De tänker visst bada!

Blenda: Det är ju löjligt. Alma, den feta kossan. Det är ju löjligt.

Beda: Flytta på dig så jag kan se.

Blenda: De går in i badhuset.

Ebba: De tänker visst gå i plurret.

Beda: Vid denna tiden på året! Det är säkert inte mer än tio grader i vattnet.

Blenda: Kan jag ta min ljusblå?

Beda: Är den inte för elegant? Alma kan känna sig deklasserad. Hon har säkert bara något svart.

Blenda: Då tar jag den ljusgrå.

Beda: Kära du, den är ju ännu elegantare.

Ebba: (trumpetar) Kors i krökarna! Nu stiger Ljusnan.

Blenda: Vad säger du för slag?

Ebba: Alma, det fläskberget, gick i plurret.

Beda: Stå inte där och glo utan sätt på dig korsetten, så ska jag hjälpa dig att snöra den.

Ebba: Vad sa du? Nu är lilla Henrik naken!

Beda: Nej, det måste jag se!

Blenda: Trängs inte. Gud vad han är söt, den pojken!

Ebba: Jösses, vad han är mager.

Beda: Men vackra axlar. Och ståtligt byggd.

Blenda: Jag undrar just varför de kommit hit, jag?

Beda: Det är väl inte så svårt att gissa.

Ebba: Han simmar med kraftiga tag.

Beda: Ska du verkligen ta den ljusgrå?

Blenda: Ja, tänk att jag tänker det.

Beda: Den står ju för all del snyggt till din röda näsa.

Ebba: Nu är de på väg tillbaka mot badhuset. Herre Gud i himlen vad skulle vi göra om de sjönk?

Blenda: Bekosta begravningen, antar jag.

Beda: Ebba, kom nu så jag får klä på dig.

Ebba: Nej, nej jag måste se när de stiger upp.

Beda: Stiger de upp nu?

Ebba: Va! De går mot land och håller varandra i hand!

Blenda: Jag kan nog ana varför de kommit.

Beda: Än sen då, ditt snåla stycke.

Blenda: Härifrån blir det inte ett rävöre, det säger jag er. Inte ett rävöre. De har fått sitt lån som de inte behöver amorte- ra, förrän Henrik blivit präst.

Ebba: Han är för söt, lilla Henrik! Men att de visar sig nakna så där, det är märkvärdigt.

Beda: (till Ebba) Jag har tagit fram den rosa. (ryser) Den rosa!

Ebba: Nej, den vill jag inte ha. Jag vill ha den blommiga. Den med rosorna och spetsarna.

Beda: Oh ja! Den gör dig ännu anskrämligare.

Ebba: Nu sa du något elakt, det såg jag nog.

Blenda: Själv spökar hon minsann ut sig som om hon skulle framträda på Kungliga Teatern.

Beda: Vad är det för fel på den här, om jag får fråga?

Blenda: Inte är det något fel på klänningen precis.

Beda: Jag vill göra mig vacker för pojken. Han kan behöva se lite stil och skönhet.

Blenda: (skrattar elakt) Ha! Ha!

Ebba: Vem har tagit min parfym. (tutar) Min parfym!

Beda: En gammal kärringskrott som du ska inte bruka par- fym. Det är obscent!

Ebba: Nu sa du nånting elakt igen. Var är min hörlur?

Beda: Om det nu är så att det gäller pengar? Måste vi vara så omöjliga.

Blenda: Absolut, käraste Beda! Tiderna är svåra och män-
skor måste lära sig att leva efter sina tillgångar.

Beda: De ser inte ut att ha det särskilt fett.

Blenda: Alma har aldrig kunnat handskas med pengar. Kom-
mer du ihåg att vi skickade henne femtio kronor då Hen-
riks far gick bort? Vet du vad Alma köpte: ett par mycket
eleganta skor till sorgklänningen. Det sa hon själv! Är det
ett sätt att hushålla? Jag bara frågar.

Ebba: Nu är de på väg från badhuset. Kors bevare, vad han tit-
tar snällt på sin mamma. Han är en snäll pojke.

Vardagsrum och matsal är sammanbyggda i vinkel med sto-
ra fönster mot solnedgången. Här går allt i ljusa toner: lätta
sommargardiner, vitmålade handsnickrade möbler i Carl
Larssons efterföljd, tapeter i gult, stora korgstolar, ett taffel-
piano, en skänk i lindblomsgrönt, färgglada trasmattor
över de breda välskurade tiljorna. På väggarna ett slags mo-
dern konst: kvinnor som blommor och blommor som kvin-
nor, hembygd och unga flickor i vitt, obestämt blickande
mot en förtjusande framtid.

Systrarna tågar in i gåsmarsch: Ebba, Beda och Blenda.
Alma och Henrik finns redan på plats, modern i en alltför
trång violett sidenklänning, plågad av den hårt åtdragna
korsetten, Henrik i prydlig men blanksliten kavajkostym
med stel krage och kravatt. Blenda bjuder genast till bords,
då man placerat sig ringer hon på en dold elektrisk klocka.
Genast uppenbarar sig två unga tjänsteandar med en ry-
kande terrin och varma tallrikar: Nässelsoppa med ägg-
halvor.

Efter middagen dricks kaffet på verandan. Alma och
Henrik placeras i korgsoffan, Blenda intar gungstolen, stra-

tegiskt placerad utanför det horisontala solljuset. Beda har slagit sig ner på trappan till terrassen. Hon röker cigarett i elegant munstycke. Ebba sitter med ryggen mot utsikten och hörluren i beredskap.

Nu är det alltså dags. Alma andas en smula väsande, om av spänning eller av den goda maten och det förträffliga vinet är svårt att säga. Henrik är blek och flätar fingrarna i knutar.

Blenda: Vi antar att Alma och Henrik inte har kommit den långa vägen enbart av släktkärlek. Jag vill minnas att det var tre år sedan sist. Orsaken till ert besök den gången var ju lånet som skulle bestrida kostnaderna för Henriks studier.

Blenda gungar försiktigt i sin stol och betraktar Alma med kylig älskvärdhet. Beda blundar och låter sig bestrålas av solnedgångens sista strålar. Ebba har hörluren till reds och suger på löständerna.

Alma: Pengarna är slut. Så enkelt är det.
Blenda: Jaså, pengarna är slut. De skulle ju räcka i fyra år, och nu är knappast tre år gångna.
Alma: Allt har blivit dyrare.
Blenda: Alma fick själv bestämma lånets storlek. Jag kan inte minnas att jag prutade.
Alma: Nej för all del, Blenda var mycket generös.
Blenda: Och nu är pengarna slut?
Alma: Jag räknade med att Henriks farfar skulle hjälpa oss, eftersom Henrik i alla fall skulle fullfölja familjens tradition och bli präst.
Blenda: Men Henriks farfar hjälpte inte till?

58

Alma: Nej. Vi tiggde en hel dag. Vi fick bara tolv kronor till järnvägsbiljetterna. Så att vi skulle kunna ta oss hem till Söderhamn.

Blenda: Det var ju generöst.

Alma: Det är svåra tider, Blenda. Jag har ju pianoelever men det ger inte mycket och några har slutat.

Blenda: Och nu vill Alma ha ett nytt lån?

Alma: Henrik och jag diskuterade *ingående* om han skulle bryta sina studier och söka in vid den Nya Telegrafen i Söderhamn. Det var ju vår enda utväg. Men då hände något.

Ebba: Va?

Alma: Då hände något.

Beda: Det låter höra sig!

Alma: Något glädjande.

Ebba: Vad säger hon?

Blenda: Det hände något glädjande.

Alma: Jag tror att Henrik ska berätta själv.

Henrik: Jag tenterade alltså i kyrkohistoria för den allmänt fruktade professor Sundelius. Vi var tre som tenterade, jag var den ende som klarade mig. Efter tentamen bad professorn om ett enskilt samtal. Han bjöd på cigarr och var ytterst vänlig. Helt olik sitt vanliga, sarkastiska jag.

Alma: (skärrad) Han bjöd Henrik på cigarr.

Henrik: Det sa jag just, snälla mamma.

Alma: Förlåt, förlåt.

Henrik: Nå, vi pratade en stund om det ena och det andra. Han sa bland annat att den som är bra på kyrkohistoria visar flit, gott minne och självdisciplin. Han tyckte att jag visat ovanlig begåvning då jag bland annat redde ut den apostoliska symboliken. Det är ganska komplicerat och fordrar en viss vetenskaplig systematik.

Ebba: Vad säger han, Blenda?

Blenda: Inte nu Ebba, (tutar) sen, senare.

Henrik: Han föreslog att jag skulle slå in på den vetenskapliga banan. Jag borde skriva en doktorsavhandling. Professorn erbjöd sig att bli min handledare. Senare kunde jag säkert få en docentur. Han sa att de flesta teologer var idioter och att man måste ta vara på de fattiga begåvningarna.

Alma: Smickrande för Henrik, förstår Blenda. Professor Sundelius blir närsomhelst ärkebiskop eller statsråd.

Henrik: Då sa jag som sant var, att jag saknade medel. Jag hade inte ens så mycket kapital att jag kunde fullfölja min prästexamen. Då sa professorn att kunde jag bara ordna de första åren på egen hand, så skulle jag senare få nånting som kallas doktorandstipendium. Det är ganska mycket pengar, förstår faster Blenda. Nästan alla doktorander är gifta och har barn och tjänstefolk.

Blenda: Det var som baddarn!

Alma: (hugger in) Nu kommer vi till er för att be om ytterligare ränte- och amorteringsfritt lån på sextusen kronor. Professor Sundelius räknade ut att det var ungefär vad som behövdes.

Blenda: Det var som baddarn.

Alma: Vi ville vända oss till er *först.* Jag menar innan vi gick till Upplandsbanken. Professorn lovade att skriva en rekommendation. Han kunde kanske gå i borgen, sa han.

Blenda: Vad säger du, Beda?

Beda: (skrattar) Jag är mållös.

Ebba: Vad pratar ni om. Är det om pengar?

Blenda: Henrik ska bli professor! Och behöver sextusen kronor utom de tvåtusen han redan lånat. Förstår du?

Ebba: Har vi så mycket pengar?
Blenda: Det är den stora frågan.

Blenda skrattar knastrigt. Beda kisar leende på Henrik under sina långa mörka ögonfransar. Henriks blekhet har övergått i stark rodnad. Alma andas tungt. Plötsligt reser sig Blenda, hon slår i händerna.

Blenda: Ska vi få något gjort, så är det bäst att vi gör det genast. Vill Alma och Henrik vara vänliga att följa med till mitt arbetsrum.

Blendas arbetsrum har särskild ingång från tamburen och är ganska trångt. Hyllorna är belamrade med kontorsböcker. Mitt på golvet finns en skrivpulpet, vid fönstret ett skrivbord och några mörkbetsade trästolar. I ett hörn en lädersoffa och en fåtölj, ett runt bord med mässingsskiva och rökverk. Blenda tänder det elektriska ljuset, lösgör en liten nyckel från halskedjan av guld, öppnar den mittersta skrivbordslådan, tar fram några metallblänkande nycklar och öppnar kassaskåpet som hukar bakom en skärm vid dörren.

Varken Alma eller Henrik kan se hennes förehavanden bakom skärmen. Då hon återigen visar sig, håller hon en sedelbunt i höger hand. Hon lägger pengarna på bordet, låser in kassaskåpets nycklar och fäster lådans nyckel vid den tunna guldkedjan. Så börjar hon räkna: det är sextusen riksdaler i sedlar. Då hon äntligen räknat färdigt lämnar hon pengarna till Alma, som står liksom slagen av blixten.

Alma: Jag borde kanske skriva kvitto?
Blenda: Vill Henrik vara vänlig att gå ut till fastrarna ett ögonblick. Jag skulle gärna vilja tala enskilt med Henriks mor.

61

Henrik bugar och går mot dörren. Han har en obehaglig känsla att något möjligen har gått på tok. Då han lämnat rummet blir Alma ombedd att sätta sig ned. Blenda börjar slå i en telefonkatalog.

Blenda: Lustigt nog håller vi oss med Upsala telefonkatalog här på kontoret. Jag funderar på att ringa till professor Sundelius och å släktens vägnar tacka honom för hans behjärtansvärda insats för familjens förhoppningsfulla telning. Jaha, här står numret, femton, fyrtiotre.

Hon lyfter luren och ser leende på Alma som blivit askgrå i ansiktet. Tårarna har fördunklat den uppspärrade blå blicken. Blenda lägger sakta tillbaka luren i klykan.

Blenda: Jag kanske ringer en annan dag. Det är ju inte artigt att störa en så framstående man efter klockan åtta på kvällen.

Blenda slår sig ner mittemot Alma och betraktar henne med något som skulle kunna beskrivas som öm ironi.

Blenda: Alma förstår väl att jag och mina systrar är stolta över att få hjälpa Henrik till en så lysande framtid?

Hon klappar Alma på hennes runda knä och hennes runda kind, där en tår just är på väg mot mungipan. Hon mumlar något om sin tacksamhet.

Blenda: Alma behöver inte vara tacksam. Jag gör det här för att Almas pojke är så förtjusande begåvad. Eller kanske för ingenting? För Almas kärlek till sin gosse? Jag vet inte.

Ska vi gå ut till de andra? Jag tycker att vi måste fira den här kvällen med en flaska champagne! Kom nu Alma! *Gråt inte så.* Jag har inte haft så här roligt sen vår bror förlorade arvsprocessen.

Trafikchefen byggde sig i sin krafts dagar ett Sommarhus nära älven, insjöarna, skogarna och de låga blånande bergen. I mitten av juni varje år flyttar man dit, ett mäktigt företag, styrt av erfarna strateger. Gardiner tas ner, mattor rullas samman i malmedel och tidningspapper, möbler täcks av spöklikt gulnande lakan, kristallkronor höljs i tarlatan, en godsvagn lastas med oundgängliga förnödenheter, från Johan Åkerbloms särskilda säng och särskilda kuddar till ungflickornas dockskåp och fröken Siris ojämförliga kakformar, fru Marthas penslar och Annas romaner.

Nu är det början av juli och en stilla sömnighet har tillsammans med en glindrande hetta sänkt sig över mänskor och vattenspeglar. Krocketkloten rullar lojt. Någon spelar piano, en sentimental romans av Gade. Fröken Lisen dåsar på utsiktsbänken utan att fästa sig vid att garnnystanet fallit på gräset. Fru Karin, husets härskarinna, sitter på den övre verandan, vitklädd och mild med en bredbrättad hatt som skuggar ögonen. Hon är i färd med ett brev som inte blir skrivet. Den gråblå blicken förlorar sig i ljuset över åsarna. Trafikchefen själv slumrar i hängmattan med glasögonen i pannan och en bok på magen. I köket råder likväl en viss, begränsad flit.

Fröken Siri och Anna rensar jordgubbar. Det är ett lass förstås och farten är god. Stämningen är förtroendefullt språksam: något prat och någon tystnad. Flugor surrar på flugfångarens kletigt gula band och den feta katten spinner halvsovande i fönstret.

Fröken Siri: — jo, jag kom i huset då Anna föddes. Jag skulle vara till hjälp åt Stava, men hon var redan orkeslös, så jag fick ju ta över från början. Hon låg för det mesta på sängen i kammaren och kommenderade. Ingen visste hur sjuk hon var, så man blev ganska så förbaskad, ska Anna veta. Ja, så var hon plötsligt död en morgon. Jag var rätt så dugande redan då, fast jag inte var mer än tjugo år. Men nog var det mycket att ta hand om. Och fru Åkerblom var inte mycket äldre hon. Och styvsönerna var minsann oregerliga. Och inte gjorde trafikchefen mycket för att hjälpa till med deras uppfostran. Han var alldeles för upptagen med sina järnvägsbroar. Och så Riken och Runa — de var ju snälla och villiga men dumma som höns. Nej det var fru Åkerblom och jag då, som fick ta ansvaret och reda upp i röran. Och det gjorde vi ju, trots att frun blev med barn igen — då var hon ordentligt sjuk ska jag säga — så jag sa till henne: Slit inte livet ur sig fru Åkerblom, utan vila så mycket som möjligt, så tar jag hand om ruljansen bara frun talar om hur hon vill ha det. Ja, så gjorde jag det. Och sen blev ju frun frisk och glad igen och så har det förblivit, ja, detta med ordningen. Frun och jag har inte alltid samma mening, men vi krigar båda två mot slarv, smuts och oordning. Vi tålar inte oordning på något vis, om Anna förstår vad jag menar. (paus) Ja, så har det varit och så är det.

Anna: Har fröken Siri aldrig varit förälskad?

Fröken Siri: Jo då, i början fanns det någon som försökte dra kjolarna över huvut på mig. Men det blev så ont om tid, så jag fick aldrig reda på om han hade avsikter.

Nu släntrar Ernst genom köket, han drar sin syster i flätan, kysser fröken Siri i nacken och frågar om det finns apelsinsaft, slår sig ner vid bordet och äter glupskt av de rensade jordgubbarna. Fröken Siri betjänar gossen. Hon knackar till och med en isbit ur isskåpets ständigt droppande block, nu står saftglaset på bordet och därtill korintkakor. Ernst säger gäspande att han ska ta en cykeltur till Gimmen. Ska Anna följa med? I den här hettan! skriker Anna då Ernst passar på att kittla henne i sidan. Vi ska bada också, kom nu latmaja! Vi måste bara säga till mamma att vi ger oss av.

De går till trappan mot övervåningen. Ernst ropar: Mamma! Karin Åkerblom vaknar ur sina drömmar över det halvskrivna brevet, går ut i trappan och säger strängt, Ernst vad för du för oväsen, du väcker pappa. Vi far till Gimmen och badar, ska mamma följa med? Har Anna frågat fröken Siri om det inte är något arbete i köket? Just nu är det inget, säger Anna. Förresten kan gärna småjäntorna få hjälpa till lite mer. Just nu har de gömt sig i lekstugan och läser Grevinnan Paulettes hemliga älskare. Älskare i pluralis, alltså. Jaha säger fru Karin resignerat, det är inte mitt ansvar, det får Martha sköta. Nu smiter vi i alla fall, säger Ernst och rusar upp för trappan och omfamnar sin mor. Tack, det var vänligt, säger Karin Åkerblom och drar gossen i håret: Du måste klippa dig, du är opassande lurvig.

Så ger de sig av på sina blänkande velocipeder. Först några kilometer på stora vägen och sedan vinkelrätt in bland träden. Det är en slingrig och sandig skogsväg som löper utefter den även i de hetaste sommarmånaderna vilt strömmande men grunda och steniga Gimån.

Gimmen är en långsträckt källsjö, insprängd i ett ändlöst skogslandskap. Vattnet är klart och isande, stränderna steniga och milt sluttande mot plötsliga brådjup.

65

Syskonen har lämnat cyklarna vid den ryggbrutna kvar-
nen och tar sig fram på en kostig under strandalar och
mörknande björkstammar. De finner sitt badställe, en smal
sandig strandremsa skuggad av tunga lövmassor.
Då de badat delar de en halvsmält chokladkaka. Några
förslöade flugor gör dem sällskap, annars är det stilla,
molnfritt men kvavt, som en åska under horisonten, efter-
längtad men hotande. Ernst står på händer, han är en gans-
ka skicklig gymnast. Anna har klätt sig i linne och under-
kjol, hon ligger på rygg och kisar mot lövverket, sträcker
upp en arm och följer med pekfingret grenarnas konturer
mot den vita himmelskupan.

Anna: Har *du* ideal?
Ernst: Va?
Anna: Ideal!
Ernst: Vilken fråga.
Anna: Ja, det kan hända. Men nu frågar jag i alla fall och vill
faktiskt ha svar.
Ernst: Ideal. Javisst: Förtjäna pengar. Inte behöva arbeta.
Erotiska älskarinnor. Vackert väder. Bra hälsa. Odödlig,
jag vill vara odödlig, jag vill aldrig dö. Om jag blir odöd-
lig i bemärkelsen berömd är mig likgiltigt. Jag vill att de
mänskor jag tycker om ska ha det lika bra som jag. Jag vill
inte hata någon. Jag vill aldrig gifta mig. Men jag vill gär-
na ha många barn. Så nog har *jag* ideal.
Anna: Tar du ingenting på allvar?
Ernst: Nej Anna-liten, jag tar ingenting på allvar. Och hur
skulle jag kunna det, när jag ser hur världen beter sig. Jag
har ett starkt behov att rädda mitt klara förstånd. Därför
bryr jag mig inte om att tänka. Skulle jag tänka "så bleve
jag tokot" som Lucidor säger.

Anna: På Sjuksköterskeskolan har vi ganska mycket teoretisk undervisning. För det mesta väldigt ledsamt men ibland är det så upprörande och fängslande att —

Ernst: — du har begåvning för medkänsla, det har inte jag. I det fallet är jag lik vår mor.

Anna: Jo, en dag kom en kvinnlig läkare, en professor i pediatrik. Hon började med att bara berätta och ställde fram exempel ur sin praktik. Framförallt om barn med kräfta. Hon talade om så ohyggliga lidanden att vi hade svårt att behärska oss, vi vill ju bara gråta för att slippa ifrån allt detta fasansfulla. Barn i vanvettiga plågor. Små barn, förstår du Ernst, som inte förstår och som ser handfallna vuxna mänskor omkring sig. De är plågade, gråtande, modiga, tysta, stoiska. Och så dör de, det finns ingen bot. Ibland sönderskurna till oigenkännlighet. Den där kvinnliga professorn talade alldeles lugnt. Hennes medkänsla var hela tiden total. Förstår du, Ernst?

Ernst: (aningen sarkastisk) Nej Anna, mitt lingon. Vad är det du vill att jag ska förstå?

Anna: Jag vill bli som den där professorn. Jag vill stå mitt i den ofattliga grymheten, Ernst. Jag vill hjälpa, lindra och trösta. Jag vill ha all tänkbar kunskap.

Ernst: Då är väl sjuksköterskeskolan bra?

Anna: Ja, för all del. Hälften av kursen gifter sig när den har gått ut. För mig gäller något större och svårare. Vet du Ernst, ibland tycker jag att jag är så otroligt stark. Jag inbillar mig att Gud har skapat mig för något viktigt — något som är viktigt för andra mänskor.

Ernst: Så du tror på Gud?

Anna: Nej, tråkigt nog tror jag inte alls på någon gud.

Ernst: Du tänker för mycket. Det är därför du får ont i magen.

Anna: Jag ska tala med pappa och mamma om det här med min läkarutbildning.

Ernst: Det blir inte lätt Anna-liten. Tänk dig Upsala! Tänk dig de medicinare du känner. Tänk dig professorerna!

Anna: Det *hon* klarade ska jag väl klara.

Ernst: Och hur ska det bli med oss två om du blir professor.

Anna: Vi gifter oss och du sköter hushållet.

Ernst: Men jag vill ju ha barn.

Anna: Du har dina älskarinnor, för fasen.

Ernst: Du kommer bara att bli svartsjuk och ställa till bråk.

Anna: Det är sant. Ingen får peta på mina älsklingar.

Ernst: Vad har du för älsklingar?

Anna: Det skulle du allt vilja veta va? Pappa förstås. Och du förstås. (tystnar)

Ernst: Och Torsten Bohlin?

Anna: Nej, nej, gud vad du är dum. Inte är Torsten någon älskling.

Ernst: Men *någon* är det?

Anna: Kan väl hända. Jag vet inte förresten.

Ernst: (oförmedlat) Har du förresten lust att följa med mig till Upsala på några dagar.

Anna: Jag vet inte om jag får lov för mamma.

Ernst: Lugn, det ordnar jag.

Anna: Vad ska du i Upsala mitt i juli?

Ernst: De har inrättat en meteorologisk institution nyligen. Professor Beck har sagt åt mig att söka.

Anna: Och det skulle roa dig?

Ernst: Skåda himlen och molnen och horisonterna och kanske flyga med ballong! Va?

Anna: Du får lov att tala med mamma. Jag tror inte att hon låter mig resa.

Ernst: Vem ska laga mina måltider! Vem ska stoppa mina

strumpor. Vem ska se efter att mammas lilla gullpojke kommer i säng ordentligt om kvällarna? Du förstår, vi kan få trevligt.

Anna: Nog är det frestande.

Ernst: Jag tar cykeln och du tar tåget. Så träffas vi på Trädgårdsgatan. Den här sommaridyllen börjar gå mig på nerverna.

Anna: (kysser honom) Du är en filur, Ernst.

Ernst: Du är också en filur, Anna-Panna Lingonlund. Fast av ett annat slag.

Ferieläsning. Ovillig och deprimerad elev med sårskorpor på knäna, halvsovande. Ovillig och deprimerad lärare med undertryckt vrede och liderliga tankar. Fönstret står öppet mot julisommaren. Långt borta, men synligt, badar fyra unga kvinnor under skrik och skratt. Trädgårdens balsamiska dofter. Åkerlunda herrgård, Åkerlunda bruk, några mil nordväst om Upsala. Lundaån, bruksgatan, forsen, bikuporna, några makligt vilsekomna kor i rågåkern. Ferieläsning.

Unga greven heter Robert och stirrar surt i den uppslagna tyska grammatiken. Det förväntas att han snart ska recitera presens, imperfektum och pluskvamperfektum samt om möjligt även futurum av hjälpverbet Sein. Henrik, i slips och skjortärmar sitter på andra sidan bordet och läser kyrkohistoria. Ibland stryker han under med en trubbig pennstump. Robert och Henrik, två sammankedjade slavar längst nere i botten av lärdomens galär. De badande flickorna skriker. Robert lyfter blicken och stirrar genom fönstret, den vita gardinen buktar lojt. Henrik tar ner fötterna från bordet och slår ihop sin bok.

Henrik: Nå?

Robert: Va.

Henrik: Har du läst på?

Robert: Kan vi inte gå och bada, kandidaten?

Henrik: Vad tror du din pappa skulle säga om det?

Unga greven lättar på skinkan, lägger av en fjärt och sänder sin plågoande en hatisk blick. Robert är egentligen en vacker gosse och sin mors älskling, men nu sitter han mellan städet och släggan — grevens högfärd och ambition.

Robert: Jävla helvetes, förbannade skit.

Henrik: Tror du jag tycker det här är särskilt trevligt? Låt oss göra det bästa av situationen.

Robert: Kandidaten har ju för fan betalt. (kliar skrevet)

Henrik: Knäpp igen byxorna och släng hit grammatiken.

Robert kastar boken på Henrik och stoppar motvilligt in sin blåtonade, lätt vajande snopp. Han lägger armarna på bordet, huvudet på armarna och intar sovställning.

Henrik: Nå, får jag nu höra, presens alltså?

Robert: (snabbt) Ich bin, du bist, er ist, wir sind, Ihr seid, Sie, sie sind.

Henrik: Bravo. Vågar jag nu be om imperfektum.

Robert: (lika snabbt) Ich war, du warst, er war, wir waren, Ihr wart, Sie, sie waren.

Henrik: (förvånad) Ser man på. Och så — ja vad?

Robert: Perfektum, för helvetes jävlar.

Henrik: Perfektum?

Robert: Ich habe gewesen. (tystnad)

Henrik: (stirrar)

Robert: Du hast gewesen, er hat gewesen. (tystnad)

Offer och plågoande betraktar varandra med oförsonlig motvilja. I detta ögonblick går det likväl inte att avgöra vem som uppbär vilken roll.

Henrik: Jaså.
Robert: Wir haben gewesen.

I detta laddade ögonblick stiger gamla greven in utan att knacka. Möjligen har han lyssnat utanför. Svante Svantesson de Fèste fyller rummet med sitt omfång, sin röst, sina polisonger och sin näsa. Ögonen är barnsligt blå, ansiktsfärgen röd med dragning åt violett. Henrik har rest sig och rättar till sin klädsel. Robert sjunker ihop. Han inser vad som förestår.

Greve Svante: Jaha. Tysk grammatik. Jovisst, vad var det jag skulle säga. En ung herre som heter Ernst Åkerblom kom farande på sin cykel och ville tala med kandidaten. Jag meddelade honom att kandidaten är upptagen med min son fram till thédags klockan ett och uppmanade honom att uppsöka våra flickor vid badstället, ett råd som han uppenbarligen hörsammade med nöje. Jaha, det var det. Hur går det för Robert? Är han obildbar eller har kandidaten lyckats bibringa honom något av den bildning som förväntas av en ädling, sedan ståndsriksdagen avskaffades. Hur går det?
Henrik: Jag tycker att Robert är duktig och gör goda framsteg. Visst finns det luckor —
Greve Svante: Kandidaten *menar* luckor och inte avgrunder?
Henrik: — det finns luckor, säger jag, men med gemensamma ansträngningar ska vi nog lyckas åstadkomma ett och annat före höstterminens början.

71

Greve Svante: Jaså verkligen? Nåja, det låter ju hoppfullt. Eller vad säger du, Robert? Va?

Greven slår sin son i nacken med öppen hand så att tänderna skallrar. Gesten är menad som uppmuntran men Robert böjer huvudet, börjar snora och en tår banar sig väg över den smutsiga kinden.

Robert: Ja.
Greven: Va, tjuter du?
Robert: Nej.
Greven: Jag misstog mig, jag tänkte väl det. Snyt dig. Har du ingen näsduk, vad är det för slarv. Här. Ta min! Snora inte. Jag vill tala enskilt med kandidaten. Ta med dig grammatiken och sätt dig och läs i bersån.

Robert lommar ut, en olycka på fötter. Då han stängt dörren sjunker grevens omfångsrika stofthydda ner på en rankig stol med trasigt ryggstöd. Han blir sittande hopsjunken och morrar för sig själv.

Henrik: Greven ville tala med mig?
Greven: Hans mor säger att jag är orättvis. Att jag kör med honom. Jag vet inte. Hon säger att jag inte älskar honom. Jag vet inte. Det är kanske lika så gott att avbryta det här djurplågeriet. Vad anser kandidaten?
Henrik: Man får aldrig ge upp hoppet.
Greven: Skitprat, kandidaten! Min son Robert är en obildbar drönare, en förbannad idiot. En tårdränkt hängrumpa. Han kommer att växa upp till en odåga och en slarver. Han är förfärande lik sin morbror, där kan man studera det slutliga resultatet.

Henrik: Det är ju synd om honom.

Greven: Va? Är det synd om den som har fått allt? Som aldrig har behövt anstränga sig det minsta, som är sin mors bortskämda kelgris. Är det synd om den där, då är det synd om mänskosläktet.

Henrik: Det *är* kanske synd om mänskorna.

Greven: Vad är det för helvetes skitprat, kandidaten? Den där sortens morbida fantasier betackar jag mig för. Ich habe gewesen! Va? Mänskan är en jävla dynghög, kandidaten. En förorening på jordens yta. Tacka vet jag hästarna, kandidaten. Om jag inte hade mina hästar, skulle jag skjuta mig en kula i skallen. *Hästar* kan det vara förbannat synd om. Deras stora misstag var när de i tidernas begynnelse ingick en pakt med mänskorna. Den överenskommelsen har de fått sota för. (oförmedlat) Vi är alltså överens om att avbryta det här skojet med Roberts ferieläsning?

Henrik: Det är greven som bestämmer.

Greven: Just så, kandidaten, greven bestämmer. Vi skickar tårpilen till hans mormor på Hägersta, där finns det tillräckligt med kärringar att sjåpa sig med. Och i höst får han gå om klassen. Vad har vi för datum i dag? Lördagen den nionde juli. Kandidaten slutar på egen begäran i och med dags dato och får lön till och med fredagen den femtonde. Kandidaten kan stanna eller resa, vilket han behagar. Passar det bra så?

Henrik: Greven behagade möjligen erinra sig att jag är anställd fram till första september. Jag saknar tillgångar och har räknat med min anställning.

Greven: Det var som fan. Kandidaten menar att han ska ha betalt utan motprestation.

Henrik: Det är omöjligt att få en ny anställning så här sent på sommaren, jag måste ju existera.

Greven: Kandidaten har verkligen pretentioner. Dessutom är kandidaten fräck. Det hade jag inte väntat mig av en prästlärling.

Henrik: Jag beklagar, men jag måste ha min rätt. Om greven vägrar, blir jag tvungen att vända mig till grevinnan eftersom den skriftliga överenskommelsen slutligen är tecknad mellan henne och mig.

Greven: Han *understår* sig inte att tala med grevinnan!

Henrik: Jag blir tvungen.

Greven: Kandidaten är en förbannad drummel och har fått för lite pisk i sin barndom.

Henrik: Och herr greven är med förlov en skitstövel som antagligen har fått för mycket pisk i sin barndom.

Greven: Hur skulle det vara om jag reparerade en liten del av er fars underlåtenhetssynder och gav er ett kok stryk på *stället!*

Henrik: Gör det, herr greven, men räkna med att jag slår tillbaka. Varsågod. Greven får slå först eftersom greven otvivelaktigt är äldst. Och ädlast.

Greven: Jag har högt blodtryck och får inte bli så här förbannad.

Henrik: Kan man hoppas på ett litet slaganfall. I så fall är gud nådig som befriar jorden från en fähund.

Nu börjar Svante Svantesson de Fèste att skratta och boxar Henrik i bröstet med knuten hand. Henrik ler förvirrat.

Greven: Han var mig en fan till prästlärling. Nåja, inte illa rutet unge man. Ska man komma nånstans i denna ruttna värld, så gäller det att stå på sig utav helvete. Var det första september han sa? Då är jag skyldig för juli och augusti.

Det blir tvåhundrafemtio riksdaler. Det gör vi upp på fläcken och inte ett ord till damerna, va?

Henrik: I vår överenskommelse ingick faktiskt mat och logi fram till första september. Men det bjuder jag på.

Greven: Stanna kvar, vet ja?! Här är ju behagligt. Och söta flickor! Och god mat! Medge att vi äter gott?

Henrik: Nej tack.

Greven: Det var mig en jävel att vara stöddig. Är han långsint också.

Henrik: Inte i det här fallet. (ler)

Greven: Kom då så går vi ut och dricker eftermiddagskaffe med grevinnan och flickorna. Och hans kumpan. Vad han nu hette?

Henrik: Ernst.

Greven slår kandidaten i ryggen och är på gott humör.

Dagen börjar bli het och dammet ryker i de torra vindstötarna. Henrik och Ernst är på väg mot Upsala. De cyklar i bredd på den gropiga vägen. Sandaler, byxor, något uppkavlade, skjorta öppen i halsen. Ryggsäckar med diverse förnödenheter. Kavajer, underkläder, strumpor inrullade i regnrockar på pakethållarna. Studentmössor. Sakta mak. De gav sig av redan klockan fem och har med många raster och bad nått fram till Jumkils kyrka.

Folk är i rörelse. De står i grupper och går utefter vägkanten: män i finkostymer och runda hattar, krage och slips. Plötsligt får Ernst en jordkoka mellan skulderbladen. Han stannar och vänder sig om. Henrik stannar lite längre bort. En grupp män passerar, de samtalar inbördes men ser inte på Ernst. En lång mager karl rusar plötsligt fram och sliter av Henrik hans studentmössa, spottar på den, kastar den på marken och trampar på den. Henrik blir handfallet stående. Ernst trampar förbi och ger honom tecken att sno sig.

De passerar Bälinge station: ett extratåg med många vagnar har stannat på ett stickspår. Runt tåget är stark rörelse. En blåsorkester packar upp sina instrument, fanor vecklas ut. Ett hundratal karlar rör sig på den dammiga solvita stationsplanen.

Ernst: Vi får se om det överhuvudtaget blir någon termin i
    höst.
Henrik: Varför skulle det inte bli någon termin?
Ernst: Läser du aldrig tidningar?
Henrik: Hur skulle jag ha råd till det?
Ernst: Det sägs att det blir storstrejk och storlockout. Allra
    senast i augusti.

Henrik tiger. Han är förvirrad och generad för att han som vanligt är okunnig i dylika angelägenheter.

Vid ett-tiden anländer de till ett folktomt Upsala. Solen står mitt i Trädgårdsgatan och skuggorna har dragit sig djupt in under kastanjerna. De ställer cyklarna på den kullerstensbelagda gården och lossar packningen. Anna har redan sett dem och kommer utspringande. Hon är röd om kinderna och solbränd. Håret är samlat i en tjock fläta. Över linneklänningen bär hon ett stort köksförkläde med plisserade axelband, de är breda som änglavingar. Hon omfamnar Ernst och kysser honom på munnen, sedan vänder hon sig mot Henrik och räcker leende fram handen.

Anna: Så trevligt att ni kunde komma båda två. Goddag Henrik. Välkommen till Trädgårdsgatan.
Henrik: Det var roligt att se Anna igen.

De är formella och en aning generade. Detta är i själva verket olaglig trafik, utanför föräldrarnas vetskap och tilllåtelse.

Ernst: Kall avrivning, kallt öl, två timmars sömn och en god middag, *därefter* festligheter med improvisationer. Låter det bra?

Den väldiga bleckbaljan dras fram på golvet i köket och hinkas full med kallt vatten. Henrik och Ernst tvättar sig själva och varandra med hjälp av tvål och svamp. Anna har ställt fram ölflaskor, kylda i isskåpet. Sedan man frotterat sig — Anna sitter på vedlåren i tamburen — och hällt badvattnet i avloppet vid gårdspumpen, installerar man sig i varsitt rum: Ernst i sitt vanliga och Henrik i jungfrukammaren bakom köket. Den vetter mot norr, är sval och lite mörk. Tapeterna är ärggröna och luktar arsenik, taket är högt och prytt med fuktfläckar. Henrik sträcker ut sig på den smala, jämrande sängen. På väggen hänger en tavla som föreställer en diligens som rastar vid ett lantligt värdshus, folk rör sig ivrigt runt vagnar och hus, hundar skäller, en häst stegrar. På en hög brunmålad byrå med mässingsbeslag står en förgylld klocka på fyra ben. Den tickar snällt och ivrigt. Lakanen och kudden doftar lavendel. Det tunga lövverket står orörligt straxt utanför fönstret. Nu kommer en liten vind, bladen vänder sig makligt, det brusar några ögonblick. Sedan är det åter tyst.

Henrik hör syskonen skratta och prata någonstans djupt

inne i våningen. Han känner en plötslig och stark fred, han vet nästan inte vad det är som får hans ögon att tåras. Vad är det med mig egentligen, säger han för sig själv. Och så somnar han.

Ernst väcker honom omilt: Du var mig en jäkel att sova, du har sovit i tre timmar, nu måste du vakna, kom ska du få höra något roligt. Men tyst, gå tyst, så att hon inte märker något. Ernst tar Henrik vid handen och leder honom ut i köket där vissa middagsförberedelser pågår. Dörren till tamburen står halvöppen. Annas röst hörs från tamburen. Hon talar i telefon.

Anna: Så roligt att mamma ringde! Jodå, Ernst har kommit fram välbehållen. Va? Han mådde bra, sa jag ju. Just nu snarkar han på sitt rosenöra. Det hörs lite dåligt. Jo jag säger att *det hörs* lite dåligt. Har pappa ont i magen? Det har han ju alltid, stackars pappa. Vad vi ska göra i kväll? Vi går väl till Odinslund, det är en konsert. Om vi är ensamma? Hur menar mamma? Det är bara jag och Ernst. Oj, det här blir ett dyrt samtal, mammchen. Hälsa alla! Det blir bestämt åska, det knastrar så i luren. Stor puss, mammchen, och glöm inte att krama pappa från mig. Vad säger mamma, låter jag konstig på rösten. Det är bara inbillning det hörs så dåligt. Adjö mamma, nu lägger vi på samtidigt.

Anna lägger på luren och vevar på veven, sedan rusar hon ut i köket, drar sin bror i håret och slår sedan armarna om hans midja; akta dig för min syster säger Ernst med ömhet. Akta dig som fan. Hon är den uppriktigaste hycklerskan och den skickligaste lögnerskan i kristenheten.

Middagen är kanske inte direkt vällagad men likafullt

festlig. Ernst har lirkat upp låset till trafikchefens vinkällare och kylt några flaskor vit bourgogne, portvin finns i medicinskåpet. Fönstren står öppna mot skymningen och den tysta gatan, ett åskväder är på väg någonstans och solen har slocknat, nersjunken i ett blåsvart moln bortom Carolina Redivivas koppartak. Anna har klätt sig fin: hon bär en tunn sepiafärgad sidenblus med fyrkantig ringning, långa ärmar och spetsmanschetter. Kjolen är elegant välskuren, skärpet brett med silverspänne. Hon har satt upp håret i en låg knut. Örhängena är små och glänser diskret, men dyrbart.

Vad pratar man om? Jo naturligtvis: den sällsamma upplevelsen vid Bälinge station, så talar man om Torsten Bohlin, som rest till Weimar och ska fortsätta till Heidelberg. Han har skrivit flera brev till Anna som hon funnit här på Trädgårdsgatan, någon har inte anmält eftersändning. Jag får väl skylla mig själv, säger Anna. Pappa gillar aldrig mina kavaljerer. Bara Ernst, säger Ernst och alla tre skrattar, Anna tar broderns hand. Du ska se att det finns cigarrer i pappas skrin, säger hon.

Och det finns det, ganska torra förstås men brukbara. Ernst får Henrik att relatera bråket på Åkerlunda gård. Så vänder Henrik sig plötsligt mot Anna, ser stort på henne och säger att du ska ju bli sjuksköterska? Det föranleder Anna att hämta ett litet album: Det här är Sophiahemmet, förstår du och här på baksidan med fönstren mot parken och Lill-Jansskogen har vi våra lektionsrum. Och här är våra sovrum, det är ganska fint, vi bor bara två i varje rum. Det är god mat också och enastående bra lärare. Fast strängt. Och långa dagar, aldrig mindre än tolv timmar. Från halv sju på morgonen till långt efter sex på kvällen. Då är man ganska slut ska jag säga Henrik. Anna står på knä på matsalsstolen tätt intill Henrik, hon luktar friskt och sötaktigt, inte precis parfym men kanske en god tvål. Eller kanske luktar hon så här i original? just bara hon. Ernst sitter vid bordsändan och gungar på stolen, med cigarren mellan tummen och pekfingret. Han ser leende och föralldel en aning berusad på sin syster och sin vän. Henrik känner hennes överarm mot sin egen, hennes hår kittlar honom, då hon böjer huvudet för att leta efter sig själv på en av bilderna. *Där är jag!* säger hon. Det kan man inte tro, uniformen är väl inte precis klädsam, fast mössan är söt, men den får vi inte förrän vi är utexaminerade. Min syster ska bli syster, min syster syster Anna, säger Ernst och så skrattar de. Ni är förresten söta tillsammans, säger han sedan.

Anna stänger genast sitt album och lämnar luft mellan sig själv och Henrik. Tycker du att min syster är attraktiv? Hon är mer än så, svarar Henrik allvarligt. Vad kan du mena med det? envisas Ernst. Förstör inte alltihop nu när vi har det så trevligt, säger Anna lite förargat och serverar sig av portvinet. Jag har fått en fläck på kjolen, säger hon sedan. Ge mig vattenkaraffen snälla Henrik, det är bäst att försöka med vanligt vatten. Sablar också! Fina kjolen! Ernst och Henrik ser på hur Anna gnuggar fläcken med sin servett. Kjolen spänner över höftens och lårets rundning.

De dricker ur och diskar tillsammans. Ernst diskar, Henrik torkar, Anna sorterar och ställer i skåp och lägger i lådor. Vad talar de om nu? Antagligen berättar syskonen om mammchen: det är mamma som bestämmer, mamma styr, mamma bestämmer. Mamma går till pappa, just när han har satt sig i sin skönaste stol med morgontidningen och morgoncigarren och säger, hör du Johan eller hör du Åkerblom, (om det är något allvarligt) nu måste vi *äntligen* bestämma oss för om vi ska hjälpa Carl med hans växel den här gången också eller om vi ska låta honom gå till hundarna, det blir procentare som vanligt, det vet vi ju. Du får bestämma, säger pappa Johan. Nej Johan, protesterar mammchen och slår sig ner, du vet att jag i ekonomiska angelägenheter *alltid* rättar mig efter dig, du kan inte ha den där kavajen längre, den börjar bli blank på armbågarna!

Syskonen är duktiga på att spela komedi, de skrattar och beter sig, Henrik dras med, han har aldrig sett så vackra mänskor. Han längtar häftigt, men vet inte riktigt vad han längtar efter.

Eller så *här,* säger Anna ivrigt och föreställer mamma Karin. Hördu Ernst du, vad var det för dam du satt med på Ekbergs konditori i torsdags. Jag såg er allt genom fönstret, vad hade ni att tala om som var så hemligt att ni hade glömt både choklad och napoleonbakelser. Ja, ja, visst var hon ganska söt, mycket söt för all del men var det någon riktigt *fin* flicka egentligen? Var har Laura tagit vägen, henne tyckte vi om, både pappa och jag. Det är verkligen synd att du inte stadgar dig min *kära* Ernst, du är *alldeles för bortskämd* med flickor. Du behöver ju bara vinka med lillfingret så kommer de galopperande i långa rader. Din unge vän vad han nu heter, Henrik Bergman heter han visst? Han är också en sådan där vingelpetter som säkert har en massa fasoner med flickor. Han är alldeles för söt för att en ung flicka ska våga lita på honom.

På kvällen börjar det regna. De har slagit sig ner i gröna salongen bland lakantäckta fåtöljer och överhängda tavlor. I mörkningen blir de mattlösa trägolven allt vitare, de gardinlösa fönstren allt skarpare i konturen. Nu sjunger Ernst en Schubert-Lied, han sjunger med ljus baryton och Anna följer på pianot. Det är Die schöne Müllerin, adertonde sången: "Ihr Blümlein alle, die sie mir gab, euch soll man legen mit mir ins Grab". Tonerna flyter stilla genom det skymmande rummet. Två tända ljus belyser Ernst och Anna som lutar sig över noterna. "Ach, Tränen machen nicht maiengrün, machen tote Liebe nicht wieder blühn" —

Henrik ser Annas ansikte, den mjuka linjen vid munnen, ögats milda glans, hårets skimrande våg. Nära henne med ansiktet vänt mot Henrik, men just nu med slutna ögon: Ernst med det tunna mjuka håret bortstruket från pannan, den bleka munnen, de bestämda starkt markerade anletsdragen.

Henrik ser på syskonen oavvänt, han hejdar tiden, nu ska den inte få löpa på slarv och hur som helst. Så här har det aldrig varit, han visste inte att sådana färger fanns, ett slutet rum öppnar sig. Ljuset blir allt starkare, han blir yr i huvudet: så *kan* det naturligtvis vara. Så kan det få vara för honom också.

Ernst: Schubert visste något särskilt om rummet, tiden och ljuset. Han ställde samman oföreställbara element och andades på dem. På så sätt blev de fattbara för oss andra. Minuterna plågade honom och han löste upp dem åt oss. Rummet var trångt och smutsigt. Han löste upp rummet åt oss. Och ljuset. Han levde i de kalla råa skuggorna och vände det milda ljuset mot oss. Han var som helgonen. (tystnar, tystnad)

Anna: Jag föreslår att vi går en tur till Fyrisbron innan vi lägger oss.

Ernst: Det regnar.

Anna: Bara duggregnar. Och Henrik får ta pappas gamla regnrock.

Henrik: Jag vill gärna.

Ernst: Jag vill absolut inte.

Anna: Kom nu Ernst och fåna dig inte.

Ernst: Du och Henrik får gå. Jag blir hemma och dricker ur det som är kvar i flaskan.

Anna: Jag *vill* att du följer med. Jag inte bara vill, jag *kräver!* Så du bara vet.

Ernst: Anna är sin mors dotter. På alla sätt.

Anna: Min bror saknar den elementäraste sensibilitet. Det är faktiskt synd.

Ernst: Nu förstår jag inte vad du talar om.

Anna: Just det. Precis just det!

Så vandrar de i sommarnattens milt strilande regn. Anna i mitten, ganska liten och rund med de resliga unga männen till höger och vänster. Man håller varandra under armen och flanerar långsamt. Inga tända gaslyktor stör nattljuset. De stannar och lyssnar.

Regnet risslar i träden.

Anna: Tyst. Hör ni? En näktergal.

Ernst: Jag hör ingen näktergal. Dels finns den inte så här långt norrut och dels sjunger den inte efter midsommar.

Anna: Tyst nu. Prata inte hela tiden.

Henrik: Jo, det är nog en näktergal.

Anna: Ernst, lyssna ordentligt!

Ernst: Anna och Henrik hör näktergalar i juli. Ni är förlora-de. (lyssnar) Ta mig fan är det inte en näktergal i alla fall.

Vid tvåtiden samma natt syns kornblixtar mot jungfrukammarens ljusa rullgardin. Ibland hörs ett svagt åskmuller. Regnet susar, ibland lite starkare ibland droppande och svagt. Plötsligt kan det bli så tyst att Henrik hör hjärtats slag och blodet i trumhinnan. För övrigt kan han inte sova, han ligger på rygg med händerna bakom huvudet, ögonen vidöppna: Så är det, så kan det alltså vara. *Även* för mig, Henrik! Öppningen till det tidigare så hårt slutna rummet vidgas och vidgas, det är som en svindel.

Nu rör sig någon i köket, nu öppnas dörren och knarrar särdeles påtagligt, det här är ingen dröm. Anna står i den ljusa rektangeln, han kan inte se hennes ansikte, hon är fortfarande påklädd.

Anna: Sover du? Nej, jag visste ju att du inte sover. Jag tänkte att jag går in till Henrik och talar om för honom hur det är.

Hon står kvar i dörröppningen orörlig. Henrik vågar inte andas. Det här är allvarligt.

Anna: Jag vet inte vad jag ska ta mig till med dig, Henrik. Det är inte bra att du är här hos mig. Men det är mycket, mycket värre, när du är borta från mig. Jag har alltid —

Hon tystnar och begrundar. Nu är det antagligen livsviktigt att vara sanningsenlig. Henrik tänker säga något om sin förvirring och det slutna och öppnade rummet men det är för invecklat.

Anna: Mamma säger att det viktigaste som finns är att hålla reda på sina känslor. Jag har alltid haft förstånd på den saken. Så jag tror att jag har blivit lite självsäker, faktiskt.

Hon vänder bort huvudet och tar ett steg bakåt. Då faller köksfönstrets gryningsljus över hennes ansikte och Henrik kan se att hon har gråtit. Eller kanske gråter hon. Men rösten är lugn.

Anna: Man kan inte — Mamma och andra, mina halvbröder till exempel, säger att jag har fått så mycket klokskap i arv både från pappa och mamma. Jag har alltid varit lite stolt när jag har fått beröm för min klokhet. Jag har tänkt att så här ska livet se ut och så här vill jag att det ska vara. Jag behöver sannerligen inte vara rädd. (tystnad, lång tystnad) Men nu är jag rädd eller för att vara ärlig: om det jag känner är rädsla, då är jag rädd.

Henrik: Jag är rädd, jag också.

Han måste harskla sig. Rösten har torkat fast någonstans på vägen. Nu, i detta ögonblick, stannar hjärtat, bara helt kort, men i alla fall.

Henrik: Förresten stannade mitt hjärta. Precis nu.

Anna: Jag vet hur det är Henrik. Vi står mitt i ett avgörande, kan du tänka dig så märkvärdigt och gåtfullt? Då stannar tiden, eller vi tror att tiden stannar eller "hjärtat", som du säger.

Henrik: Hur ska vi göra?

Anna: Det finns egentligen bara två möjligheter. (nyktert) Antingen säger jag: gå din väg Henrik. Eller också: kom i min famn, Henrik.

Henrik: Du tycker att båda alternativen är dåliga?

Anna: Ja.

Henrik: Dåliga?

Anna: Livsavgörande.

Henrik: Kan vi inte få lov att leka lite?

Anna: Jag vet förresten inte alls vad du är för sorts mänska.

Henrik: Jag är inte det minsta konstig.

Det är ett tonfall av förskräckelse, komisk förskräckelse.

85

Henrik har inte särskilt mycket självinsikt, har aldrig haft, kommer aldrig att få. Anna skakar leende på huvudet: där ser du själv hur riskabelt det här kan bli! Nu stiger hon över tröskeln och in i kammaren, sätter sig vid sängens fotända, slätar ut kjolen. Henrik kavar sig upp i sittande.

Anna: Jag tror inte att du vet någonting om någonting. Jag tror att du är förmörkad, jag hittar inget annat ord i hastigheten.

Henrik: (svagt) Förmörkad?

Anna: Du upprepar ju bara vad jag säger hela tiden. Tala om hur du själv vill ha det.

Henrik: Jag ska säga precis. Jag har aldrig, och jag säger *aldrig*, och jag svär på att det är säkert, jag har aldrig i mitt liv varit med om en dag och en kväll och en natt som den här dagen, kvällen och natten. Och det svär jag. Något annat vet jag inte. Jag är förvirrad och tacksam och rädd. Jag menar allt det här kommer att tas ifrån mig. Det är alltid så. Det har alltid varit så. Jag står med tomma händer, det låter dramatiskt, men det är bara så. Jag menar bara alldeles enkelt, varför skulle något av det jag varit med om idag tillfalla mig? Förstår du, Anna? Du och Ernst lever i er värld, inte bara materiellt, utan på alla plan. För mig oåtkomligt. Förstår du, Anna?

Anna skakar långsamt på huvudet och betraktar Henrik med sorgsna blickar. Så ler hon och reser sig, går till dörröppningen och vänder sig om.

Anna: Nåja. Vi kan i alla fall skjuta på avgörandet några timmar eller rent av några dagar eller veckor.

När hon sagt detta ler hon överseende och önskar godnatt. Sedan stänger hon dörren som knarrar häftigt.

Jag kan se dem där de sitter i matsalen vid det stora, avröjda bordet med lejonfötterna. De har ställt trafikchefens schackspel mellan sig. De skyddande lakanen har tagits bort från två av fönstren. Det regnar stilla och ihärdigt. Jag ser Ernst också, han står i dörren klädd i regnrock med studentmössan i handen och säger att han sticker iväg till meteorologiska institutionen ett slag, professorn ville tala med honom. Vi äter middag klockan fem, mumlar Anna och flyttar en Löpare. Hej då och lycka till, säger Henrik och retirerar med Drottningen. Det smäller i tamburdörren, sen är det tyst. Någonstans i huset spelas piano, långsamt och trevande.

Anna slår plötsligt omkull spelets pjäser och sätter händerna framför ansiktet, så kikar hon mellan fingrarna på Henrik och fnissar. Henrik lutar sig fram över brädet och försöker återställa. Efter ett lamt försök sitter han stilla och avvaktande.

Anna: Vi behöver inte tala om för alla mänskor att vi — ja att vi tänker —

Henrik: Nej, det är klart.

Anna: Plötsligt blir jag förskräckt när jag tänker på att vi inte vet det allra minsta om varandra. Vi borde sitta vid det här bordet i hundra dagar och bara tala och fråga.

Henrik: Det skulle inte räcka.

Anna: Vi bestämmer oss för att leva tillsammans resten av livet och vet ingenting om varandra. Nog är det lite ovanligt?

Henrik: Och vi har inte ens kysst varandra.

Anna: Ska vi kyssa varandra nu? Nej, förresten, det kan vänta.

Henrik: Först ska vi säga våra fel.

Anna: (skratt) Nej, det vågar jag inte. Då springer du!

Henrik: Eller du.

Anna: Mamma säger att jag är envis. Att jag är självisk. Nöjeslysten. Otålig. Bröderna säger att jag har ett jäkla humör, jag blir arg för ingenting. Ja, vad kan jag mera hitta på. Ernst säger att jag är behagsjuk, att jag älskar att titta mig i spegeln. Pappa säger att jag är lat med saker som man *måste* göra: städa, laga mat, läsa tråkiga läxor. Mamma säger att jag är alldeles för intresserad av pojkar. Ja, som du hör är det ingen hejd på felen.

Henrik: Mitt största fel är att jag är förvirrad.

Anna: Det är väl inte något *fel?*

Henrik: Jo, det är precis vad det är.

Anna: Hur menar du?

Henrik: Jag är förvirrad. Förstår ingenting. Jag gör bara vad andra säger åt mig. Jag tror inte att jag är särskilt klyftig. Om jag läser en krånglig text, har jag svårt att förstå vad som menas. Jag har så mycket känslor, det gör mig också förvirrad. Jag har nästan alltid dåligt samvete, men oftast vet jag inte varför.

Anna: Det låter besvärligt.

Sorg och olust: Vad är det här för ett besynnerligt spel? Varför håller vi på så här? Varför kysser vi inte varandra, idag är ju fest? De sitter tysta och undviker att se på varandra.

Henrik: Nu blev vi ledsna båda två.

Anna: Ja.

88

Henrik: Det är ensamheten som gör oss rädda. Om vi är till-
sammans, får vi mod att förstå och förlåta våra egna och
varandras fel. Man ska akta sig för att börja i galen ända.
Anna: Ska vi kyssa varandra nu, så blir vi glada igen.
Henrik: Vänta lite. Jag har något viktigt som jag måste tala
om för dig. Nej, Anna skratta inte. Det är nog nödvändigt
att jag talar om för dig att —
Anna: Äh, nu är jag trött på de här dumheterna!

Hon ställer sig mitt emot honom, tar hans huvud mellan
händerna, vänder hans ansikte uppåt, lutar sig över honom
och kysser honom innerligt. Henrik snyftar till, hennes
doft, hennes hud, de starka små händerna som håller ho-
nom fast, håret som väller fram över hennes skuldra.

Han famnar om hennes liv och trycker henne mot sig,
pannan mot hennes bröst, hon släpper inte hans huvud, de
vacklar, sammanfogade. Så förblir de länge, vågar inte eller
kan inte lösa omfamningen. Hur blir verkligheten efter det-
ta? Vad händer med oss?

Anna: — nu är vi antagligen förlovade.

Hon gör sig lös och drar sin stol intill hans, de sitter mitt-
emot varandra, nu har de inte bordet mellan sig, de håller
varandras händer, de är upprörda och försöker stilla and-
hämtning och hjärtan. Henrik är dessutom i svår nöd, han
borde säga det han måste säga, men han kan inte. Hon kän-
ner att det är något som är på tok och forskar i Henriks
ansikte.

Anna: (ler) — nu är vi förlovade, Henrik.
Henrik: Nej.

Anna: (skratt) — jaså, *är* vi inte förlovade?
Henrik: Jag visste redan från början att det skulle bli fel. Jag måste gå min väg. Vi ska aldrig ses mer.
Anna: Du har någon annan.

Henrik nickar.

Anna blir askgrå i ansiktet, håller pekfingret mot läpparna, som hade hon ålagt sig tystnad. Så stryker hon hastigt över Henriks panna med vänster hand, låter den vila mot hans axel, ett kort ögonblick. Sedan går hon runt bordet och sätter sig vid kortändan bakom Henriks rygg. Där blir hon sittande, biter på en nagel, vet inte vad hon ska säga.

Henrik: Vi har levat tillsammans i drygt två år. Hon var lika ensam som jag. Hon tycker om mig. Hon har hjälpt mig många gånger. Vi har haft det bra tillsammans. Vi är förlovade.
Anna: Du har ingenting att förebrå dig. Inte *egentligen.* Du kunde möjligen ha sagt något i natt, men då var allting så overkligt. Jag förstår att du inte sa något. Hur blir det nu med vår vackra framtid? Hur vill du ha det, egentligen?
Henrik: Jag vill leva med dig. Men det visste jag ju inte igår. Allt har ju ändrat sig — så här!

Han gör en gest med handen som sedan faller tungt och tröstlöst mot bordsskivan. Så vänder han sig mot henne och skakar på huvudet.

Anna: Så du menar att du tänker överge — vad hon nu heter — vem hon nu är?
Henrik: (paus) Om du vill veta så heter hon Frida. Hon är

90

några år äldre än jag. Hon är också norrifrån, hon arbetar på hotell Gillet.

Anna: Vad gör hon?

Henrik: (arg) Hon arbetar som servitris.

Anna: (kyligt) Jaså — servitris.

Henrik: Skulle det vara något fel att hon är servitris?

Anna: Nej, för all del.

Henrik: Du glömde bestämt att nämna ett av dina allvarligare fel: Du är tydligen högfärdig. *Du* har uppfunnit det här med vår gemensamma framtid. Inte jag. Jag har alltid varit beredd att leva i verkligheten. Och min verklighet är grå. Och tråkig. Ful. (reser sig) Vet du vad jag ska göra nu? Jo, jag ska gå hem till Frida. Jag ska gå hem till henne och be henne om förlåtelse för mitt dumma och enfaldiga svek. Jag ska tala om för henne vad jag sa och vad du sa och vad vi gjorde och så ska jag be henne om förlåtelse.

Anna: Jag fryser.

Henrik lyssnar inte. Han går sin väg.

I tamburen stöter han samman med Ernst som just kommit innanför dörren och är i färd med att ta av sig regnrocken. Henrik mumlar något och försöker ta sig förbi men blir fasttagen.

Ernst: Hej, hej, hej. Vad är det här för nånting?

Henrik: Släpp mig. Jag vill faktiskt gå min väg och aldrig komma tillbaka.

Ernst: (härmar) — "gå min väg och aldrig komma tillbaka". Vad talar du om? Är det fråga om en Schubert-romans?

Henrik: Det var dumt från början. Vill du släppa mig är du snäll.

Ernst: Och var har du Anna?

Henrik: Hon är väl kvar därinne.
Ernst: Redan grälat. Ni försitter inte tiden. Men Anna är en
otålig flicka. Hon tycker om att det går undan.

Han trycker ner Henrik på den vitmålade vedlåren vid tamburens kortsida och ställer sig vid glasdörrarna för att hindra en tänkbar flykt. I samma ögonblick kommer Anna ut i salongen. Då hon får syn på brodern stannar hon tvärt och slår med handen mot låret. Så vänder hon sig häftigt mot fönstret.

Ernst: Vad fan har ni haft för er?
Henrik: Nu ber jag dig enträget att du släpper ut mig, nästa
steg blir att jag lägger dig på käften.
Anna: (ropar) Låt honom gå bara.
Ernst: Försvinn inte Henrik: Du och jag kan väl äta middag
på "Kalla Märta" klockan fem. Hör du?
Henrik: Jag vet inte, det tjänar inget till.

Han håller sin packning i famnen, tar studentmössan från hatthyllan. Ernst öppnar tamburdörren och så försvinner Henrik nedför trapporna med stora kliv. Ernst stänger och går sakta in till sin syster. Hon står fortfarande kvar vid fönstret med alla tecken på vrede och smärta.

Ernst: Anna, mitt lingonhjärta, hur har du ställt till det här?

Anna vänder sig mot Ernst och lägger armarna om hans hals, därefter gråter hon några sekunder mycket dramatiskt, möjligen njutningsfullt. Så tystnar hon och snyter sig i framräckt näsduk.

Anna: Jag är säker på att jag älskar honom.

Ernst: Och han?

Anna: Jag är säker på att han älskar mig.

Ernst: Varför tjuter du i så fall? Hör du? Anna?

Anna: Det gör så *ont!*

Ernst får inte veta mer. Han sätter sig på en stol och tar systern på sitt knä och så blir de sittande i öm förtrolighet och utan att säga ett ord vidare. Regnet upphör och solen tecknar hårda, vita fyrkanter och rektanglar på fönstrens skyddslakan. Hela rummet blir nästan svävande.

Henrik fullföljer sin uttalade intention och tar sig till Hotell Gillet, knogar uppför sex trappor och bankar på Fridas dörr. Efter några ögonblick öppnar hon yrvaket, är klädd i ett rymligt flanellnattlinne och en strumpa om halsen. Näsan är röd och ögonen glansiga. Hon stirrar på Henrik som vore han inte verklig. Trots detta stiger hon åt sidan och släpper in honom.

Frida: Är *du* i stan?

Henrik: Är du sjuk?

Frida: Jag är förskräckligt förkyld och har ont i halsen och feber. Så jag var tvungen att gå hem redan klockan halv tio i går kväll, jag höll faktiskt på att svimma. Vill du ha lite kaffe? Jag funderade just på att laga något varmt.

Henrik: Nej tack.

Frida: Vad det var roligt att du kom och överraskade, det hade jag då aldrig kunnat vänta mig. Tack för ditt snälla brev förresten. Jag skulle just till att svara, men det är så ont om tid och jag är inte så bra på att skriva.

Bakom en skärm finns rummets enda lyxartikel. Det är en liten gasspis med tynande, sotig låga. Frida kokar kaffe och brer smörgås. Trots vag protest låter sig Henrik serveras. Frida tassar runt, barfota och beställsam. Hon slår sig äntligen ner på sängen, drar om sig täcket och blåser på det heta kaffet som hon dricker på bit. Plötsligt tittar hon noga på Henrik, han sitter på rummets enda stol och har ställt sin kaffekopp på nattduksbordet.

Frida: Är du också sjuk? Du ser ju riktigt ämlig ut.
Henrik: Det är ingenting.
Frida: Hur kan du säga så dumt. Som om jag inte skulle se på dig att det är något.
Henrik: Jag är väl ledsen.
Frida: Ja, *det* förstås. Är det något du ska säga till mig. Det känns så.
Henrik: Nej.
Frida: Det såg så ut.
Henrik: — nej.
Frida: Kom hit får jag krama dig.

Hon ställer ifrån sig kaffekopp och smörgås och drar honom till sig, han är inte ovillig.

Frida: Är du rädd att bli förkyld.
Henrik: — nej.
Frida: Klä av dig då och kom och lägg dig.

Hon stiger raskt upp ur sängen och drar ner den trasiga rullgardinen. Så lindar hon av sig halsstrumpan och kammar håret med raska tag framför den fläckiga spegeln över kommoden. Innan hon kryper tillbaka i sängen drar hon av

sig nattskjortan. Under skjortan har hon ett kort trikålinne
och ett par tämlingen långbenta underbyxor. Hon hasar av
sig byxorna men behåller linnet.

II

I det Åkerblomska sommarhuset med den ståtliga utsikten över älv och blånande berg är stämningen tryckt för att inte säga ruvande. Inga glada rop från badstället, inga krocketklot rullar över terrassens gräs, ingen pianomusik, inga saftglas eller romaner i hängmattorna. Man håller tyst och lyssnar till rösterna från trafikchefens arbetsrum. Ingenting hörs riktigt tydligt: ibland några ord, kanske en hel mening med förhöjd styrka. Annars mummel eller tystnad.

Pappa Johan sitter vid sitt skrivbord och röker en nästan slocknad pipa som han då och då försöker tända. Fru Karin sitter på den gröna soffan under Ottilia Adelborgs målning: Avfärd till fäbodarna. Hon är helt enkelt blek av vrede. Mitt på golvet står hennes dotter inte mindre vred men röd på kinderna och i pannan. Ernst har intagit en strategisk position vid dörren.

Karin: Charlotta ringde i går kväll och försäkrade att du och Ernst hade haft en manlig nattgäst. Hon var mycket upprörd och sa att hon hade hört samtal från jungfrukammaren hela natten. Är det sant?

Anna: Ja. (arg)

Johan: Tänk på hur du talar till din mor.

Anna: Mamma borde tänka på hur hon talar till mig. Jag är faktiskt en vuxen mänska.

Karin: (kallt) Så länge du äter vårt bröd och bor i vårt hem, är du vår dotter och finner dig i gällande regler.

Anna: Jag finner mig inte i att mamma och pappa behandlar mig som en barnunge.

Johan: Om du beter dig som en barnunge, blir du behandlad som en barnunge. (harskel)

Karin: Förstår du inte att du har skandaliserat oss?

Anna: Tant Charlotta är en sladderkäring och jag gläder mig åt att hon fått något att servera på nästa kaffebjudning.

Johan: Du säger ingenting, du Ernst?

Ernst: Vad ska jag säga? Anna och mamma kacklar ju i munnen på varandra som ilskna ankor. Man får inte en syl —

Johan: Var det du som bjöd hem den där ynglingen?

Anna: (arg) Nej, tänk att det var *jag* som understod mig att vara så djärv.

Johan: Jag frågade Ernst.

Ernst: *Jag* bjöd honom.

Karin: Men Ernst, hur *kunde* du vara så dum! (milt)

Ernst: Han är en god vän till oss båda. Ni känner honom förresten. Han har varit på söndagsmiddag.

Karin: Vad heter han? En ung man som accepterar att vara nattgäst i ett hem, där föräldrarna är frånvarande, måste antingen vara arrogant eller dåligt uppfostrad.

Anna: Det är ju fullständigt löjligt som mamma går på.

Karin: Jag vet ju *ingenting.* Ni har kanske massor av hemligheter som ni smusslar med bakom min rygg.

Anna: Som mamma bråkar vore det inte så konstigt om vi höll våra hemligheter för oss själva.

Karin: Johan! Du får lov att tillhålla din dotter att uppföra sig som folk. Jag har sannerligen haft tålamod med dig och dina bortskämda fasoner. Nu ser jag följderna.

Anna: Det är inte mitt fel att jag blivit bortskämd.

Johan: Nej, det har du rätt i min flicka. Det är för det mesta mitt fel och mamma har varnat mig vid flera tillfällen. Nu förstår jag att vi måste börja umgås på ett kärvare sätt. (harskel, harskel)

Anna: (skrattar) Smisk på stjärten och gå till sängs utan middag?

Johan: (svårt att hålla sig allvarlig) Var inte fånig, Anna. Den här situationen ger inte anledning till några skämtsamheter. Vad heter pojken?

Anna: Han heter Henrik Bergman. Och han studerar teologi och ska bli präst. Och jag älskar honom och jag tänker faktiskt gifta mig med honom.

Nu blir det verkligen tyst både i trafikchefens arbetsrum, i hela det vackra sommarhuset och en bra bit runtomkring.

Karin: Jaså. Jaha. Jaså. Jaha. Jaha.

Johan: Det var ju klara besked.

Anna: Ni kommer inte att kunna hindra mig.

Johan: Min kära dotter, jag fruktar att du i någon mån missbedömt din situation. Det dröjer faktiskt ett helt år innan du är myndig och *så* länge står du juridiskt och moraliskt under dina föräldrars domvärjo.

Karin: Ska den där pojken bli präst! Som inte har vett att ta vara på en ung kvinnas heder. (arg) Du var inne hos honom på natten. Det var hans och din röst den där förbaskade Charlotta hörde genom väggen? Det var du och han?

Anna: Ja, än sen då. Vi talade om vår förlovning.

Karin: Du låg kanske hos honom i sängen.

Anna: Nej, det gjorde jag inte. Men om han hade frågat mig, så hade jag lagt mig hos honom.

Johan: (mörk) Nu är du tyst.

Anna: Mamma frågade och jag svarade.

Johan: Var höll Ernst hus?

Ernst: Jag sov. Det här visste jag ingenting om.

Karin: Och om du blir med barn.

Anna: (med ett leende) Svårt på det avståndet.

Karin: Du hör, Johan!

Johan: (sorgset) Jo, jag hör. Jag hör nog. Jag hör. (harskel igen)

Karin: Jag vet verkligen inte vad vi ska ta oss till.

Ernst: Om jag får föreslå något?

Johan: (rynkar pannan) Prata på du bara.

Ernst: Jag föreslår att de ärade föräldrarna inte gör någonting alls. Det som har hänt är en obetänksamhet från Annas och min sida. Vi har helt enkelt dummat oss. Vi är säkert beredda att be våra föräldrar om förlåtelse för det obehag och den oro som vi med vår obetänksamhet förorsakat er. Det är vi väl, Anna?

Anna: Vad?

Ernst: Att be mamma och pappa om förlåtelse.

Anna: Det måste jag verkligen fundera på.

Ernst: Medan du funderar föreslår jag att Anna skriver ett snällt och formellt brev till gossen. Mamma bifogar några älskvärda rader och bjuder honom att komma hit på en vecka.

Karin: Aldrig i livet. En lymmel och förförare.

Anna: (tar eld igen) Om det är någon som är förförare i det här sammanhanget, så är det jag. Kom ihåg det, ärade föräldrar! Och är det så att ni krånglar, så tänker jag förföra honom på allvar och skaffa mig ett barn och då blir ni hursomhelst tvungna att gifta mig med barnafadern.

Karin: Jag tror du underskattar dina föräldrars beslutsam-
het, kära Anna.

Anna: Din beslutsamhet mamma. Pappa och jag har alltid
kommit överens. Inte sant pappa?

Johan: (lätt generad) Jo, jo visst min unge. Visst. Hm!

Karin: Vid närmare eftertanke tycker jag att Ernsts förslag
är ganska förnuftigt. Vi bjuder hit den drummeln och tit-
tar närmare på honom.

Anna: Stackars Henrik. Det vore ju *förfärligt.*

Ernst: Jag ska ta hand om honom.

Karin: Vad säger *du,* Johan?

Johan: Jag? Ingenting. Vad har du förresten gjort av med
Torsten Bohlin? Är han ute?

Anna: Äh han! Han var ju bara som en lekkamrat.

Johan: Jaså, jaha. Och jag som var så svartsjuk på den där lilla
professorsstroppen.

Karin: Prata inte strunt nu, Johan.

Johan: Nej, föralldel jag tiger. Jag blir tillfrågad, svarar med
en motfråga och blir åthutad. (skrattar tyst)

Karin: Försök att vara lite allvarlig en kort stund till, snälla
Johan. Om jag — jag menar *vi* — bjuder den här unge
mannen, vill Ernst då vara vänlig att göra klart för ho-
nom att han inte ska uppträda med fästmanspreten-
tioner.

Ernst: Det kan jag garantera.

Anna: Jag garanterar ingenting.

Karin: Du är inte tillfrågad. Ska vi gå ut till de andra, de har
nog börjat undra, klockan är tio minuter över fem och
middagen väntar.

Märtas Matsalar finns inne på gården, två trappor upp i ett nedslitet hus i hörnet av Dragarbrunnsgatan och Bäverns gränd och består av tre flottigt smutsbruna rum, ganska rymliga och med inbördes förbindelse. Köket, som är trångt och mörkt ligger på andra sidan tamburen, en lång mörk gång utan dagsljus. I slutet av gången finns ett illa ventilerat torrdass. Inte ens i högsommaren når solen in i dessa lokaliteter. Då kakelugnarna och kolkaminen inte eldas råder en mögeldoftande gravkyla i Märtas Matsalar. Därav smeknamnet "Kalla Märta". Fröken Märta själv och hennes två medhjälperskor bor i ett prång och två skrubbar innanför köket.

Något gott bör väl också sägas om detta matställe för studenter, alkoholiserade telegraftjänstemän och obotfärdiga ungkarlar. Märtas mat är knappast välsmakande men riklig. Vid behov, men i hemlighet, går det att få snaps före och konjak efter maten. Som medicin. Dessutom är krediten välvillig för att inte säga dödsföraktande. Inrättningen bedrivs med gott hjärta och obefintliga marginaler. Det finns bättre (mycket bättre) men också sämre matställen i lärdomsstaden. Köttfärslimpan på fredagarna är husets tour de force. Då den återkommer lätt förklädd på tisdagarna är den lika riskabel som en rysk roulette.

Nu är det alltså mitten av augusti vid halvsextiden på eftermiddagen. Matsalarna är glest befolkade. Skånsk kalops och saftkräm står på matsedeln, därtill serveras hemgjord svagdricka. Utomhus är det fortfarande varm sommar och storstrejk. Här inne härskar skymning, ingrott matos och obestämda men dova dofter av torrdass och uppdämd liderlighet.

Vid ett hörnbord i det innersta rummet sitter de tre teologerna från professor Sundelius tentamen. Det är alltså

Henrik, som förvirrad och oföretagsam blivit kvar i staden i stället för att resa hem till mamma och Söderhamn. Han kamperar på en eländig soffa hos Justus Bark, som uppehåller livet med att gräva rabatter i Botaniska trädgården. Hans knappt tillmätta underhåll utfaller först i början av september. Den uppskjutne självmördaren Baltsar är ständigt stadd vid kassa och privatlärd. Han ägnar tiden mellan terminerna åt det kinesiska språket som det skrevs på 600-talet, då kejsarinnan Wu-tse-tien förföljde och förintade många av de mäktigaste Tang-klanerna.

De tre unga männen sörplar saftkräm med blåmjölk. Fröken Märta passerar och frågar snällt om kalopsen smakade. Hövligt mummel. Hon hejdar sig, vill säga något, ångrar sig. Sen säger hon det i alla fall.

Fröken Märta: Jag är ledsen att behöva säga det, men jag måste höja abonnemanget. Det är storstrejken. Allt har blivit så vansinnigt dyrt, förstår herrarna. Så jag måste höja från första september. Tjugo öre per måltid, det blir trettifem kronor i månaden, lite drygt. Man vill inte slå av på kvalitén heller. Och så ska vi ha det varmt och gott i vinter. Får man kanske bjuda på en konjak till kaffet.

Blidkat mummel. Fröken Märta hämtar fyra glas, låser upp skänken, tar fram en flaska, låser igen skänken och slår sig ner. Teologerna har hämtat sitt kaffe. Man skålar. Därefter tystnad.

Det bör kanske nämnas att fröken Märta Lagerstam inte ser ut som man skulle kunna tro. Hon är en liten vithårig dam med mörka ögon och finskuret, blekt ansikte. Hon är smalaxlad och tunn i kroppen och rör sig med lätthet. Ingen vågar jävlas med fröken Märta.

Hon tänder en cigarett i ett långt munstycke och lutar sig bakåt, betraktar sina gäster under halvslutna ögonlock genom rökens slöja. Fröken Märtas hjälperskor har börjat duka av, dels det stora bordet i mellan-rummet, dels små-borden som de fåtaliga gästerna just lämnat. Fröken Gustava är en tjock tystlåten flicka med sorgsna blickar, fröken Petra är knappast vacker men älskansvärt vänlig, fyrtio år och änka.

Nu ska vi spela grammofon säger fröken Märta och befaller Gustava att hämta maskinen och skivorna. Justus erbjuder sig att hjälpa till. Då de kommer in i fröken Märtas starkt belamrade kammare innanför köket börjar teologen slicka och klämma den sorgset passiva flickan. Han pressar upp henne mot väggen och är i färd med att dra ner hennes underbyxor då fröken Petra utan förvarning stiger in. Hon tar inte mycket notis om uppståndelsen vid kaminen utan säger bara att jag tar grammofonskivorna, man måste vara försiktig så att de inte faller i golvet och går sönder. Justus tappar lusten och Gustava stoppar in de stora brösten innanför bluslinningen.

Nu har fröken Märta bjudit ytterligare konjak, flickorna har slagit sig ner på framflyttade stolar, teologerna röker bjudcigarrer. Ur grammofonens röda svalg stiger Carusos besvärjande stämma: Principessa di morte! Principessa di gelo! Dal tuo tragico cielo, scendi giù sulla terra! Den framflyttade fotogenlampan lyser sömnigt genom tobaksdiset och konjaksdoften.

Fröken Märta betraktar sina gäster med ett moderligt leende: nu har vi det bra, nu är det bra, så här får det också lov att vara, snälla gossar. Henrik skulle inte bita på naglarna och den där Baltsar, vad ska man göra med honom, man vill ju bara falla i gråt genast man ser på honom, fast unge Bark

ser nog ut att klara sig bra, nu är han nere i Gustavas urring-
ning med sin stora näsa, fast någon borde se till att han fick
nya tänder i överkäken, stackars pojke.

Kom hit kandidat Bergman! sätt sig här bredvid mig. Var-
för biter han på naglarna. Det ska man inte göra när man
har så vackra händer. Nå vad säger han? Hur har han det
med damerna? Bortfjäsad förstås och uppvaktad? Väljer
och vrakar? Hör nu lilla han, se inte så förskräckt ut, jag ska
inte äta upp honom. Så där ja!

Justus Bark och fröken Gustava har förlorat balansen och
fallit på golvet under segt och ljudlöst fnissande. De hjälper
varandra på fötter, flickans hårknut har halkat ner i nacken
och håret krusar sig svettfuktigt vid öronen. Nu sträcker sig
fröken Märta över bordet och byter skiva: det är Läderlap-
pen, festen hos den uttråkat liderlige prins Orlofsky. Kören
sjunger smekande under nålens raspande: Brüderlein,
Brüderlein und Schwesterlein. Du, Du, Du immerzu! Erst
ein Kuss, dann ein Du —.

Baltsar Kugelman skjuter upp sitt självmord ytterligare
några timmar och lutar sin smala, vita panna mot fröken
Petras runda axel och förfaret smeksamma hand. Fröken
Märta vänder sina läppar, sina välformat sinnliga läppar
med de små tvärrynkorna mot Henriks läppar. Hon kysser
honom flyktigt minst tre gånger. Jösses jävlar säger Justus
Bark plötsligt. Jag har ett brev till Henrik! Det kom i efter-
middags då jag var hemma och snyggade till mig. Förlåt
dröjsmålet, men vi blev ju upptagna.

Justus drar fram ett skrynkligt konvolut ur bröstfickan
och räcker det till Henrik som skärper blicken: handstilen
är otvivelaktigt Annas, detta är otvivelaktigt ett brev från
Anna. Anna har skrivit ett brev till honom. Anna har skrivit!

Han tar brevet så försiktigt, ursäktar sig med mer förvirring än hövlighet och tumlar ut på Dragarbrunnsgatan som ligger öde i den nedgående solens röda ljus. Från den närbelägna bangården hörs ett stånkande växellok och klingandet av vagnsbuffertar. Han halvspringer upp för Bäverns gränd mot Fyrisån. Han sjunker ner på en bänk och läser det korta och älskvärt formella brevet, där Annas mor med några rader på slutet bjuder honom att besöka familjen.

Ernst har fått en kamera med självutlösare i födelsedagspresent och nu ska en familjebild arrangeras. Efter frukost trummas klanen samman på den lilla ängen vid skogsbrynet. Det är en varm solig dag och alla bär ljusa kläder. (Bilden existerar i verkligheten, fast från ett något senare tillfälle, antagligen sommaren nittonhundratolv men den passar bättre i det här sammanhanget.) Nå alltså: två stolar har flyttats ut. På den ena sitter trafikchefen med käpp och frukostcigarr. Om man tittar noga i förstoringsglaset kan man konstatera att det lugna, vackra ansiktet är plågat av värk och sömnlöshet. Bredvid sin make sitter Karin Åkerblom. Man behöver inte tveka om vem av de två som är familjens överhuvud. Den lilla, fylliga personen utstrålar auktoritet och möjligen leende sarkasm. På det välkammade håret bär hon en ståtlig sommarhatt, liksom ett insegel på hennes myndighet. Klara ögon rakt in i kameran och en liten dubbelhaka. Hon har satt sig väl tillrätta för fotograferingen men om några sekunder reser hon sig full av vitalitet för att utdela befallningar. Kring föräldrarna grupperar sig de äldre sönerna med hustrur. Carl står ensam i profil och tittar åt höger, han låtsas att han inte är där. Gustavs och Marthas flickor har skrattat så att de blivit oskarpa. De kurar

108

med axlarna och håller varandra om livet, de har blusar med matroskragar och halvlånga kjolar. Längre fram mot kameran, till vänster i bilden, sitter Anna på gräset. Hon är av någon anledning, som kanske inte är så svår att gissa, mycket allvarlig, blicken är öppen och troskyldig, läpparna lätt åtskilda, så många förstulna, lidelsefulla kyssar. Bakom Karin, knästående, Ernst och Henrik, båda med student-mössor, prydliga kavajer, krage och slips. Det är alldeles tydligt, att Henrik bjudits till trafikchefens sommarhus som vän till sonen och inte som tänkbar fästman till dottern. Något i bakgrunden, men fullt synliga, står fröken Lisen och fröken Siri, ett värdigt par i bländvita förkläden och allvarsamma fotograferingsminer.

Fjorton mänskor, sommar, augusti nittonhundranio. Drygt en sekund. Gå in i bilden och återskapa de följande sekunderna och minuterna! Gå in i bilden eftersom du så gärna vill! Varför du så gärna vill är svårt att reda ut. Kanske är det för att ge senkommen upprättelse åt den där gängliga unge mannen vid Ernsts sida. Han med det vackra, naket osäkra ansiktet.

Då familjetavlan upplösts, förs trafikchefen med hjälp av käpp och varsamt stödjande händer till den öppna loggian som vänder sig mot solen och landskapet. Där placeras den gamle herrn i en särskild stol med ställbara rygg- och arm-stöd och grönrutigt överdrag. Han får en kudde bakom ryggen, en pall under fötterna, ett korgbord i rotting ställs fram med dagens post och gårdagens tidning, vidare ett glas mineralvatten med några droppar konjak och en full-vuxen fältkikare. Fru Karin brer egenhändigt en filt över makens knän, kysser honom på pannan precis som alla andra morgnar, innan hon själv ger sig in i dagens vidlyftiga maktutövning.

Du ville ju tala med unge Bergman, han väntar i matsalen, ska jag be honom komma hit eller vill du först läsa din post och dina tidningar, säger fru Karin uppfordrande. Nej, nej låt honom komma, mumlar Johan Åkerblom, det var faktiskt du som ville att jag skulle tala med pojken. Inte vet jag vad jag ska säga? Det vet du *visst*, genmäler Karin utan att le och så hämtar hon Henrik.

Han bjuds att sitta på en korgmöbel av obestämd skapnad, varken pall, stol eller fåtölj. Trafikchefen ler lite urskuldande som ville han säga: se inte så förskräckt ut min unge vän, det är inte jag som är farlig. Han frågar i stället om Henrik önskar ett rökverk; en cigarr, en cigarrcigarett eller kanske en cigarill? Jaså inte! Naturligtvis. Naturligtvis får kandidaten röka sin pipa. Är det en engelsk tobak? Javisst. Den engelska piptobaken är den bästa. Den franska är kärv. Johan Åkerblom dricker av sitt konjaksfärgade mineralvatten och blossar på cigarren.

Johan Åkerblom: Använder kandidaten kikaren, kan han se stationshuset därnere bortom bankröken. Om man tittar noga kan man urskilja stickspåren. Jag brukar roa mig med att kontrollera ankomster och avgångar, förstår kandidaten. Här har jag tidtabellen både för snälltåg, persontåg och godståg. Jag kan se och jämföra. Det är en liten gammalmansförströelse för den som levat hela sitt yrkesliv med järnvägsräls och lokomotiv. Jag minns, att jag redan när jag var liten pojke tjatade mig till att få se på tågen vid järnvägsstationen — vi bodde i Hedemora på den tiden. Det finns ingenting vackrare än de där nya lokomotiven som tyskarna börjat bygga: "F 17" eller vad de heter. Ja, (harskel) kandidaten är kanske inte så intresserad av lokomotiv.

110

Henrik: (desorienterad) Jag har aldrig tänkt på lokomotiv på det sättet.

Johan Åkerblom: Nej, nej, naturligtvis inte. Hur går det förresten med studierna?

Henrik: Jag klarar det som intresserar mig. Det som jag inte förstår är motigare.

Johan Åkerblom: Jaha, jaha. Tänk att det är så mycket studerande för att bli präst. Det skulle man inte tro.

Henrik: Hur menar ingenjören?

Johan Åkerblom: Ja, hur menar jag egentligen? Man trodde kanske, sett ur en oengagerat borgerlig aspekt, att det där med att vara präst är mera som en begåvningssak. Man måste vara — vad heter det nu — en själsfiskare.

Henrik: Man måste framför allt ha en övertygelse.

Johan Åkerblom: Vad då för övertygelse?

Henrik: Man måste vara övertygad om att Gud existerar och att Jesus Kristus är hans son.

Johan Åkerblom: Och *det* är kandidatens övertygelse?

Henrik: Om jag vore utrustad med ett skarpare förstånd, skulle jag kanske dra min övertygelse i tvivelsmål. De riktigt geniala, religiösa begåvningarna har alltid sina perioder av blodigt tvivel. Jag önskar ibland att jag skulle vara en tvivlare, men det är inte så. Jag är ganska barnslig. Jag har en barnslig trosföreställning.

Johan Åkerblom: Då är kandidaten inte rädd för döden? Till exempel?

Henrik: Nej, jag är inte rädd, men jag skyggar.

Johan Åkerblom: Då tror kandidaten att mänskan återuppstår till ett evigt liv?

Henrik: Ja, det är min vissa övertygelse.

Johan Åkerblom: Det var som fan. Och syndernas förlåtelse? Och nattvarden? Jesu blod för dig utgivet? Och straffen?

Helvetet? Kandidaten tror på någon sorts helvete, hur det nu ser ut.

Henrik: Man kan inte säga: det där tror jag på och det där, men det där tror jag inte på.

Johan Åkerblom: Nej, nej, det är ju naturligt.

Henrik: Arkimedes har sagt: ge mig en fast punkt och jag ska rubba jorden. För mig är nattvarden den fasta punkten. Så slöt Gud genom Kristus en oupplöslig överenskommelse med mänskorna. Så ändrades världen. Från grunden och genomgripande.

Johan Åkerblom: Jaha. Har kandidaten tänkt ut det där själv? Eller har kandidaten läst det?

Henrik: Jag vet inte. Är det så viktigt?

Johan Åkerblom: Nå, men allt detta jävulskap som omger oss? Hur passar det ihop med Guds överenskommelse?

Henrik: Det vet jag inte. Någon har sagt att vi nöjer oss med för korta perspektiv.

Johan Åkerblom: Jag vill påstå att kandidaten svarar ganska fullklappat. Som en riktig jesuit. Och när blir kandidaten färdig?

Henrik: Om allt går som det ska, blir jag prästvigd om två år. Då får jag nästan genast en tjänst.

Johan Åkerblom: Inte så fett till att börja med. Va?

Henrik: Inte värst.

Johan Åkerblom: Inte tillräckligt för att bilda familj? Va?

Henrik: Kyrkan ser helst att de unga prästerna gifter sig. Prästfrun spelar en viktig roll i församlingsarbetet.

Johan Åkerblom: Och vad får hon betalt?

Henrik: Så vitt jag vet, ingenting. Prästens lön är också prästfruns lön.

Johan Åkerblom vänder ansiktet mot det bländande som-

112

marljuset, ansiktet är grått och insjunket, den milda blicken bakom pincenén är skuggad av fysisk smärta.

Johan Åkerblom: Jag blev plötsligt ganska trött och ska lägga mig en stund på sängen.

Henrik: Jag har väl inte ställt till med någon olägenhet.

Johan Åkerblom: Nej, på intet vis, min unge vän. En sjuk man som sällan tänker på de yttersta tingen, kan av förklarliga skäl bli en smula skakad av samtal om Döden och de yttersta tingen.

Johan Åkerblom tittar vänligt på Henrik och ger honom tecken att han vill bli hjälpt med att komma upp ur stolen. Som genom ett trollslag uppenbarar sig fru Karin och Anna. De övertar ansvaret för transporten.

För att Johan Åkerblom ska slippa trappan till övervåningen har barnkammaren, husets soligaste rum, gjorts om till sovrum åt sjuklingen. Han sjunker ner på sängen med en kudde under höger knä. Markisen är nerdragen och färgar luften milt rosa. Fönstret står öppet, det susar i björkarna. Snälltåget mot Stockholm, som inte stannar vid den lilla stationen, signalerar före järnvägsbron. Johan Åkerblom drar upp sin guldklocka och kontrollerar. Karin står vid sängens fotända och snör av hans kängor. Nej, säger Johan Åkerblom suckande. Jag var inte kropp att tala med vår gäst. Jag kunde absolut inte tala med honom om det som du ville att jag skulle säga honom. Då får jag väl ta hand om den saken, säger Karin Åkerblom.

Om kvällen är det högläsning vid matsalsbordet. Fotogenlampan lyser milt över den mangrant församlade familjen. Utanför fönstren stillnar och mörknar augustiskymningen.

Vid aftonens ritual har alla sina bestämda platser: den högläsande, i detta fall fru Karin, tronar vid bordets kortända. Hon läser ur Jerusalem av Selma Lagerlöf. Närmast Karin sitter småflickorna med sina handarbeten. Vid bordets högra långsida samsas fruarna. Martha målar med en fin pensel på pergament. Svea har slutit ögon och ansikte kring sin molande sjukdom. Vid bortre kortändan har Anna och Ernst lutat sig samman över ett lagom stort puzzle som slagits ut på en träbricka. Trafikchefen sitter i sin gungstol vid fönstret (ingen av den övriga familjen kommer någonsin på tanken att sitta i den stolen). Han finns utanför ljuscirkeln och vänder huvudet mot det skymmande landskapet och det kalla månskenet som färgar pelargoniornas kronblad i svagt violett. Carl har flyttat in ett eget litet bord och ställt fram en egen fotogenlampa. Han lutar sig stillsamt pustande över en konstruktion av balsaträ och tunna ståltrådar. Han hävdar att han konstruerar en maskin för mätande av luftens fuktighet. Oscar och Gustav dåsar välvilligt i varsitt hörn av den långa soffan under pendylen. På soffbordet står deras kvällsgroggar, flaskor med vichyvatten och konjak.

Henrik, slutligen, har placerat sig ytterst i gemenskapen eller kanske utanför gemenskapen, det är inte så lätt att veta. Han har slagit sig ner på en smal korgstol vid dörren till köket. Han suger på sin slocknade pipa och iakttar familjen, ser på var och en, ser på Anna. Anna som tycks så upptagen av puzzlebitarna, Anna som lutar sig mot brodern, Anna som idag har samlat sitt tjocka hår i en knut. Annas leende, Annas förtrolighet, Anna tryggt innesluten i sin familj. Se på mig, bara ett ögonblick. Nej, hon är absorberad, onåbar innanför taklampans magiska cirkel. Nu viskar hon med Ernst. Det konspiratoriska snabba leendet. Se mig, bara ett ögonblick! Nej. Henrik odlar en mild sorg, en elegisk utanförkänsla. Just i detta ögonblick frossar han i något som han vill kalla hopplös kärlek. Samtidigt inser han med darrning av tillfredsställelse att han är värdelös. Han vandrar i skuggan, långt utanför Nåden. Han är av ingen sedd, och det är ju sant.

Fru Karins högläsning är välartikulerad och dämpat dramatisk. Vid förekommande dialoger ger hon de uppträdande lätt karaktärisering. Hon färglägger med omdöme, hon är enkelt medryckande och låter sig själv fängslas av det lästa.

Karin: När prostinnan kom på tröskeln, stannade hon och såg sig om i rummet. Några försökte tala till henne, men den dagen hörde hon ingenting alls. Hon höjde handen och sade med torr, hård röst såsom man ofta hör de döva tala: "Ni komma inte mera till mig, därför har jag kommit till er för att säga er, att ni inte skola fara till Jerusalem. Det är en ond stad. Det var där, som de korsfäste vår frälsare!" Karin försökte svara henne, men hon hörde ingenting, utan fortsatte: "Det är en ond stad, det bor dåligt folk där. Det var där de korsfäste Kristus. Jag kommer hit", fortfor hon, "därför att detta har varit ett gott hus. Ingmarsson har varit ett gott namn. Det har alltid varit ett gott namn. Ni skola stanna i vår socken!" Så vände hon sig om och gick ut. Nu hade hon gjort sitt, nu kunde hon få dö i ro. Detta var den sista handling, som livet krävde av henne. Karin Ingmarsdotter grät, sedan den gamla prostinnan hade rest. "Det är törhända ej rätt att vi fara", sade hon. Men på samma gång var hon glad åt att gamla prostinnan hade sagt: "Det är ett gott namn. Det har alltid varit ett gott namn." Detta var första och enda gången, som någon såg Karin Ingmarsdotter tveksam inför det stora företaget.

Karin Åkerblom slår igen boken med en liten smäll, pendylen över soffan slår just tio och det är tid för uppbrott. Tänk all denna goda vilja, säger Svea, öppnar ögonen och kisar mot taklampan. All den goda vilja som ställer till så mycket elände. För det blev ju bara elände av alltsammans.

Karin: (vänligt) Har Svea redan läst Jerusalemböckerna, det visste jag inte.
Svea: Kära Karin, jag läste dem redan för sju år sedan. När man är sömnlös läser man mycket.

Karin gör en avvärjande gest och klappar Svea på armen. Som mycket friska mänskor ogillar hon att höra talas om sjukdomar.

Karin: Svea ska se att det där nya brom-pillret kommer att göra susen. Småflickorna plockar undan efter sig ordentligt. Varsågoda! Kom nu Johan Åkerblom, ska jag hjälpa dig med skorna. Oscar får frukost klockan sju i morgon bitti, så hinner du till Stockholmståget utan att jäkta. Jag har sagt till Lisen att du ska ha frukost klockan sju. Kom nu Johan, var har du käppen? Vill Anna ta ut groggbrickan och ställa in konjaken i skåpet. Anna och Ernst och kandidaten väntar härinne, jag är snart tillbaka, vi har lite att tala om. Öppna dörren snälla Martha, så där ja, se upp för tröskeln, Johan! Den är verkligen onödigt hög, egentligen behövs den inte alls!

Man önskar varandra godnatt kors och tvärs. Martha försvinner till verandan för en nattcigarett. Svärmor gillar inte att kvinnor röker. Henrik, Anna och Ernst packar ihop puzzlet som blev ett slott i Normandie med en bro och en oxkärra. Oscar skyndar till utedasset, lyktan avlägsnar sig i natten. Carl bär försiktigt upp både bord och lampa till sitt vindsrum — sitt pojkrum. Gustav hämtar något att läsa i bokhyllan med glasdörrarna. Godnatt, godnatt, så går en dag än från vår tid och kommer icke mer, godnatt, godnatt. Anna, Henrik och Ernst har blivit sittande vid matsalsbordet. Fru Karin kommer in från trapphallen. Hon har klätt sig i en mjuk, violett nattkappa (mycket korrekt med tanke på gästen). Hon slår sig ner vid bordsändan och stryker med handen över den svagt rutade vaxduken som alltid läggs på efter middagen. Hon stryker en gång till, de breda vigselringarna glimmar på den starka handen.

Karin: Ernst har föreslagit att ni tre ungdomar skulle ge er av på en cykeltur till fäbodarna vid Bäsna. Tanken var, såvitt jag har förstått, att övernatta. Jag hörde av en händelse att Eljas har tagit hem folk och kreatur ovanligt tidigt i år. Husen står alltså tomma. Ernst säger att han fått lov av Eljas och hans far att använda bodarna för några nätter. (paus) Jag ställer mig naturligtvis *absolut negativ* till era planer.

Ernst: Men snälla mamma!

Karin: (höjer handen) Låt mig tala färdigt. Jag är absolut emot era planer men jag tänker inte förbjuda er att sätta dem i verket. (ler sarkastiskt mot Henrik) Mina barn hävdar med bestämdhet att de är vuxna och måste ta eget ansvar. Föräldrarna får nöja sig med att invänta konsekvenserna. Alternativen är inte särskilt storartade. Det löper sköra trådar mellan de gamla och de unga. Vi gamla är ganska angelägna om den förbindelsen och vårdar den under ett ständigt kompromissande. De unga har däremot lätt att klippa av när något inte passar. Jag klandrar er inte, det är bara så. Ni profiterar på er djärvhet och unga hänsynslöshet. Vår uppgift är att se på. För att nu göra det långa talet kort: jag tänker förhålla mig passiv intill en viss gräns. Och en sak till: jag tänker alltid tala om för er, var ni har mig. Missförstå inte! Ni har mig alltid. Men ni ska alltid ha klart för er vad jag tycker. Några frågor?

Anna: Hur vet mamma att mamma alltid har rätt? Vi kan ju lika gärna ha rätt. Kan vi inte?

Karin: Du har i viss mån missförstått mitt resonemang. Jag har erfarenheterna, det har inte du. Jag har lärt mig att se våra handlingar i ett längre perspektiv. Du löper efter dina tycken. Det gör man, när man är ung. Det gjorde jag också, när jag var i din ålder.

Anna: Mamma förstör naturligtvis lite av nöjet, genom att tala i dunkla och hotfulla ordalag. Det är faktiskt ganska raffinerat.

Karin: Om du kunde läsa mina tankar, om du kunde se in i mitt hjärta som det heter, så skulle du varken se hot eller vad det var du kallade det — raffinemang. Du skulle antagligen upptäcka en oresonlig kärlek till dig och din bror. Det är vad du skulle få se.

Anna går genast fram till sin mor och omfamnar henne. Karin Åkerblom låter sig omfamnas och klappar sin dotter helt lätt på stjärten. De unga männen har suttit mållösa under detta samtal som visserligen förts på deras modersmål men trots detta förblivit obegripligt.

Ernst: Mamma är en krutkärring. Tycker inte du det också Henrik.

Henrik: Uppriktigt sagt förstår jag inte riktigt vad som försiggår. Du får förklara för mig.

Karin: (energiskt) Just så. Nu går vi och lägger oss. Jag menar *jag* går och lägger mig. Ni vill väl sitta uppe en stund till? Det står en öppnad flaska rödvin i skänken. Godnatt Ernst, ge din mor en kyss. Godnatt Anna, se till att ni inte pratar för högt, tänk på att pappa ligger i rummet intill. Nu läser han någon ytterligare timme. Sen måste det vara tyst. Godnatt Henrik Bergman. Min man berättade att ert samtal i förmiddags hade gjort ett visst intryck.

Henrik: (bugar) Godnatt fru Åkerblom.

Karin: Anna, glöm inte att släcka lampan och se till att verandadörrarna är låsta.

De ger sig av vid femtiden på morgonen. Efter några timmar är dagen kvav och vinden stillnar. Ett grått dis döljer solen, ljuset är skugglöst men starkt. Det är många uppförsbackar. Bromsar gör ilskna attacker mot ryggar och nackar, flugorna sticks. Efter det gamla färjstället blir det bättre. Det börjar blåsa över heden och de badar i den djupa, starkt strömmande Bodaåns kalla vatten. De äter smörgås och dricker saft, humöret stiger. Ernst öppnar med att beklaga sig bittert och skrattande: ingen mänska kan förstå hur fullvuxna personer med förnuftet i behåll varje sommar, varje år, så långt han kan minnas tillbaka, kan vara så självdestruktiva att de packar sig samman i trafikchefens Sommarhus och dessutom förklarar att alltsammans är förtjusande. Nu ska jag, så här oss emellan, tala om för dig, min käre Henrik, att situationen har förvärrats i takt med pap-

119

pas tilltagande trötthet. Mamma känner att hon måste ta över hela ansvaret och utvecklar en förfärande begåvning för manipulation och förtryck. Nu befinner vi oss emellertid på drygt tre mils avstånd från denna gruvliga anhopning av missförstånd, förvirringar och underkastelser. Skål för friheten, mina barn! Och så skålar man i svart vinbärssaft.

Det är lätt att bli otacksam, säger Anna. Mamma anstränger sig långt över sina krafter. Så blir hon sömnlös och rastlös. Och tröttheten gör att hon ska ta del i minsta detalj av hushållet. Och så grälar hon och så blir vi arga och orättvisa. Ja, ja, säger Ernst kompletterande: Anna och jag har ett ständigt pågående samtal om mamma. För det mesta gör vi henne orätt. Men vi måste vårda våra säkerhetsventiler. Tänk er pappa i sina krafts dagar och mamma och hennes förtärande kompetens. Det är inte så underligt att bröderna blivit som de blivit. Anna och jag har sluppit lindrigt undan. Jag ska sannerligen hålla Henrik utanför vår familj, säger Anna plötsligt och rodnar.

Vid middagstid är de framme vid målet och gör sig snabbt hemmastadda. Fäboden består av en samling mindre hus som hukar i skogsbrynet under berget. Grässlänten sluttar mot en rund sjö som heter Duvtjärn, där finns näckrosor utefter den bortre stranden. Stjälkarna försvinner i det brunsvarta djupet.

Boningshuset består av ett enda rum, som är både kök och sovstuga. Fäbodens folk har just flyttat ner till bygden för skörd och tröskning, det är städat och skurat men fullt av döda flugor. Det luktar surnad mjölk och inrökt spis. Vid husknuten lutar ett snår med vildhallon. Den gamla brunnen med sin hävstång är byggd över en källa. Vattnet är kallt och smakar järn. Två huggna och vissnade ungbjörkar slokar vid förstugan.

Då man installerat sig, förklarar Ernst att han tänker ta sig upp i skogen för att fiska foreller och frågar för formens skull om någon vill göra honom sällskap. Varken Anna eller Henrik förefaller hågade. Ernst säger att det förstår han så väl men tillägger att han tänker vara tillbaka vid middagstid, och att då ska de äta nyfiskat. Så säger han farväl, lägger sitt långa metspö på axeln och försvinner uppåt berget.

Anna och Henrik är lämnade åt sig själva och varandra. Tystnadens spänning slår samman omkring dem. Den är öronbedövande och förvirrande och trots allt oplanerad. De börjar kyssas på väg mot tjärnen där de tänker bese näckrosorna. De vänder tillbaka till huset och låser om sig och fortsätter att kyssa varandra. Nej, säger Anna, vi kan inte vara tillsammans, det är omöjligt, Henrik. Jag blöder.

Så fortsätter de att kyssas och får av sig en del kläder. De strandar på en säng med ett överkast grovt som nålfilt, det är knappast till hinders. Så blir det plötsligt ganska mycket blod, tämligen överallt. Anna säger att det gör ont, var försiktig, det gör ont. Sedan glömmer hon att det gör ont eller det gör inte ont längre. Hon bryr sig inte om att det tycks vara blod överallt och pulsen på Henriks hals bultar mot hennes läppar. Hon snorar och skrattar och håller honom fast. På några ögonblick är detta förfluten tid men avgörande.

Det är så mycket som blir avgörande när man försöker granska ett skeende i efterhand och kan läsa facit. Ett skeende som dessutom består av några få, planlöst kringflytande skärvor. Det gäller att komplettera med förstånd och eventuell ingivelse. Någon gång kan jag höra deras röster men mycket svagt. De uppmuntrar mig eller säger avvisande, att *så där* var det ju inte alls. Så där gick det *verkligen* inte till. Angående den ovan relaterade episoden har jag inte hört någon kommentar, vare sig i den ena eller andra riktningen. Jag minns att mor sa en gång: "Jodå, vi gjorde en cykeltur upp till fäbodarna vid Bäsna. Då vi kom fram fortsatte Ernst, han skulle fiska forell. När han kom tillbaka visade han upp en fet ål. Jag vägrade att döda den så vi släppte ut den i Duvtjärn och så åt vi stekt fläsk och potatis till middag. Det kommer jag ihåg."

Nu sitter de på den isbrutna bryggan med skurborste och grönsåpa. De skrubbar det gamla sängöverkastet, som endast motvilligt ger ifrån sig blodet.

Anna: I våras praktiserade vi några månader på Sabbatsberg. Jag och min rumskamrat hamnade på en avdelning för lungsotssjuka gubbar i sista stadiet. Det var förfärligt, det var förfärligt. Så mycket fasa och elände. I början var jag tvungen att gå ut och kräkas flera gånger om dagen och Paula svimmade när doktorn visade upp en stackare som hade variga sår över hela kroppen. Ja, det var en konstig tid förstår du, nästan som en dröm. Vi skulle tvätta när de gjorde på sig, och vi lärde oss att sätta in kateter både här och där. Hela tiden dog de som flugor. Man drog bara fram en skärm och ibland på natten fick man sitta och hålla någons hand och se på hur han bara slocknade. Jag tänkte att jag blir aldrig samma Anna som jag varit och det var jag glad för. Och så tänkte jag på dig, Henrik. Tror du att fläcken är borta nu? Nej där är en fläck till. Jag tänkte på dig, Henrik. Och jag tänkte på oss, nu när vi gifter oss. Förstår du vilken *oslagbar kombination* du och jag kommer att bli? Du är präst och jag är sjukskö-

122

terska! Det är, som kunde man se *en plan* med våra liv. Vi har kommit tillsammans för att uträtta något för andra mänskor. Du plåstrar med själen och jag med kroppen. Är det inte storartat! Om det inte vore så omöjligt skulle man tro att Gud har hittat på det här. Eller vad tror du?

Henrik slår händerna för ansiktet och sitter så några ögonblick, han har alltför länge bländats av Annas ivrigt kärleksfulla blickar.

Anna: Vad är det, Henrik?
Henrik: Jag tror inte att det är tillåtet.
Anna: Nu förstår jag inte alls vad du menar.
Henrik: Det kan inte vara tillåtet med så här mycket glädje. Det är säkert straff på väg.
Anna: Solen lyser efter regnet. (sträcker upp en hand, lutar huvudet bakåt, är tyst ett ögonblick) Det blåser en mild vind. Vi älskar varandra och ska leva tillsammans. Vi ska (— hon tar ner handen och lägger den mot Henriks kind) vi ska leva *för varandra och vara nyttiga för andra mänskor.* Och våra barn ska bli ljusa till sinnes som vi.
Henrik: Nu får du vara tyst. Jag tror nämligen att det finns en hemlig kosmisk avundsjuka som straffar mänskor som pratar så där.
Anna: Då utmanar jag den kosmiska avundsjukan på duell och jag lovar dig att jag vet vem som vinner! Nu hänger vi upp det här sängöverkastet och låter det torka i solen. Sedan är vår synd utplånad.

Det har varit sagt och bestämt från början att Henriks besök skulle avslutas torsdagen den tjugoandra augusti. På ons-

123

dagseftermiddagen sitter Henrik i Ernsts rum vid den bruna chiffonjén och försöker nagelfara sin examenspredikan. Huset är tyst och tomt, familjen har dragit iväg till utsiktsberget med några gäster som anlänt från huvudstaden i egen automobil. Trafikchefen slumrar i sin stol på verandan. Siri och Lisen sitter på solnedgångsbänken. Mellan sig har de en korg med kantareller som de rensar.

Som av en händelse har Karin Åkerblom stannat hemma från utflykten förebärande en lätt förkylning. Som av en händelse knackar hon på dörren till yngsta sonens rum, väntar inte alls på svar utan tittar in. Henrik reser sig genast. Fru Karin ursäktar sig och säger att hon visst inte vill störa, hon ville bara veta om Ernst lämnat sin kofta hemma, så kunde hon laga den, där var ju ett stort hål på armbågen. Liksom händelsevis stiger hon in i rummet och ser sig om med två snabba blickar. Över armen bär hon sin inventiösa sypåse. Hon ler älskvärt mot Henrik och frågar om hon möjligen stör. Henrik bugar och förklarar att fru Åkerblom inte stör det allra minsta.

Då ber jag kandidaten om hjälp, säger hon och gräver raskt fram en tjock garnhärva ur påsens djup och trär upp den på Henriks framsträckta händer. Hon föreslår att de ska slå sig ner mittemot varandra vid det öppna fönstret. Vildvinet som klättrar ända upp till takfoten har börjat rodna, det kommer en svagt syrlig doft av höst från rabattens ringblommor. Men det är fortfarande sommarvarmt och sommarvind över älven som glindrar i eftermiddagens starka ljus.

Om Henrik hade vetat något om fru Karin Åkerblom hade hans vetskap varnat honom. Nu faller han huvudstupa i alla gropar och går aningslöst i alla fällor. Hennes förmåga att få mänskor att bekänna är omvittnad. Nu sitter hon med ett stillsamt leende och har bundit Henriks händer med en blå ulltråd. Nystanet nystas flinkt.

Karin: Reser kandidaten hem till Söderhamn och hälsar på
   mamma i morgon?
Henrik: Jag reser nog direkt till Upsala.
Karin: Men terminen börjar väl inte än på ett tag?
Henrik: Jag måste skaffa rum och inrätta mig. Dessutom lä-
   ser jag in en rest på kyrkohistorien.
Karin: Jaså kandidaten har tenterat i kyrkohistoria. Det är
   professor Sundelius, inte sant?
Henrik: Ja. Det gick inte så värst bra.
Karin: Professor Sundelius är en riktig studentplågare. Jag
   minns honom som ung, han umgicks i vårt hem. Han var
   en ståtlig yngling men fasligt uppblåst. Sen gifte han sig
   till pengar och stenhus och gjorde karriär i den liberala
   politiken. Det sägs att han blir statsråd vad det lider.

Karin Åkerblom ser ut genom fönstret och tycks eftertänk-
sam. Nu trasslar något i garnet, hon lutar sig fram och särar
trådarna.

Karin: Hur har kandidaten trivts här hos oss?
Henrik: Bra, tack. Ernst är en god vän.
Karin: Ernst är en fin pojke. Johan och jag är orimligt stolta
   över honom. Vi försöker att lägga band på vår entusiasm.
   Faran är väl annars att vi hämmar honom med våra för-
   väntningar.
Henrik: Jag tycker inte att Ernst verkar betryckt. Han är en
   ovanligt fri mänska. Han är nog den enda riktigt fria
   mänska jag känner.
Karin: Det gör mig glad att kandidaten säger så.

Henrik: Jag är mycket fäst vid honom. Han är som en bror.

Karin: Jag tror också att Ernst är glad åt er vänskap. Det har han sagt många gånger.

Henrik: Fru Åkerblom var nyss nog vänlig att fråga om jag har trivts. Jag svarade naturligtvis att jag har trivts mycket bra. Det är inte helt sant. Jag har varit rädd och spänd.

Karin: Men kära vän? Varför rädd?

Henrik: Familjen Åkerblom är en främmande värld. Ändå har min mor lagt ner stor möda på min uppfostran.

Karin: Men kära gosse! Har det varit så svårt?

Henrik: Det mesta hade väl varit uthärdligt om jag inte varit så medveten om kritiken.

Karin: Kritiken?

Henrik: Familjen är kritisk. Jag blir vägd på en våg och befunnen för lätt.

Karin: (skratt) Hörnu kandidaten! Så där går det till i alla familjer, vi är säkert inte värre än andra. Dessutom har kandidaten två mycket kompetenta och hängivna försvarare.

Alltför sent har Henrik insett att fällan slagit igen. Hans möjlighet att försvara sig är starkt begränsad.

Henrik: Det är kanske värre än så, fru Åkerblom. Jag kände mig ovälkommen.

Fru Karin ler lite och nystar vidare. Nu väntar hon ett tag med att säga något, det gör honom osäker. Han tror kanske att han har förgått sig, att han har överskridit hövlighetens gräns.

Karin: Och det tror kandidaten?

Henrik: Jag ber om ursäkt. Det är inte min mening att vara ohövlig. Trots detta kan jag inte befria mig från känslan av att vara illa tåld. Särskilt av Ernsts och Annas mor.

Tyst igen. Fru Karin nickar liksom bekräftande: jag har tagit emot ert meddelande, kandidat Bergman, och jag ämnar begrunda det.

Karin: Jag ska försöka att vara uppriktig, trots att jag kanske blir nödsakad att såra kandidatens känslor. I så fall sker det oavsiktligt, min antipati eller vad jag ska kalla det är inte personlig. Jag tror till och med att jag vore i stånd att hysa vänliga och moderliga känslor mot Ernsts unge kamrat. Jag ser ju att han är en känslostark och sårbar och mjuk mänska som redan drabbats av en på många sätt omild verklighet. Min antipati, om vi ska kalla min sammansatta inställning så, har helt och hållet med Anna att göra. Jag känner min flicka ganska väl, inbillar jag mig, och jag anser att hennes bindning till kandidat Bergman kommer att leda till katastrof. Det är ett starkt ord, jag vet att det kan förefalla överdrivet, men lika fullt måste jag använda ordet katastrof. *En livskatastrof.* Jag kan inte tänka mig en mer omöjlig och ödesdiger kombination än vår Anna och Henrik Bergman. Anna är en bortskämd flicka, egensinnig, viljestark, känslostark, ömsint, ytterst intelligent, otålig, svårmodig och munter på samma gång. Vad hon behöver är en *mogen man* som kan fostra henne med kärlek, fasthet och osjälviskt tålamod. Kandidat Bergman är en synnerligen ung man med ringa livsinsikt och, som jag fruktar, med tidiga och djupa sår utan läkedom eller tröst. Anna kommer att förtvivla i sina hjälplösa försök att lindra och bota. Därför ber jag
—

Fru Karin ser på det blå nystanet som växer under hennes händer. Hon biter sig i läppen och röda fläckar har slagit ut på hennes kinder.

Henrik: Kan jag få lov att säga ett ord.

Karin: Ja. (tankspritt) Naturligtvis.

Henrik: Jag accepterar inte det här samtalet. Fru Åkerblom kan, som Annas mor, ha hur goda skäl som helst att förgifta mig med redogörelser för mitt bedrövliga själsliv. Jag kan försäkra att de flesta pilarna har träffat. Giftet kommer förmodligen att göra avsedd verkan. Ändå är fru Åkerbloms angrepp oförlåtligt. En utomstående, även om hon råkar vara den heliga Modern, kan aldrig tolka vad som sker i två mänskors sinnen. Familjen läser ju Selma Lagerlöf om kvällarna. Har det aldrig framgått av det lästa att författaren talar om Kärleken som det enda jordiska miraklet? Ett mirakel som förvandlar. Den enda verkliga frälsningen. Tror familjen möjligen att författaren har hittat på det där, för att göra sina mörka sagor en aning mer tilltalande?

Karin: Jag har levat ganska länge men jag har aldrig sett skymten av några mirakel, vare sig jordiska eller himmelska.

Henrik: Just så, fru Åkerblom. Australien finns inte eftersom fru Åkerblom inte har sett Australien.

Fru Karin kastar en vass men uppskattande blick på Henrik Bergman. Hon ler snabbt.

Karin: Jag fruktar att vårt samtal börjar bli alltför teoretiskt. Det faktiska förhållandet är att jag med all makt och *alla medel* kommer att förhindra min dotters vidare kärlekshandel.

Henrik: Jag tror att det är ett orealistiskt beslut.

Karin: Vad är det som är orealistiskt?

Henrik: Fru Åkerblom har ingen möjlighet att hindra Anna. Jag tror att ett sådant försök enbart kommer att resultera i hat och stridigheter.

Karin: Det får väl framtiden utvisa.

Henrik: Alltid precis så, fru Åkerblom! Framtiden kommer att visa konsekvenserna av ett förödande misstag.

Karin: Vems misstag?

Henrik: Nu går jag till Anna och redogör för vårt samtal. Sedan får vi se hur vi ska göra.

Karin: Apropå, hur har det blivit med kandidatens förlovning? Jag menar naturligtvis förlovningen med Frida Strandberg? Såvitt jag förstår hålls den levande. Fröken Strandberg har i alla fall förnekat varje avbrott.

Henrik sänker armarna och resten av den blå garnhärvan. En spik slås genom huvudet. Den tränger ända ner i bröstet, ända ner i magen. Hans blick blottas på allt uttryck.

Henrik: Hur vet —

Karin: Hur vi vet? Min styvson Carl har gjort efterforskningar. Redan en vecka innan kandidaten kom hit visste vi sanningen.

Henrik: Och nu säger fru Åkerblom den sanningen till Anna.

Karin: Jag tänker inte säga något till min dotter. Förutsatt att vi två sluter en överenskommelse.

Henrik: En överenskommelse? Eller ett diktat?

Karin: För all del. Ett diktat, om det är så noga.

Henrik: Jag ska avlägsna mig?

Fru Karin nickar uppfordrande. Hon är lugn och värdig.
Det finns inte en skymt av vrede i det fylliga ansiktet eller i
de skarpa blågrå ögonen.

Henrik: Får jag skriva ett brev?

Karin: Naturligtvis.

Henrik: Vet Ernst?

Karin: Han vet ingenting. Den enda som vet något är jag.
Och så Carl förstås.

Henrik: Och vad ska jag ge för skäl?

Karin: Kandidaten är ju bra på att ljuga. I det här fallet kan
en sådan egenskap komma till nytta. Förlåt, det var
nedrigt.

Henrik: Jag måste säga som det är.

Karin: Gör som kandidaten finner bäst. Det blir i vilket fall
många tårar.

Henrik: Får jag ställa en sista fråga?

Karin: Det går bra.

Henrik: Varför lät fru Åkerblom mig komma hit? Trots full
vetskap. Det är alldeles obegripligt.

Karin: Tycker kandidaten det? Jag ville ju se min dotters kär-
lek på nära håll. Och olyckan var väl redan skedd.

Henrik: Vad menas med "olyckan"?

Karin: Jag menar detsamma som kandidaten.

Henrik: I så fall kan jag säga att fru Åkerblom gjorde en grov
felbedömning.

Karin: Jaså minsann. Och nu?

Henrik: Det angår faktiskt bara Anna och mig.

Karin: Gå och skriv brevet kandidat Bergman! Och res med
middagståget klockan tre. Anna kommer inte hem förr-
än senare och då —

Henrik: — då ska jag vara borta.

Garnhärvan löper ut och nystanet är nystat. Karin Åkerblom och Henrik Bergman reser sig utan att se på varandra. Under de senaste minuterna har de etablerat en livslång och oförsonlig fiendskap.

Efter samtalet drabbas fru Karin av utmattning och rastlöshet. Hon sitter med en bok men kan inte läsa, skjuter upp de guldbågade glasögonen i pannan. Står mitt i rummet med pekfingret mot läpparna och höger hand mot höften, får syn på sig själv i spegeln och vänder sig bort. Går och går i kanten av trasmattan, böjer sig och rätar ut fransarna.

Köksdörren hörs öppnas och stängas, hon spejar försiktigt bakom gardinen. Javisst det är Henrik som står på trappan, Lisen kommer ut med ett paket smörgåsar, han tackar stumt, tar i hand, lyfter upp den slitna resväskan och så raska steg mot grinden och skogsvägen. Karin frestas att öppna fönstret och ropa honom tillbaka men inser samtidigt att något oåterkalleligt har inträffat.

Hon är för all del beredd att ta sitt ansvar. Hon tar alltid sitt ansvar och den där främmande mannen ska bort. Bara för Annas skull. Eller? Henrik går ut genom grinden men stänger den inte. Andra motiv? Han är en lögnare och bedragare, det gäller att skydda Anna. Nu försvinner han utför skogsvägens branta backe, trädstammarna skymmer. Det där öppna, sårbara ansiktet. Ett barnansikte. Det var ju för Annas skull? Nu är han borta. Jag tål inte den där sortens farliga, vädjande mjukhet.

Fru Karin lägger handflatorna mot skrivbordets gröna, fläckfria skiva, tröttheten kommer i vågor och hon böjer rygg och huvud. Nu blir det stridighet, strid.

I köket är Lisen i färd med middagen som består av ugn-

131

stekt gädda och krusbärskärm. Siri dukar. Karin går, liksom av en händelse, genom köket och säger att i slutändan på utflykten skulle man ju stanna hos Berglunds och smaka på tant Gretas färska ostar. Då kommer de inte att ha någon aptit till middagen, säger Lisen kort. Hoppas bara att de kommer i tid, gäddan är fin. Och kandidaten som bara reste, säger Lisen därefter obetonat. Ja, det var något med hans mor, muttrar Karin tankspritt med handen på dörrvredet. Men hon bor väl i Söderhamn, säger Lisen fortfarande i förbigående. Varför hade han i så fall bråttom till Stockholmståget? Han byter väl i Borlänge, svarar Karin och förflyttar sig till tamburen, där Johan Åkerblom just uppehåller sig på väg till sitt rum. Han går långsamt och stöder på käppen. Vi borde skaffa oss ett inomhusdass, säger han och stannar upp. Det har jag tjatat om i flera år, svarar hans hustru. Till vintern blir det besvärligt med backen, säger Johan. Du får väl sitta på hinken, svarar Karin vänligt. Aldrig i helvete sitter jag på hinken! Därefter, liksom parentetiskt: jag tror Henrik Bergman har givit sig av? Ja, han gjorde det, svarar Karin på väg uppför trappan. Det var visst något med hans mor? Det är väl du som har kört iväg honom, säger trafikchefen halvvägs inne i sitt rum. Lika bra förresten. Jag tyckte inte att han passade. Du var ju så betagen, svarar hustrun sarkastiskt. Nåja, nåja, svarar Johan. En ung man med synpunkter. Men Anna blev visst alldeles för intresserad, fast hon är ju i den åldern förstås.

Dörren går igen, Karin står i trappan och vet inte om hon ska gå uppför eller nedför. Nu är hon trött igen, det måste vara övergångsbesvär tänker hon plötsligt och känner en liten lättnad. Då hon kommer in i sitt rum, hör hon Stockholmståget signalera vid infarten till stationen.

Nere på gårdsplanen stiger Ernst av sin cykel och slänger

132

ränsel och packning på marken. Modern öppnar fönstret.

Karin: Jaså, du är först hemma?
Ernst: Jag tänkte jag skulle hinna med ett hastigt dopp före middagen. Är Henrik inne?
Karin: Henrik har just rest.
Ernst: Vad säger du. Har Henrik rest?
Karin: Han reste med Stockholmståget.
Ernst: Varför det?
Karin: Jag vet inte så noga. Det var visst något med hans mor.
Ernst: Vet Anna om att han har rest?
Karin: Hur skulle hon veta det? Kandidat Bergman sa att han skulle skriva ett brev.

Karin stänger fönstret. Vad är det egentligen som har hänt, frågar Ernst, men modern låtsas inte höra frågan utan rycker på axlarna. Så lägger hon sig på sängen och drar en pläd över fötterna.

Efter en kort, alltför kort, stillhet hör hon hästarna och flakvagnen, stoj och urlastning, glada skrik från småflickorna och pinglandet av en cykelklocka, det är Carl som envisas med att cykla. Larmet sprider sig i huset, skratt och prat och häftig diskussion om badet före middagen. Marthas röst, förargad. Oscar och Gustav på terrassen med en whisky. Plötsligt Annas raska fotsteg. Nu har hon sett brevet, nu öppnar hon brevet, nu läser hon brevet. Så hastiga fotsteg, dörr, hård kort knackning. Fru Karin hinner inte svara, dörren rycks upp och Anna står på tröskeln, blek, tårlös och rasande. Hon håller brevet i handen och sträcker det anklagande mot modern som satt sig upp i sängen. Hon drar förgäves i pläden.

133

Anna: Jag finner mig inte i det här! *Mamma!* Jag finner mig *inte!*

Karin: Stå inte där och väsnas, så att hela huset hör. Kom in och stäng dörren. Sätt dig.

Anna smäller igen dörren men blir stående. Efter några ögonblick kontrollerar hon sin röst.

Anna: (lugnt) Han skriver att vi aldrig ska ses.

Karin: Han kan ju ha sina skäl.

Anna: I det här brevet finns inte ett enda vettigt skäl. Vem har tvingat honom att skriva? Har mamma tvingat honom?

Karin: Nej, jag har inte tvingat honom. Men då jag lärde känna omständigheterna, rådde jag honom att ge sig av och aldrig visa sig mer.

Anna: Vad för omständigheter?

Karin: Jag vill helst slippa säga vad jag vet.

Anna: Om jag inte får veta sanningen reser jag omedelbart och söker upp honom. Ingen lär kunna hindra mig.

Karin: Du tvingar mig.

Anna: Vad är det mamma vet som jag inte vet? Är det hans fästmö, den där Frida? Det har han berättat. Jag vet alltsammans. Han har varit fullständigt uppriktig.

Karin: Jag tror inte att han har varit så alldeles uppriktig.

Anna: Mamma vill göra mig illa med avsikt.

Karin: Hör nu på, min flicka. Din bror Carl har absolut säkra uppgifter om att Henrik Bergman fortfarande lever tillsammans med den där kvinnan. Om du vill kan jag —

Anna: (gest) Nej.

Karin: Om du vill kan jag be bror Carl komma hit och bekräfta sina uppgifter.

Anna: (gest) — nej.

Karin: Jag avstår från att berätta detaljer. Du får själv dra dina slutsatser.

Anna: (gest) — nej.

Karin: (lugnt) — från första ögonblicket kände jag ett obehag omkring den där mannen. Han är naturligtvis beklagansvärd, jag menar faderlös, fattig, svår uppväxt. Alltsammans är mycket rörande och jag kan inte neka till att jag hyste ett visst medlidande som gjorde mig tveksam. (paus) Du säger ingenting.

Anna: Carl har alltså spionerat?

Karin: Det var inte särskilt nödvändigt. Han blev snarare upplyst och tyckte väl att jag borde underrättas.

Anna: — jag finner mig inte i det här.

Karin: — och vad vill du göra?

Anna: — det säger jag inte.

Karin: — i varje fall är det dags för middag. Du kanske vill ha något på rummet. Jag ska säga till Lisen att hon bär upp mjölk och smörgåsar.

Fru Karins trötthet är borta och hon stiger upp från sängen med livliga rörelser, viker samman pläden, slätar ut överkastet och kontrollerar håruppsättningen i spegeln. Så går hon fram till sin dotter som blivit stående i dörren.

Anna: — det här kommer jag aldrig att förlåta.

Karin: (milt) — vem kommer du aldrig att förlåta? Är det mig du inte förlåter? Eller din vän? Eller Livet kanske? Eller Gud?

Anna: (svart) Säg ingenting mer.

Karin: När du hunnit tänka dig för, kommer du säkert att förstå ett och annat.

Anna: — kan jag inte få vara ensam.

Karin: Stackars min flicka.

Anna: — låt bli! Låt bli det där medlidandet!

Fru Karin tänker säga något ytterligare men ångrar sig och lämnar Anna som blir stående rådlös.

En isvind går över slätten och sveper ner över staden som hukar undergivet: ska eländet börja redan i slutet av oktober? Nu blir det sannerligen både långt och tungt. Domkyrkans begravningsklocka dånar, det är järngrå torsdagseftermiddag klockan tre, kajorna driver skriande kring torn och utsprång och Fyrisån flyter loj och brun under broarna. I universitetets föreläsningssalar stirrar järnkaminernas glödande ögon på sömniga studenter och mumlande professorer, intrasslade i sina förbittrade ränker. Den sjunkande dagern kämpar håglöst mot det smutsgula gasljuset i trapphallar och korridorer: Att tänka fritt är stort, att tänka rätt är större. Att inte tänka alls är säkrast. Det här är en dag då man dör, därför att man slutar andas. Immanuel Kant stapplar med framskjutet huvud, trutande mun och dålig andedräkt genom kunskapernas högborg: "För att vara sedlig måste man böja sig under sedelagen av ren aktning för denna sedelag, såsom den framträder i det kategoriska imperativet: handla så att din viljas maxim alltid kan vara en princip för allmän lagstiftning!"

Klockan fyra är det nästan mörkt. Nu har snön börjat falla, ibland piskande, ibland milt, den täcker gator och tak. Nu är det i alla fall bättre: föreläsningen tog trots allt slut och studenterna kastar snöboll på varandra och på Erik Gustaf Geijer.

136

Henrik har lämnat sina kamrater som skyndat till "Kalla Märtas" ångande ärtsoppa och värmande vedbrasor. Han ställer sig mittemot Trädgårdsgatan tolv. Där står han en timme och en timme till, tämligen översnöad och stel av köld i både kropp och själ. Ingen syns till, ingen kommer eller går, gatan är öde. Det lyser i fönstren en trappa upp, någon gång rör sig en skugga över den vita gardinen. Bakom honom, inne på läroverkets mörka ödegård står en dörr och slår i blåsten. Dessemellan piper det och tjuter. Ibland blir det alldeles tyst, då hör Henrik sina hjärtslag. Nu kommer lykttändaren, han kryssar över gatan, sträcker upp sin långa käpp och drar i lampornas stålöglor. Snön yr och flänger kring ljuskällorna. Klockan slår kvart i sju, tre tonande slag långt borta i mörkret, en liten spårvagn arbetar sig upp i svängen från Drottninggatan mot Domkyrkan, den gnisslar häftigt, snön virvlar. Bakom de igenimmade rutorna skymtar gestalter. Det blir stilla igen. Henrik trampar, tårna fryser i de tunna kängorna, för övrigt har han gjort sig okänslig: jag står här tills hon kommer. Hon måste komma. Hon kommer säkert.

Och så kommer hon, inte ensam utan tillsammans med svägerskan, tjocka Martha. De dyker upp i portvalvet in mot gården, väl påpälsade och vänligt småpratande. Anna får genast syn på Henrik, säger något till sin följeslagerska och korsar gatan. Hennes ansikte är plötsligt belyst av gatlyktan.

Anna: Stå inte och vakta på mig. Nej, du får inte röra mig.
Henrik: Vi kan väl tala med varandra! Bara några minuter?
Anna: Du har missförstått alltsammans, Henrik. *Jag* vill inte tala med *dig.* Vi har ingenting mer att säga. Kan du inte låta mig vara ifred.

137

Anna börjar gråta öppet och häftigt som ett barn. Martha kommer rullande i sin mattglänsande päls och sin ryska pälshatt. Hon är förargad och drar Henrik i armen.

Martha: Du måste låta flickan vara ifred. Förstår du inte att du skrämmer henne.

Henrik: Var så snäll och blanda sig inte i sådant som inte angår henne.

Martha: Du bär dig åt som en idiot. Vi har förresten inte tid att stå här, vi ska på konsert i aulan och klockan är snart sju.

Anna: Kan du inte lämna mig ifred. Snälla Henrik, jag ber dig så snällt jag kan. Lämna mig ifred!

Henrik: Hur är det med dig? Du ser sjuk ut.

Anna: Ja. Nej, jag vet inte. Jag är nog bara ledsen.

Henrik: Jag kan inte leva längre.

Anna: Äh! Var inte så högtravande. Du kan nog leva och jag med.

Henrik: Anna, *tala med mig!*

Anna: Du rör mig inte säger jag. Du *rör* mig inte! Ta inte i mig. Du är äcklig.

Henrik förlamas av hennes tonfall. Ett sådant tonfall har han aldrig hört. Han ser föraktet i hennes ögon, något sådant har han med säkerhet aldrig sett. (Henrik är ju en skonad mänska, liksom osedd. Han har levat med sin osynlighet utan att låta sig oroas. Fridas kommentarer har varit honom tämligen likgiltiga. Anna ser på honom med ett alldeles tydligt förakt, det finns ingen tvekan, han kan inte missförstå hennes blickar: det gäller just honom eller snarare någon långt innanför rollspelet, någon som ett smärtsamt ögonblick inser vidden av hans armod. Så var det och

138

så skulle det förbli, en livstid. *Han hade äntligen blivit sedd.*) Nu släpper han Annas arm och låter henne gå, hon gråter inte längre. De båda kvinnorna försvinner snart i mörkret och snöyran.

Efter juldagarna skulle Anna återvända till sin skola. Ingenting hade varit som vanligt: Trafikchefen hade drabbats av ett lätt slaganfall och var förlamad i ena sidan, en förlamning som tycktes gå tillbaka. Carl hade hotats av personlig konkurs i veckan före jul. Föräldrarna och Oscar hade räddat honom, men ställt honom under ekonomisk förmyndare, hans styvmor hade förklarat sig villig att i fortsättningen sköta hans finanser. Småflickorna hade mässlingen. Svea hade förklarat att detta antagligen var hennes sista jul i livet och Anna led av kärlekssorg, kombinerad med en envis hosta som inte gav med sig. Dagen efter nyår (nittonhundratio) fick hon ett brev med obekant handstil, mycket prydligt och välformulerat. Hon läste med stigande förvåning:

Högt Ärade fröken Åkerblom! Jag ber om ursäkt att jag besvärar Er men jag ser mig nödsakad att tillskriva Er i en angelägenhet af yttersta vikt för såväl Er, Högt Ärade, som för Undertecknad. Vågar jag utbedja mig ett Samtal? I så fall föreslår jag, att vi träffas i Lagerbergs Konditori på torsdag klockan två. Undertecknad är lätt att känna igen. Jag bär en mörkröd vinterkappa och dito hatt. Om min Högt Ärade anser det värt besväret att möta mig, vore jag synnerligen tacksam. Om ej, ber jag Er att lämna detta bref utan afseende. Med utmärkt högaktning Frida Strandberg.

Några minuter efter två stiger Anna in i Lagerbergs Konditori i hörnet av Drottninggatan och Västra Ågatan. Det är nästan tomt. Två äldre damer i välansade frisyrer och stora

139

förkläden språkar stillsamt med en professor i civilrätt och hög hatt. Det snöar tyst. Kakelugnarna sprider en doftande värme och frigör ett rosigt och mångskimrande ackord ur de omtalade bakverkens och de berömda vetekransarnas förförelse. Över allt detta svävar en eggande kontrapunkt av nykokt kaffe.

En av de välansade damerna frågar Anna vad som önskas och Anna säger choklad med vispgrädde och en liten mockabakelse och om hon kunde bli serverad i det inre rummet. Jo naturligtvis varsågod, stig in fröken Åkerblom!

Frida Strandberg är redan på plats och reser sig då Anna närmar sig. Hon sträcker fram handen, de hälsar avmätt utan försök till konstlad hjärtlighet. Fridas kappa är enkelt klädsam i vinrött ylle. Hatten är i samma tyg och skinnklädd. Anna bär sin päls som hon fått i julklapp, den är figursydd och elegant. På det bakåtkammade håret vilar en liten barett av sobel.

Frida: Har fröken Åkerblom beställt?

Anna: Ja tack. Jag har beställt.

Frida: Det var vänligt att komma hit.

Anna: Jag antar att jag blev nyfiken. (hostar)

Frida: Hur står det till?

Anna: En förkylning som inte går över.

Frida: Varsågod. Drick lite mineralvatten. Jag har inte använt glaset.

Anna: Tack, det var vänligt.

Frida: Folk har varit ovanligt sjuka i år.

Anna: Jaså, verkligen?

Frida: När mänskor är ledsna blir de sjuka. Jag tror att det har funnits ovanligt många ledsna mänskor den här hösten.

Anna: Varför just den här hösten?

Frida: Storstrejken förstås och allt den förde med sig.

Anna: Javisst. Storstrejken.

Frida: Fröken Åkerblom ska ju bli sjuksköterska?

Anna: Jag ska precis fara tillbaka till skolan.

Frida: Jag hade gärna blivit sjuksköterska. Men jag var tvungen att försörja mig tidigt så att —

Här anländer Annas beställning: den stora koppen choklad under ett berg av vispgrädde, mockabakelsen i sitt kruspapper och ett glas vatten. Den välansade damen ler moderligt och demateraliserar sig. Frida ser efter henne.

Frida: Är hon bekant?

Anna: När vi var barn brukade pappa ta oss hit nästan varje lördag.

Nu uppstår den tystnad som förebådar ett samtals vändning mot dess egentliga avsikt. Anna kväver en hostning och dricker vatten, bakelsen förblir orörd. Frida betraktar sin hand och förlovningsringen: Brevet var liksom en impuls, det var inte så svårt. Nu är företaget nästan oöverstigligt.

Jag frågade min mor, hur hon mindes situationen. Hon blev tveksam och svarade att hon genast hade tyckt om Frida Strandberg, att hon verkade äldre och mognare än sin ålder och att "hon såg bra ut". Hon erinrade sig också att båda ungefär samtidigt hade betraktat förlovningsringen och att Frida hade blivit en aning generad.

Frida: Jag måste gå till mitt arbete om en halvtimme. Därför vill jag säga det jag har att säga utan omskrivningar. Det

141

är inte så enkelt. Då jag skrev brevet, tyckte jag att jag såg alltsammans så klart och tydligt, nu är det svårt.

Hon ler ursäktande och skakar på huvudet. Anna känner en våg av feber mot pannan och munnen. Hon tar näsduken ur väskan men hejdar sin rörelse.

Frida: Det gäller Henrik. Jag tänker be fröken Åkerblom att ta honom tillbaka. Han håller på att — jag vet inte hur jag ska säga — han håller på att — gå i bitar. Det låter så konstigt, när man säger det så här rakt ut. Men jag kan inte komma på något bättre uttryck. Han sover inte, han läser till långt in på nätterna, han har blivit så ämlig så man kan gråta. Det här säger jag inte för att väcka medlidande. Om det inte finns något medlidande, jag menar någon känsla, så vore det både dumt och taktlöst. Jag vet ju inte så mycket om förhållandet. Han har inte sagt något, jag har mest gissat.

En gest av otålighet och ett snabbt leende. Hon vill väl att jag ska säga något, tänker Anna. Men vad finns att säga?

Frida: Jag försöker att inte vara arg och sårad. Ingen mänska kan hjälpa sina känslor. Jag kan ju inte hjälpa att jag blir rasande till exempel. Eller att jag tycker om honom, trots att han bär sig åt som en krake. Vet fröken Åkerblom vad jag tror? Jag tror att han är den ängsligaste mänska som går i ett par skor. Nu vill han inte vara med mig längre, men tror någon att han vågar säga till mig att Frida nu får det vara bra så här. Nu är det slut mellan oss, jag har fäst mig vid någon annan. Han vågar inte säga att han inte vill vid mig längre, han vet ju att jag blir arg och ledsen. Och så sårar han mig ännu mer genom att inte säga någonting alls. Nu vet jag ju inte särskilt mycket om vad som förevarit eller vad fröken Åkerblom tänker i den här saken. Men jag tror att vi är tre stackare som lider och gråter i hemlighet. Därför känner jag att det måste bli jag, som så att säga gör slag i saken. Jag måste säga till Henrik att jag inte tänker vara med längre. För min egen skull. Jag tänker inte låta mig såras och — förödmjukas, ja just förödmjukas. Han ligger i min säng och gråter efter en annan. Det är ju förödmjukande för både honom och mig. Det är förödmjukande. Jag ska säga fröken Åkerblom något, som jag tänker på hela tiden: han har liksom inget riktigt liv, stackarn. Så ingenting blir något värt. Orsaken till att han har det så eländigt är inte svår att begripa, han har en mor som — ja det låter hemskt att säga — han har en mor som tar livet ur honom. Inte vet jag hur hon bär sig åt, eftersom jag förstår att hon älskar honom så att han blir tokig av rädsla. I mitt yrke lär man sig ganska mycket om mänskor, ska jag säga fröken Åkerblom. Och jag har bara sett honom och hans mor tillsammans en enda gång. Han har inte ens vågat tala om att vi är förlovade med ring. Nej, jag fick väl äran att passa upp på herrskapet när de drack kaffe på Flustret, det hade jag ordnat. Jag ville ju se den där kvinnan, jag kan inte bättre kalla henne. Nej, nu måste jag gå om jag ska komma i tid.

Anna: — och vad ska jag göra?

Frida: — ta honom, fröken Åkerblom, det är ju bara att bestämma sig. Henrik är den finaste och bästa mänskan jag vet. Den snällaste och godaste, jag vet ingen bättre. Jag vill ju bara att han äntligen ska få det bra, han har aldrig någonsin haft det bra i sitt eländiga liv. Han behöver någon att tycka om, så att han kan slippa tycka så illa om sig själv.

143

Nu måste jag verkligen gå, nu får jag skällning. Det gör för all del inte så mycket för jag ska sluta och resa till Hudiksvall till sommaren. (ler lite) Det kan kanske vara lite intressant att veta att jag försvinner från stan. Jag har nämligen en god vän, nej det är inte en god vän på *det* sättet — en god vän som bor i Hudiksvall och han har ett fint pensionat och nu säljer han pensionatet och bygger ett hotell. Han vill att jag ska komma dit till hans fina hotell och stå för restaurangsidan tillsammans med en flicka hemifrån som har gått på restaurangskola både i Stockholm och i Schweiz. Det är många som anser att Norrland är framtidslandet, och det kan ju vara roligt att få vara med precis i början av den framtiden. Så jag ger mig av, nog är jag ledsen och jag får gråta, det vet jag. Men det blir bäst så. Jag ska be att få betala förtäringen, jag betalar därute i butiken om fröken Åkerblom vill sitta kvar en stund, vi ska kanske inte precis paradera utefter Fyrisån tillsammans. Adjö då, fröken Åkerblom och var försiktig med den där hostan. (går, vänder) Jo en sak till. Tala aldrig om för Henrik att — jag menar, mitt brev och vårt samtal. Det vore inte bra, han skulle bara krångla till det. Han ska alltid krångla till allting, stackarn.

Plötsligt ser Frida Strandberg ledsen ut, hennes ögon blir blanka och läpparna skälver. Hon gör en avvärjande gest, jag har ju inte gråtit på hela tiden, varför nu, det är ju löjligt.
Så är hon borta, de röda förhängena vajar.

Efter trettonhelgen kommer kylan. Kolrökarna står rätt upp ur skorstenarna, solljuset brinner någon timme över Slottets mäktiga tegelhög, det blir strax skymning. Barnen och sparvarna väsnas i Carolinabacken, det är frostblommor över fönstren, slädhästarnas bjällror pinglar gällt.

Anna har klätt sig i sin uniform, hon packar, ska till sin skola, jullovet är slut. Hon känner sig eländig, hostar och har feber, rör sig långsamt mellan skåpet, byrån, garderoben, blir sittande på sängen, står vid fönstret, går till dörren, går till skrivbordet, börjar kanske ett brev, river sönder, kastar i papperskorgen: Kära Henrik, jag vill att vi ska — och så vet hon inte mer. Febern bultar i kroppen, ibland får hon svårt att andas, särskilt efter hostanfallen.

Ernst öppnar dörren: ska du verkligen resa, du är ju sjuk. Det får väl för fan finnas gränser för din pliktuppfyllelse. Jag har varit i Gamla Upsala och åkt skidor. Det är tjugofem grader kallt. Jag tar mig en konjak. Sen ska jag till jobbet, jag har eftermiddagstjänst, så vi lär inte ses på ett tag. Jag kommer till Stockholm i nästa vecka. Då ska vi gå på Dramatiska Teatern och se Strindbergs senaste. Ta väl vara på dig älskade lilla-syster. Ge mig en kyss. Ska jag hälsa något till Henrik? Han och jag ses ju i kören i morgon kväll. Ska jag hälsa? Jag hälsar alltså *inte*. Farväl, mitt lingonhjärta!

Så går Ernst och Anna gråter, nu gråter hon igen, hon vill inte gråta, hon vet egentligen inte varför. Mamma Karin tittar i dörren, ska du dricka lite emservatten, min flicka? Får jag känna på din panna. Du är nog ordentligt sjuk. Nu ringer jag till Föreståndarinnan och säger att du är sjuk. Jag tänker inte släppa iväg dig i det här tillståndet! Anna skakar sturigt på huvudet: låt mig vara ifred, låt mig vara, jag förbjuder dig att ringa till Föreståndarinnan. Hon avskyr att man pjåskar. Lite emservatten vore nog bra.

Fru Karin går för att koka emservatten. Anna sätter sig vid skrivbordet. Käraste, käraste Henrik, vi måste — så vet hon inte vad de måste och river sönder arket. Det knackar

145

försynt på dörren. Trafikchefen sticker in huvudet, då han får syn på Anna ler han och kommer in hel och hållen. Han tar sig fram med hjälp av två käppar och hamnar på närmaste stol.

Frestelsen är oemotståndlig. Anna kastar sig på knä och omfamnar fadern: snälla kära pappa, kan du inte ta hand om mig. Jag klarar ingenting längre. Jag vet inte vad jag ska ta mig till, jag måste ju ta ansvar, förstår pappa men jag *orkar inte!*

Äntligen gråter Anna på allvar. Hon hostar, snorar och gråter, det låter som när hon var liten — alldeles otröstligt. Fru Karin kommer in med ett glas rykande emservatten. Hon blir nästan förskräckt, ställer ifrån sig glaset på sängbordet och skjuter fram en stol så att hon är nära sin dotter. Då och då klappar hon Anna på skuldran och ryggen.

Karin: Nu ska jag bädda ner min flicka och så ringer jag till doktor Fürstenberg och till Föreståndarinnan. Efter middagen kommer jag och sitter hos min flicka och så pratar vi lite försiktigt. Och sen ska du få något att sova på och i morgon mår du mycket bättre och då kan vi bestämma både det ena och det andra. Blir det bra så, min flicka?

Anna nickar tyst. Det blir nog bra så.

Nästa scen utspelas några dagar efter det som nyss relaterats. Bilden visar Henriks studerkammare. Vid skrivbordet sitter en oväntad gäst. Det är grosshandlare Oscar Åkerblom. Han bär päls, har pampuscher på fötterna, krimmelmössan har han lagt ifrån sig på Den Heliga Skrift. Henrik gör entré och uttrycker häpenhet. Oscar tar genast till orda.

146

Oscar Åkerblom: Goddag kandidaten, förlåt mitt oanmälda intrång men er gode vän Justus Bark ansåg att han kunde släppa in mig utan större risk. Det var jävulen vad ni har kallt härinne, kandidaten! Ursäktar ni om en gammal man behåller pälsen på. Nej, nej, elda ingen brasa för min skull. Unga vildhjärnor behöver kanske lite svalka kring pannan. Vad vet jag? Vill ni kanske vara snäll och sätta er. Jag ska inte uppta er dyrbara tid alltför länge, herr Bergman. Var så god och sitt, sa jag.

Henrik: Vad är det fråga om?

Oscar Åkerblom: Snart avklarat. Snart avklarat, unge man. Se inte så förtörnad ut. Jag är inte er fiende. Jag är bara en överbringare av besked. Familjen ansåg att kandidaten borde underrättas och att jag vore den lämpligaste bud-bäraren.

Henrik: Säg vad ni har på hjärtat och gå sedan.

Oscar Åkerblom: Jaså ni går i den tonarten, unge man! Nåja det gör alltsammans så mycket lättare.

Henrik: Så bra.

Oscar Åkerblom: Jag har skickats hit för att meddela följande och hör nu på, kandidaten: Min lilla-syster Anna är sjuk. Hon har tuberkulos. Ena lungan är angripen och det är fara för den andra lungan. Hon vårdas just nu i hemmet. Så snart hennes hälsa tillåter, kommer hennes mor att ta henne med sig till ett Sanatorium i Schweiz där hon kan få adekvat vård. Tyst nu, herr kandidat, jag ber att få tala färdigt utan avbrott. Min syster Anna låter hälsa att hon inte vidare vill ha med er att göra, herr Bergman. Hon ber er *uttryckligen* att inte skriva eller telefonera eller vän-ta på henne utanför porten eller på annat sätt pressa er inpå henne. Hon vill *ovillkorligen* glömma er existens, herr Bergman! Vår läkare säger att detta blir en viktig del

147

av hennes vederfående. Mitt sista budskap är en oför-
tjänt älskvärdhet från familjens sida. I det här kuvertet
ligger tusen kronor. Varsågod, herr Bergman. Jag lägger
kuvertet här på ert skrivunderlägg. Nu är vår samman-
komst avslutad och jag ska genast dra mig tillbaka. Tillåt
mig bara att foga en personlig reflexion till det tidigare
sagda. Jag tycker synd om er och jag beklagar er misär. Ni
är alldeles säkert en hygglig ung man. Min bror Ernst
hävdar med bestämdhet att ni är begåvad för prästman-
nens allvarsamma kall. Så småningom ska ni säkert dra
lärdom av det timade. (lutar sig fram) Tvärs genom våra
liv löper osynliga barriärer. Det är lönlöst att forcera de
där barriärerna, vare sig i den ena eller andra riktning-
en. Tänk på det, kandidaten. Och nu ett hastigt farväl, ni
behöver inte följa mig ut.

Det finns vägande skäl att bläddra hastigare i vår berättelse.
På så sätt förintas två år, de dyker och blir borta i tidens flod,
de lämnar nästan inga spår. Det här är ju inte heller någon
Krönika med strikta krav på redovisad verklighet, det är
inte ens ett dokument. I barndomen fanns i veckotid-
ningarna en sorts bilder som bara bestod av nummer och
punkter. Med en penna skulle man själv rita streck mellan
numren. Så småningom framträdde en elefant eller en
häxa eller ett slott. Jag äger fragmentariska notiser, korta
berättelser, isolerade episoder, det är de numrerade punk-
terna. Jag drar mina streck i en, möjligen fåfäng, förhopp-
ning att ett ansikte ska visa sig. Kanske skymtar jag en
sanning om mitt eget liv? Varför skulle jag annars bemöda
mig så ihärdigt? Fars gamla klocka tickar oförtrutet i sitt
ställ på mitt skrivbord, jag tog den från hans nattduksbord

då han dog en eftermiddag i slutet av april 1970. Klockan tickar, den är nästan hundra år. En dag stannade den oförklarligt. Jag blev beklämd och inbillade mig att far ogillade mitt skrivande, att han betackade sig för denna senkomna uppmärksamhet. Hur jag skruvade, skakade, petade och blåste, vägrade sekundvisaren att röra sig. Klockan placerades i ett avskilt fack i skrivbordet, det var en liten skilsmässa. Jag skulle sakna den tickande pulsen och den diskreta påminnelsen om att tiden är utmätt. Och så låg klockan i sitt fack och betänkte sig. Nästa morgon öppnade jag lådan och tittade efter, men utan förhoppning. Klockan gick av hjärtans lust. Det var kanske ett gott omen. Detta relaterar jag som en episod att le åt. Själv är jag emellertid allvarlig.

Två år passerar: Gustaf Fröding dör och hyllas som en diktarfurste. Det kommer en ny psalmbok. Vid en biltävlan, sträckan Göteborg-Stockholm noterar vinnaren en segertid på 22 timmar och två minuter. Den andra ministären Staaff tillträder, det finns tusen bilar i huvudstaden. På sommaren öppnas ett gemensamhetsbad i Mölle, den internationella pressen och journalkamerorna är på plats. En äventyrare flyger över Öresund och ärkebiskop Ekman motsätter sig Bengt Lidforss utnämning till professor i botanik med hänvisning till den senares oregerliga leverne. Källarmästaren Johan Alfred Ander begår ett bestialiskt rånmord och avrättas med den humana och nyimporterade giljotinen. Halleys komet anses förebåda en världsomspännande katastrof, kanske jordens undergång.

Två år knappt, man skriver april 1911.

Henrik Bergman har just blivit prästvigd. Anna vistas fortfarande på ett sanatorium vid Luganosjön, det heter Monte Verità. Hon anses praktiskt taget återställd. Svea

149

Åkerblom har underkastats en genomgripande operation, man har avlägsnat båda brösten, livmodern, mjälten och äggstockarna. Hon har fått skägg och rakar sig dagligen. Carl har gjort en ny uppfinning med vilken han bestormar Patentverket: med korta men ofarliga elektriska impulser kan man hos ynglingar förhindra sängvätning och ejakulation. Gustav Åkerbloms hustru, den glada och allt rundare Martha, har skaffat sig en älskare. Varje torsdag reser hon till huvudstaden där hon erhåller undervisning i miniatyrmåleri. Hennes man har likaledes tilltagit i omfång och unnar sin hustru hennes distraktion. Döttrarna har börjat i gymnasium och ämnar avlägga studentexamen, något som var ganska ovanligt på den tiden. Grosshandlaren Oscar Åkerblom har utökat sitt imperium och öppnat filialer i Vänersborg och Sundsvall. Han är numera inte bara välbeställd utan anses helt enkelt förmögen. Ernst har sökt anställning som meteorolog i Norge, som ligger långt framom fosterlandet i denna nya vetenskap. Trafikchefen är något bräcklig, sviterna efter hans hjärnblödning har övervunnits men värken i benet och höften generar. Fru Karin styr och ställer i sitt omfattande imperium, hon har lagt på sig några kilo, något som knappast bekymrar henne. Däremot har hon fått en hemorrojd. Hon besväras dessutom av konstant förstoppning trots fikon, katrinplommon och ett särskilt örtthé på fläder och maskros.

Efter alla dessa utvikningar återgår vi till berättelsen eller handlingen eller sagan eller vad du vill.

Scenen föreställer den äktenskapliga sängkammaren en vårkväll i slutet av april. Jag antar att klockan har passerat tio-slaget. Det är tyst på Trädgårdsgatan. Från Gästrike-Hälsinge Nation som ligger högre upp mot Domkyrkan hörs någon gång stoj och musik. Man förbereder sitt Valborgsmässofirande.

Fru Karin kammar sitt långa hår i en tjock nattfläta. Hon står som vanligt framför spegeln i det rymliga toilettrummet bakom sängkammaren. Där finns nyinsatt badkar och rinnande vatten, kakel på väggarna och ett omfångsrikt värmeelement under fönstret med dess kulörta rutor. Man kan nog inte påstå att Karin är vacker men hennes leende är besegrande, hennes hy ljus och utan rynkor, pannan bred, näsan bestämd, munnen ännu mer bestämd, "det är inga läppar för kyssar men för befallningar" som Schiller säger. Den mörkblå blicken kan vara kall och iakttagande men också svartna i vrede. Fru Karin har aldrig yttrat orden "jag älskar" eller "jag hatar". Något sådant vore otänkbart, närmast obscent. Detta innebär likväl inte att Karin Åkerblom, som i dagarna fyllt fyrtiofem år, skulle vara främmande för passionerade känsloyttringar.

Johan Åkerblom sitter på sängkanten i nattskjorta med röda bårder och pincené. Han läser en engelsk facktidskrift: The Railroad, den beskriver i vällustiga termer ett nytt ånglokomotiv med häpnadsväckande prestanda. Sänglampan belyser hans tunna, nytvättade hår, den lätt hukande gestalten och den långa näsan. Takljuset är redan släckt, rummet är i skymning: vitmålade sängar, sida mot sida. Ljusa gardiner, konstfärdigt draperade, ett mäktigt klädskåp med dubbeldörrar och speglar, bekväma fåtöljer klädda i ljusgrönt, en vidsträckt matta i milda nyanser, stadiga inventiösa nattduksbord för vattenkaraffiner, medicinflaskor, förekommande aftonböcker och pottskåp.

På väggarna hänger ärvda oljemålningar: Karin som ung i vit sommarklänning, ett lummigt träd mot en lysande sommarhimmel, en italiensk basilika vid ett torg, tre kvinnor i

151

färgrika dräkter har stannat på den soldränkta piazzan.

Fru Karin stänger dörren till badrummet. Hon har glas-
ögonen på näsan och en rund nagelsax i handen. Hon slår
sig ner på en låg pall vid sängkanten och börjar klippa ma-
kens tånaglar.

Johan: Aj, nu klippte du av lilltån.

Karin: Jag ser så dåligt. Kan du inte vända dig lite.

Johan: Då ser jag inte att läsa.

Karin: Jag förstår inte vad du gör med dina tånaglar.

Johan: Jag biter på dom.

Karin: Du borde gå till en fotmänska.

Johan: Aldrig i livet. Jag är väl ingen sodomit?

Karin: Här är en förhårdnad, den måste jag få lov att peta
bort.

Johan: (läser i tidningen) Tar du bort den, tappar jag balan-
sen. Jag har svårt nog att gå i alla fall.

Karin: Jag har ett otroligt tålamod. Otroligt. Verkligen.

Johan: Sjåpa dig inte, min älskling. Du älskar att peta öron,
lägga bandage, klämma finnar, klämma pormaskar, ansa
hårstrån i näsan på vem som helst. *Och* inte minst — klip-
pa tånaglar. Det är din vällust.

Karin: Kan du åtminstone lyfta foten en aning.

Johan: Jag tycker om att se dig vid mina fötter.

Karin: Jag sitter vid dina fötter, för att du inte ska lorta ihop
totalt.

Johan: Har man bara ett rent sinne, behöver man inte tvätta
fötterna.

Karin: Och det har du?

Johan: Vad har jag?

Karin: Du hör ju inte på vad du själv säger.

Johan: Därför att du stör mig hela tiden. (läser) På de nya stora lokomotivcylindrarna används så kallade *luftvägs-ventiler*, som automatiskt öppnar en förbindelse mellan cylinderns båda ändar, varigenom ingen kompression av den i cylindern innestängda luften med därav följande mottryck kan uppstå när lokomotivet går med avstängd ånga. Där hör du. Tack, tack, nu får det vara bra med tåklippningen för den här gången.

Trafikchefen lägger bort tidskriften, svänger med något besvär upp benen och kryper ner under täcket. Fru Karin trycker på knappen till en elektrisk ringledning och tassar runt sin säng. Hon bär en fotsid nattkappa. Stående vid sängen tar hon tre piller i rask följd varvid hon kastar huvudet bakåt och dricker en liten klunk vatten efter varje piller.

Johan: När du tar de där pillren ser du ut som en höna med halsbesvär. Och så blinkar du.

Det knackar på dörren och fröken Siri inträder bärande en liten silverbricka med en kopp rykande buljong. På en assiett ligger två havrekex med mild ost. Hon ställer brickan på trafikchefens nattduksbord, önskar godnatt och avlägsnar sig lika ljudlöst som hon kommit.

Johan knaprar på ett kex och blåser på den heta drycken. Fru Karin sitter på sängen och skriver i sin dagbok med en tunn blyertspenna.

Johan: Nå?
Karin: Jag vet inte. Jag skriver upp vad som hände i går men det märkvärdiga är att jag inte minns någonting. Vad hände igår? Kan du säga mig det?
Johan: Nej. Jo, vi fick brev från Martha. Och så var jag hos

tandläkaren och fick en visdomstand utdragen. Du köpte en grammofonskiva med Arvid Ödmann.

Karin: Ibland blir jag så sorgsen, Johan. (suckar)

Johan: Vad är det som trycker?

Karin: Jag vet inte. Jo, förresten jag vet.

Johan: Om du vet, ska du väl säga vad du vet.

Karin: Tycker du inte att Ernst dyker upp här hemma alltmer sällan?

Johan: Det har jag inte tänkt på.

Karin: Jo. Alltmer sällan.

Johan: Det var *du* som ville att han skulle flytta hemifrån och få sitt eget.

Karin: Har det aldrig föresvävat dig att jag var så ivrig för att jag ville att han skulle säga emot mig: "Nej, nej, lilla mamsen, jag har det mycket bättre här hemma hos mamma och pappa."

Johan: (häpen) Säg inte att du hade hoppats på det?

Karin: Det blev tvärtom. Han var förfärande entusiastisk.

Johan: Och så är lillflickan borta. På sjukhus. Långt bort. Gudskelov nästan frisk, äntligen! Men nog har det varit fan så tomt.

Karin: Ja det är klart. Men hon trivdes ju bra på det där Sanatoriet och fick lära sig tyska ordentligt. Det verkar inte som hon saknade oss.

Johan: Och nu ska du resa ner och hämta hem henne.

Karin: Skulle du bli ledsen om Anna och jag tog en sväng genom Italien? Jag tycker det vore trevligt att komma till Florens en gång till i livet.

Johan: Då blir ni borta ganska länge?

Karin: Fyra veckor högst. Du kan väl komma med, Johan!

Johan: Du vet att jag inte kan.

Karin: Vi skulle ta det så försiktigt. Du skulle njuta av en liten resa, Johan. Tänk dig Toscana på våren!

Johan: Du ska resa, inte jag.

Karin: Anna skulle bli så glad.

Johan: Jag stannar hemma och räknar dagarna.

Karin: Det är nog bra för Anna att inte komma hem just nu. Maj kan vara både kall och regnig. I juni åker vi direkt på landet.

Johan: Tror du hon vill vänta så länge?

Karin: Vad menar du? Säg vad du menar.

Johan: Jag menar bara att det kanske finns någon som drar. Nu, när hon är frisk.

Karin: Jag förstår inte riktigt. Du menar att —

Trafikchefen betraktar sin hustru med fundersam min: här föreligger ett moraliskt och strategiskt dilemma. Man håller sig ogärna med hemligheter som inte delas med fru Karin. Nu borde han tiga. Men han gör inte det. Korta avgöranden och långa konsekvenser.

Karin: Vad är det, Johan? Jag ser ju på dig att du vill komma ut med något som bekymrar dig.

Han svarar inte men drar ut nattduksbordets låda och plockar fram ett brev. Det är ett brev från Anna. Till Ernst. Oförseglat. Ganska tjockt.

Johan: När eftermiddagsposten kom, var du inte hemma. Jag tog alltså hand om den. Här är ett brev från Anna till Ernst. Det är avstämplat i Ascona för fyra dagar sedan.

Karin: Ernst kommer väl hem från Kristiania i nästa vecka. Det är ingen idé att skicka det vidare.

Johan: Anna har tydligen glömt att försegla brevet. Eller ock-

155

så har hon gjort det så slarvigt att det har öppnat sig av sig självt.

Karin: Varför låter du så där? Det är väl ingenting märkvärdigt. Det händer ofta att —

Johan: I brevet till Ernst ligger ett annat brev.

Karin: — ett annat brev? Till Henrik Bergman.

Johan: På kuvertet står Henrik Bergman "för vidare befordran eftersom jag inte vet hans adress".

Karin: Men det brevet är igenklistrat.

Johan: Det brevet var förseglat, men jag har öppnat det.

Karin: Vad tror du att Anna kommer att säga. —

Johan: Det var mycket enkelt. Lite ånga från thékannan.

Karin: Har du läst brevet?

Johan: Nej, jag har inte läst det.

Karin: Varför har du inte läst det?

Johan: Jag vet inte. Jag skämdes kanske.

Karin: Om vi läser det där brevet så läser vi för Annas bästa.

Johan: Eller av svartsjuka. Eller därför att vi är ursinniga för att flickan går bakom vår rygg. Eller för att vi inte accepterar unge Bergman.

Karin: Naturligtvis, Johan. Det är lätt att komplicera sina innersta bevekelsegrunder. Sådant nojs kan man läsa om i romanerna.

Johan: Läs du! Jag har svårt att tyda Annas handstil.

Karin tar brevet till Henrik Bergman, öppnar det, sätter på glasögonen som hon nyss tagit av, viker upp de många sidorna och läser under tystnad. Hon skakar på huvudet.

Karin: Jo, nu ska du höra!

Men Johan fick ingenting höra. Fru Karin vänder sida, rynkar pannan och kliar sig på kinden.

Johan: Jag fick inte höra något.

Karin: (läser) — allt är längesedan. Då jag tänker tillbaka förstår jag äntligen att jag var barnslig, omogen och bort-skämd. Den långa tiden här på Sanatoriet och närheten till jämnåriga, som är så mycket sjukare än jag har tvingat mig till eftertanke. Och då har jag sagt till mig själv —

Johan: (tyst) — du ska inte läsa mer.

Karin: — om *du* inte vill höra, så läser jag för mig själv.

Johan: — det är inte rätt.

Karin: (läser) — och då har jag sagt till mig själv: jag har an-svar för dig, Henrik, ett ansvar som jag trodde att jag inte orkade bära och därför försökte avbörda mig. Jag var sjuk också, jag kunde inte tänka klart, det var så behagligt att bara sjunka in i febern och bli omhändertagen. Jag kände mig förödmjukad och bedragen, jag tyckte att du hade ljugit, jag var ju övertygad om att jag aldrig kunde lita på dig igen. Nu, efteråt tycks mig det där overkligt och avlägset. Dessutom är min skuld minst lika stor som din, om man nu kan tala om skuld när man är förblindad och förvirrad.

Fru Karin avbryter läsningen och lägger ner de hårt vikta pappersarken med Sanatoriets gyllene emblem i vänstra kanten. Hon har svårt att behärska en känsla som spränger i halsen och tvingar henne att svälja.

Johan: — underligt att tänka sig —

Karin: (läser vidare) — jag vet ingenting. Men om det kan vara så att du fortfarande efter nästan två år, om du fort-farande ser på mig som du såg på mig då vi satt nere på bryggan vid Duvtjärn och tvättade blodet från sängöver-kastet —

Johan: — man får skylla sig själv.

Karin: (läser) — man säger så lätt att man älskar: jag älskar dig lilla pappa, jag älskar dig lille bror. Men egentligen använder man ett ord som man inte vet vad det betyder. Därför vågar jag ej skriva att jag älskar dig, Henrik. Det vågar jag ej. Men om du vill ta min hand och hjälpa mig ut ur min stora sorg så kanske vi kan lära varandra vad det där ordet innebär. — (paus)

Johan: — nu vet vi mer än vi önskade.

Karin: — ja, nu blir det svårt.

Johan: — vi kan inte undertrycka brevet.

Karin: — han bör *inte* få det.

Johan: — jag ber dig, Karin.

Karin: — för Annas skull.

Johan: — och om hon får veta att vi —

Karin: — brev kommer bort. Det sker varje dag.

Johan: — det får inte ske.

Karin: — vad är det där för dumheter, Johan?

Johan: — du gör som du vill. Men jag vill ingenting veta.

Karin: — just så hade jag tänkt mig saken.

Johan: — inbillar du dig verkligen att vi kan hindra —

Karin: — kanske inte. (paus) Men nu ska jag säga dig något viktigt. Ibland vet jag *säkert* när något är fel eller rätt. Jag vet det så säkert som vore det skrivet. Och jag vet säkert att det är fel med Anna och Henrik Bergman. Därför bränner jag brevet till Ernst och brevet till Henrik. Och jag reser till Italien med Anna och stannar borta hela sommaren om det blir nödvändigt. Hör du på vad jag säger Johan?

Johan: — i det här fallet är du maktlös.

Karin: — jag tror inte det.

Johan: — ont blir bara värre.

Karin: — det återstår att se.
Johan: — jag förstår inte hur du vågar!

Så blir det tyst i sängkammaren: missmod, ängslan, olust, vrede, svartsjuka, sorg: Anna lämnar mig, hon har redan lämnat mig. Anna går sin väg och tar ljuset med sig. Fru Karin bläddrar bland de många tättskrivna arken, läser punktvis, är röd i pannan: jag vet ju att Anna innerst är osäker. Bara när hon blir ond eller upprörd sätter hon sig på tvären. Jag måste vara försiktig, egentligen vill hon vara sin mor till lags, hennes blick kan bli vädjande, tala om för mig hur jag ska göra, jag vet ju så lite.

Karin: (plötsligt) Jaha, här står att Henrik Bergman blivit prästvigd. (läser) "Jag sörjer över att jag inte fick vara med om din prästvigning och jag tänker på hur din mor måste ha" — jaha. Då försvinner han från stan ganska omgående, det är en —

Hon tystnar. Det är plågsamt att Johan inte förstår. Han tar till och med avstånd. Så har det varit ganska ofta i deras samliv. Hon har ensam tvingats genomföra de obehagliga besluten.

Karin: Johan.
Johan: Ja.
Karin: Är du ledsen?
Johan: Jag är rådlös och ledsen.
Karin: Kan vi inte försöka vara snälla mot varandra, trots att vi tycker olika i den här saken?
Johan: Men det är ju en *livssak*, Karin.
Karin: Just därför. Jag vill inte att du fjärmar dig. Jag tar gärna ansvaret, men du får inte fjärma dig.

159

Johan: Det är ju en *livssak.*

Karin: Jag hörde att du sa det.

Johan: För dig och mig.

Karin: För oss?

Johan: Om du genomför det du planerar så gör du illa mot Anna. Gör du illa mot Anna, gör du illa mot mig. Om du gör illa mot mig, gör du illa mot dig själv.

Karin: Hur kan du vara så säker på att jag gör illa mot Anna? Det är hemskt att du säger så.

Johan: Du hindrar henne från att leva det liv som är hennes. Du kan bara göra henne ängslig och osäker, men du kan inte ändra något. Du kan skada men inte ändra.

Karin: Och det vet du så säkert?

Johan: Ja.

Karin: Det vet du?

Johan: Ibland, fast ganska sällan tänker jag på framtiden. Både du och jag vet att jag snart kommer att lämna dig. Det vet vi, fast vi aldrig talar om något så generande och tråkigt. Du blir ensam och fortsätter att styra och ställa i ditt kungarike. Jag tror att du kommer att bli ganska isolerad. Gör dig inte ensammare än nödvändigt.

Karin sitter upprätt i sin säng, hon lutar sig inte mot kuddarna. Med en hastig rörelse tar hon av glasögonen men lägger dem inte på nattduksbordet, utan framför sig, tvärs över brevets utströdda pappersark. Hennes ansikte är i skugga, händerna på täcket. Ett kort ögonblick är hon öppen, sårbar. Johan försöker ta hennes hand, men hon drar sig undan utan häftighet.

Karin: Jag tror inte att jag kan bli ensammare än jag redan är.

Johan: Jag förstår inte.

Karin: Ernst flyttar till Kristiania. För gott.

Johan: Är det så svårt?

Karin: Ja, det är svårt.

Johan: Egentligen är Ernst den enda mänska —

Karin: Jag vet inte. Jag kan inte gradera. Men Ernst —

Hon kommer inte längre, slår mot täcket med den flata handen, en gång, två gånger.

Johan: Är det så *svårt?*

Karin: Jag tänker inte beklaga mig.

Johan: Våra barn lämnar oss. Det är ju så.

Karin: Jag beklagar mig inte.

Johan: Men nog är det en stor förtvivlan.

Karin: Du använder så dramatiska ord.

Johan: Det är antagligen så här: den här stunden måste komma. Men vi har inte förberett oss. Och nu står vi handfallna med gråten i halsen.

Karin: Det är inte sant. Jag har hållit barnen med öppen hand. Jag har försökt skydda dem men jag har aldrig stängt in dem. Varken Ernst eller Anna. Du kan inte säga att jag någonsin har tvingat dem.

Johan: Ja, ja, ja. Jag har suttit därinne i mitt arbetsrum. Ibland har jag lyssnat på röster och fotsteg. Så hör jag tamburdörren och vet att nu kommer Anna från skolan. Och så börjar hjärtat bulta. Ska hon komma springande genom salongen, kasta upp dörren utan att knacka? Ska hon komma in till mig i arbetsrummet? Och omfamna mig. Och i full fart berätta något viktigt.

Karin: Det där är ju länge sedan.

Johan: Ja, det är väl det. Är det?

161

Karin: (beslutsamt) Det lönar sig inte att vi sitter här och lamenterar över något som är oåterkalleligt. Huvudsaken är att alla är friska och någorlunda nöjda med sina liv. Du och jag är i stort sett förbrukade och måste ha vett att dra oss tillbaka. (ler) Inte sant, min vän?

Johan: Du är i alla fall i färd med att styra Annas liv. Hur går det ihop?

Karin: Jag kan inte stå overksam och se på hur en olycka sker mitt framför mina ögon.

Johan: Så du har bestämt dig?

Karin: Bestämt mig? Det skulle innebära att jag någonsin tvekat.

Johan: Godnatt då, Karin.

Karin: Godnatt.

Hon lutar sig fram och kysser honom hastigt på kinden, klappar hans hand, sedan samlar hon ihop brevarken och stoppar tillbaka dem i kuvertet som läggs i det större kuvertet, placeras i nattduksbordets låda, nyckeln vrids om. Därefter släcker fru Karin sänglampan och lägger sig bekvämt på rygg med händerna på bröstet. Efter några ögonblick förkunnar djupa andetag att hon lämnat alla bekymmer för de närmaste sju timmarna.

Johan Åkerblom ligger länge vaken, dels måste han tömma sin blåsa var tredje timme, dels molar det i vänster sida, dels värker det stillsamt men ihärdigt i knä och höft, något som förmodligen innebär omslag i vädret. Lampan vid sängen är släckt men gatlyktan sänder sitt bleka ljus genom rullgardinen och slår skuggor i taket: Jag gråter inte men nog är jag *förtvivlad.*

Henrik Bergman avslutar söndagens aftongudstjänst i Mittsunda medeltidskyrka. Det är en stilla kväll i mitten av juni. Solen lyser under molnen och färgar det låga tornet och lindarnas kronor. En lätt kyla stiger ur den lilla sjöns blänkande vattenspegel. Kyrkporten är nytjärad och doftar kärvt. Gångarna är krattade, gravarna ansade, tystnad. Göken gal i flera väderstreck.

Henrik tar av prästkappan, hänger in den i sakristians gulfernissade skåp och slår sig ner vid bordet, där kyrkvärden just räknat aftonens kollekt. Det är fort gjort och fort inskrivet. Jag sitter kvar en stund, säger Henrik. Glöm inte att låsa, manar kyrkvärden. Jag lämnar nyckeln på vanliga stället. Godnatt pastorn. Godnatt. Och så är Henrik ensam.

Senare står han nere vid sjökanten och stirrar ut över den bleka stillheten. Skymningen är lätt och genomlyst. Ingen talar, ingen svarar, ingen ber och ingen lyssnar. Henrik ensam.

Ännu senare sitter han på gästrummet hos kyrkoherden i Mittsunda. Prästfrun har ställt in mjölk och hårda smörgåsar med pålägg. Henrik dricker och tuggar. Så reser han sig och tänder fotogenlampan, blir stående och lyssnar till ensamheten, ett sår.

Från matsalen hörs dämpat samspråk och skratt. Kyrkoherden bjuder några gäster på kvällsmat.

Sömnlöshet. Stå upp i gryningen, raka sig, tvätta sig, klä sig och gå ut på backen. Duggregn och mild vind. Starka dofter från trädgården. Det susar i almarna. Henrik står stilla. Det gör ont. Han går några steg. Det gör nästan lika ont. Det är inte möjligt att ha så här ont, det är ju ingenting kroppsligt. Ordlös. Instängd. Utestängd.

Plötsligt hörs fotsteg på grusgången. Henrik vänder sig om. En man kommer emot honom: bred panna, bakåtkammat hår, höga kindknotor, trubbig näsa, bred mun, kraftig haka, bredaxlad, livliga energiska rörelser, går lätt, sträcker fram handen mot Henrik, ser på honom med lysande ögon. Henrik vet genast: Det är Nathan Söderblom, professor i teologisk encyklopedi men mer än så: beundrad intill dyrkan av sina studenter, med all sannolikhet ärkebiskop inom en snar framtid, internationell kapacitet, ett dödligt hot mot den akademiska intrigmaskinen. Musiker. Han är klädd i hängiga byxor, västen uppknäppt, ingen krage till skjortan, en sliten kofta.

Nathan Söderblom: Sömnlös?
Henrik: Godmorgon professorn. Ja, jag är sömnlös.
Nathan Söderblom: Nattljuset? Eller själen?
Henrik: Snarare själen.
Nathan Söderblom: Jag lyssnade till din betraktelse i går kväll.
Henrik: Var professorn i kyrkan? Jag såg inte —
Nathan Söderblom: — nej, du såg inte mig, men jag såg dig. Jag
  satt hos organisten, förstår du. Vi hade spelat Bachpreludier några timmar, vi trampade luft och spelade omväxlande. Gubben Morén är en av våra stora musiker, visste du det? Ja, sen tyckte jag att jag gott kunde sitta kvar och lyssna på dig.
Henrik: Det var tur att jag ingenting visste.
Nathan Söderblom: Ja, kanske det.

Professorn stannar och stoppar flinkt sin pipa. Den låter lätt tända sig trots det fina duggregnet. Händerna är breda med höga ådror. Pipan bolmar och gnäller.

Henrik: Jag har haft turen att få ett tillfälligt vikariat över
  sommaren. Jag är naturligtvis inte alls mogen för uppgif-

ten men kyrkoherden är vänlig och beklagar sig inte. Jag tror inte att min förkunnelse igår kväll var särskilt — Jag skriver och skriver *om*. Jag är så förtvivlat missnöjd med mina prestationer. Jag har det lättare med barndop och begravningar. Då behöver jag inte förbereda mig. Då ser jag på mänskorna som finns där alldeles intill mig. Då kommer orden av sig själva. Förlåt att jag pratar så mycket.

Nathan Söderblom: Prata på du.

Men nu blir det inte mer. Henrik inser att han har pratat bort sig och är generad. De båda männen promenerar långsamt uppåt grinden och den smala vägen mot kyrkan och kyrkogården. Professorn röker sin pipa. Myggen dansar.

Nathan Söderblom: Jag bor tillfälligt i annexet där borta. Kyrkoherden är en gammal studiekamrat och erbjöd mig en fristad. Jag måste bli färdig med min bok. I Upsala är det alltid så mycket ståhej.

Henrik: Och vad skriver professorn?

Nathan Söderblom: Jaha. Det är inte så lätt att säga. Jag skriver att Mozart uppenbarar Gud. Att konstnärerna bevisar Guds närvaro. Ungefär så.

Henrik: Är det så?

Nathan Söderblom: Det ska du absolut inte fråga mig.

Henrik: För mig är det frånvaro, tystnad. Jag talar och Gud tiger.

Nathan Söderblom: Det där är oviktigt.

Henrik: Är det oviktigt?

Nathan Söderblom: Du är i världen för att tjäna mänskorna, inte Gud. Om du bestämmer dig för att glömma det där gnölet om Guds närvaro och Guds frånvaro och riktar all

din kraft mot mänskorna, blir dina gärningar Guds gär-
ningar. Förminska inte dig själv genom att ständigt kurti-
sera din tro och dina tvivel. Du kan inte *begära* klarhet,
trygghet, insikt. Försök förstå att Gud är en del av sin ska-
pelse, liksom Bach lever i sin h-mollmässa. Du tolkar en
notskrift. Ibland är den gåtfull, det är oundvikligt. Då du
låter musiken ljuda — då uppenbarar du Bach. Läs no-
terna! Och spela dem efter förmåga. Men tvivla inte på
Bachs och Skaparens befintlighet.

Pipan har slocknat och professorn avbryter sig. Han stan-
nar och tänder, en gång, flera gånger, äntligen. Henrik skäl-
ver, men inte av morgonens kyla och det stilla regnet.

Nathan Söderblom: Däremot kan du inte kräva fullkomlighet.
Det lönar sig inte att rasa över Skapelsens grymhet. Det är
meningslöst att utkräva ansvar. Din uppgift är att vara kon-
kret. Håll inte rättegång med Gud. Det har många av världs-
historiens klyftigaste hjärnor gått bet på. Jag tror det börjar
regna ordentligt.

De vänder av mot kyrkan och stiger in i portvalvet. Henrik
lutar ryggen mot den skrovliga muren.

Henrik: Jag är instängd. Och jag är rädd för att det är ett livs-
tidsstraff, trots att ingen har sagt något.
Nathan Söderblom: Det är också oviktigt.
Henrik: Oviktigt?
Nathan Söderblom: Ja, min son. Det är oviktigt. Jag tror att du
är mäktig en stor hängivenhet. Jag föreställer mig att du
bär på en innerlig önskan att offra dig, du vet bara inte
hur. Din känsla av att vara värdelös står i vägen. Du är din

egen fiende och fångvaktare. Stig ut ur ditt fängelse. Till din förvåning kommer du att upptäcka att ingen hindrar dig. Var inte rädd. Verkligheten utanför din cell är aldrig så fruktansvärd som din förfäran därinne i ditt tillslutna mörkrum.

Henrik: (knappast hörbar) Hur ska jag göra?

Nathan Söderblom: I nästa vecka blir jag tvungen att fara till London på en konferens. När jag kommer tillbaka i slutet av juni ska du ta kontakt med mig. Det kan hända att jag misstar mig, men är det som jag tror, skymtar en snar lösning på din svårighet.

Henrik: (faller på knä) Välsigna mig!

Nathan Söderblom: Nej. Inte så. Res dig upp!

Henrik: (fattar hans hand och kysser den) Välsigna mig!

Nathan Söderblom: Res dig upp. Du har tagit ditt första steg mot friheten. Stanna här en stund sedan jag har gått. Gråt om du känner det så. Nu lämnar jag dig.

Henrik: Professorn vet inte ens vad jag heter eller vem jag är.

Nathan Söderblom: (på avstånd, vänder sig om) Jag vet vad du heter. Gud vare med dig.

Karin Åkerblom fattar beslut, genomför planerade aktioner och tar ansvar för sina handlingar. Trots en molande känsla av annalkande ont beger hon sig i slutet av maj till Schweiz och hämtar sin dotter för en rundresa till Florens, Venedig och Rom. I Amalfi ämnar man återhämta sig några veckor hos vännerna Egermans. Sedan är det dags att återvända till Familj och Sommarhus.

Fru Karin finner Anna frisk och rundkindad men tystlåten. Hon försäkrar med hövliga leenden att hon är lyckliglig över att se sin mor, att vara återställd och att det snart är sommar. Dessutom påstår hon energiskt att hon gläder sig åt Italienresan. Hon frågar intresserat efter familjens välbefinnande och säger att hon längtar efter sin bror. Innanför denna älskvärda unga kvinnas älskvärda ansträngning att vara sin mor till lags, råder emellertid stillhet och oåtkomlig melankoli.

En torsdag i första veckan av juni står mor och dotter på den ålderdomliga kringbyggda gården till Museo Nazionale. Fru Karin har glasögon på näsan och föreläser ur en tjock liten bok. Anna står stödd mot brunnen och lyssnar artigt. De är praktiskt och elegant klädda i ljusa välskurna sommardräkter, Karin bär hatt, Anna en lätt huvudbonad av tunna spetsar.

Karin: (läser högt) Fjortonhundratalets realistiska inriktning medförde ett nymornat studium av naturen. Intresset för mänskan och den påtagliga verkligheten blev förhärskande inom skulpturen. Den egentliga skaparen av renässansskulpturen var Donatello, århundradets störste konstnär, vars ingående antikstudium lyckligt befruktade hans medfödda begåvning för originellt skapande.

Det vita ljuset ritar en skarp kontur över gårdens stenplattor. Turister rör sig i makliga grupper, en fet katt med elakt utseende betraktar några småfåglar som badar i en liten vattensamling efter nattens regn.

Karin: Är du trött?
Anna: Nej, nej. Kanske lite.
Karin: Vi fick inte så värst mycket sömn. Det åskade och regnade nästan hela natten.
Anna: Det var ju allmänna samtalsämnet vid frukosten.

168

Karin: Du skulle beställa upp din frukost på rummet liksom jag. Det är mycket behagligare.

Anna: Jag tycker om småpratet i frukostrummet. Herr Sellmér är särskilt uppmärksam.

Karin: Ska vi ta oss hem till lunchen eller ska vi äta ute. Jag vet ett utmärkt ställe i närheten?

Anna: Mamma bestämmer.

Karin: Då föreslår jag att vi äter på hotellet, så kan vi ta en lång siesta efter maten.

Hotellet vänder sin med rätta berömda utsikt mot Ponte Vecchio och floden. Där finns engelsk hövlighet, skuggiga sällskapsrum med dunkelröda väggar, dyrbara något blekta tapeter och möbeltyger, mäktiga tavlor i guldskimrande ramar, breda marmortrappor, tjocka mattor som dämpar stegen, blixtrande välputsad mässing. Byggnaden omsluter en inre gård med frodig grönska, två springbrunnar och eftermiddagsmusik.

Karin Åkerblom och hennes dotter bor på tredje våningen i varsitt rum med förbindande dörr och fönster mot floden. Det är högt i tak med utsirade dörröverstycken och omfångsrika sängar. Det gemensamma badrummet är nyinrett. Alla rör sitter utanpå väggarna och spelar egna melodier. Det finns anledning att avlyssna samtalet vid lunchen. Det låter ungefär så här:

Karin: Vet du förresten att greve Snoilsky brukade bo på det här hotellet, mamma kände honom och träffade honom åtskilliga gånger, det vill säga egentligen var hon närmare bekant med grevinnan Piper, Ebba Piper. Det var ju en skandal som lät tala om sig. Drygt trettio år sedan. Och nu är greve Snoilsky nästan glömd — en fin och sorgsen mänska.

Anna: (ler hövligt men svarar inte)

Karin: Jag fick brev från din bror Oscar, sa jag det redan i morse? Ja, där ser du. Han är sig lik men så omtänksam, den snällaste av er allihop. Nåväl, han rapporterar att allt är väl på Trädgårdsgatan, han och pappa hade till och med varit på en liten promenad! Det är rart av Oscar att ta sig an pappa, nu när vi är borta. Annars blir han nog ganska ensam. Pappa säger visserligen att han tycker om att vara ensam och Einar Hedin kommer ju hem och spelar schack med honom på fredagskvällarna, men nu när Ernst är i Kristiania — jag vet inte. Pappa skriver att han längtar efter att vi ska komma hem, han längtar naturligtvis alldeles särskilt efter dig men han beklagar sig ju aldrig.

Anna: (svarar inte, tömmer sitt vinglas)

Karin: — jag menar, pappa tyckte också att det här med vår resa var en bra sak. Någon dag borde vi försöka ringa hem, tänk vad de skulle bli förvånade, fast man vet ju inte, de kunde kanske bli förskräckta och inbilla sig att någonting hade hänt.

Anna: (svarar inte, låter sig serveras)

Karin: — huvudsaken är att du har blivit frisk, det säger jag till mig själv varje dag.

Anna: Jag undrar varför Ernst inte hör av sig?

Karin: Ernst! Det vet du väl hur han är.

Anna: Jag skrev till honom för sju veckor sedan.

Karin: Han vet ju att du snart kommer hem.

Anna: Ja.

Karin: Du ska inte oroa dig.

Anna: (otåligt) Jag oroar mig inte.

Karin: Han vet ju att pappa och jag skriver till varandra nästan dagligen.

Anna: (otåligt) Det har väl inte med den saken att göra.
Karin: Hur menar du? Nej, naturligtvis inte.
Anna: Jag vill resa hem.
Karin: Javisst, mitt hjärta. Vi är ju på väg.
Anna: Kan vi inte resa hem i morgon? Direkt hem.
Karin: Men vi har ju vår bestämda resplan!
Anna: Kan man aldrig ändra på sådant som är bestämt.
Karin: Och vad tror du Egermans skulle säga?
Anna: Jag bryr mig väl inte om vad Egermans säger. Det är
pappas och mammas vänner. Inte mina.
Karin: Elna är faktiskt din barndomsvän, Anna.
Anna: Jag struntar i Elna. Jag ger helt enkelt fan i Elna.
Karin: Ibland beter du dig som en oregerlig barnunge.
Anna: Jag *är* en oregerlig barnunge.
Karin: Hur som helst kan vi inte cedera Egermans i Amalfi.
De skulle bli både ledsna och sårade.
Anna: Mamma reser till Amalfi och jag reser hem.
Karin: Det här är bara dumheter, Anna. Nu gör vi som vi har
kommit överens. Och därmed jämnt.
Anna: Mamma har kommit överens. Inte jag.
Karin: Hemma är det kallt och regnigt. Doktorn tyckte också
att vi skulle hålla oss kvar i värmen under en liten över-
gångstid. Vi är hemma efter midsommar.

Fru Karin har ett oefterhärmligt sätt att avsluta ett samtal,
hon ler uppmuntrande och slår lätt med den ringprydda
lilla handen mot bordduken, det är som förde hon en ord-
förandeklubba. Samtidigt reser hon sig. Två domestiker är
genast på plats och drar undan stolarna. Anna har ingen
realistisk möjlighet att demonstrera, att sitta kvar, att höja
rösten, att lösa egen tågbiljett.
Siesta: neddragna jalusier, halvskymning i de båda rum-

171

men, dörren öppen på glänt. Från staden hörs klockringning, från gatan en tidningsutropare, spårvagnen signalerar. De båda kvinnorna vilar på sina sängar, iklädda morgonrockar och bäddsockor, håret utslaget. Den behagliga sömnen som så säkert skulle infinna sig efter nattens störande oväder vill inte komma tillstädes. Tigande. Avstånd. Kanske sorg. Alldeles säkert sorg.

Nu knackar det förvånande på dörren i fru Karins rum. Det knackar en gång till. Och en tredje gång, den här gången beslutsamt. Karin ber sin dotter att ta reda på vad det är fråga om och Anna sveper morgonrocken tätare kring linnet, drar håret bakom öronen och tassar ut i den lilla tamburen. Utanför dörren står helt överraskande en av hotellets kontorschefer i oklanderlig redingot och vaxad mustasch. Han överlämnar ett telegram i blått kuvert. Då Anna med en hjälplös gest markerar att hon inte har någon drickspenning till hands, höjer mannen sin hand i en avvärjande rörelse, bugar allvarligt och skyndar iväg bortåt korridoren. Anna sluter dörren och står med kuvertet i handen, obeslutsam och häftigt illa till mods. Karin frågar vad det är och Anna säger att det är ett telegram. Kom hit med det då, svarar Karin otåligt.

Anna stänger dörren till tamburen och går in till Karin som satt sig upp i sängen, tänt nattduksbordslampan och gripit efter glasögonen. Anna räcker henne det förslutna kuvertet. Hon sliter upp det och vecklar ut det handskrivna meddelandet. Hon läser det och drar djupt efter andan, räcker papperet till Anna. Här står bara några få ord. Pappa dog i natt. Oscar.

Det är natt i det främmande hotellrummet i den främman-

172

de staden. Fru Karin och Anna har hela eftermiddagen varit strängt sysselsatta: packa, avbeställa vistelser, tala med fru Egerman i Amalfi. Ett svårhört samtal med Gustav och Oscar i Upsala, nya reservationer på Nordexpressen från Milano (på den tiden tog resan nästan två dygn). Ingen tid för tankar, eftertankar, smärta, tårar.

Då kvällen kommer med sitt hårda brandgula ljus mellan jalusiernas spjälor, aftonringning i den närbelägna Mariakyrkan och avlägsen dansmusik, då kvällen kommer blir fru Karin med ens mycket blek. Hon står vid middagsbordet som beställts till rummet, de har inte ätit mycket. Nu serverar hon sig ett glas vin, handen darrar, hon är blek med mörka skuggor under ögonen. Anna böjer sig över en resväska.

Anna: Vi måste se till att vi inte har glömt någonting, färdigpackat är det i varje fall utom toilettsaker och reskläder. Vi har avbeställt våra rum i Venedig och Rom och samtalet med fru Egerman är avklarat, gudskelov. Portiern försäkrade att vi hade fått första klass med Nordexpressen i morgon eftermiddag från Milano — då är vi hemma i övermorgon kväll. Vi har talat med Oscar och Gustav. Mamma, jag tror inte att vi har glömt något?

Fru Karin har fört vinglaset mot läpparna men dricker inte. Smärtan är så oväntad och så våldsam att hon måste förhålla sig orörlig för att överleva den närmaste sekunden och nästa och nästa.

Anna: (milt) Vad är det mamma?

Modern vänder sitt ansikte mot dottern och betraktar henne frågande, som ett barn.

173

Karin: Jag förstår inte. (skakar på huvudet) Förstår inte.

Anna: Mamma lilla, kom så sätter vi oss här. Ska jag dra för gardinerna, tycker du att solljuset plågar dig, det går snart bort förresten. Vill du ha lite mer vin? Det gör dig gott, mamma. Nu sitter vi här alldeles stilla, du och jag tillsammans.

Anna tar moderns hand och håller den fast. Solljusets hårda mönster över väggens guldramade tavlor och dunkelröda tapet slocknar långsamt. Klockringningen stillnar, dagen stillnar. Nu hörs bara valsen ur Glada Änkan spelad av hotellets orkester, djupt inne i det stora huset: "Lippen schweigen, 's flüstern Geigen: hab mich lieb! All die Schritte sagen: Bitte, hab mich lieb!" Fru Karin dricker av vinet, lutar sig bakåt mot soffans kuddar och sluter ögonen.

Karin: Det svåraste är att jag lämnade honom ensam. Han var ensam, Anna! Och det var på natten.

Anna: (vädjar) Mamma!

Karin: Han var ensam och jag var inte där. Han hade ont och steg upp ur sängen. Sen satte han sig vid skrivbordet och tände skrivbordslampan, han hade tagit fram papper och penna, sen föll han åt sidan och ner på golvet.

Anna: Mamma, inte tänka på det där.

Karin: Jag ska säga dig något egendomligt, Anna. När jag hade bestämt att jag skulle resa, när allt var ordnat, när jag hade tagit adjö av pappa och skulle ut genom tamburdörren, tänkte jag plötsligt och alldeles oförklarligt: *gör det inte!*

Anna: Vad skulle du inte göra?

Karin: — gör det inte. Res inte. Stanna hemma. Ställ in alltsammans. Ett kort ögonblick fick jag en förfärlig ångest. Så egendomligt, Anna?

Anna: Ja, det var egendomligt.

Karin: Jag var tvungen att sätta mig ner, jag blev liksom kall-svettig. Sen blev jag ond på mig själv. Jag har aldrig givit efter för tillfälliga nycker eller infall. Varför skulle jag ge efter den här gången, det fanns inte minsta skäl.

Anna: Stackars mamma.

Karin: Ja, just det. Stackars mamma. Jag fattar beslut och ge-nomför mina beslut. Så har det varit hela livet. Jag ändrar aldrig ett beslut.

Anna: Jag vet.

Karin: De flesta mänskor tycker inte om att bestämma. Och så blir det jag.

Anna: Mamma ska inte förebrå sig.

Karin: Nej, det är meningslöst. (paus) Jag har fattat många felaktiga och dumma beslut, men jag vill inte påstå att jag någonsin har ångrat mig. Fast den här gången — (drar andan) Oh Gud!

Ett kort ögonblick lägger hon handen över ögonen, men tar den genast till sig, som tyckte hon att gesten var överdriven eller kanske melodramatisk, dricker av vinet.

Anna: (håller Karins hand) Mamma.

Karin: När pappa frågade om jag vill gifta mig med honom, trots att han var nästan dubbelt så gammal som jag och hade tre vuxna söner, så beslöt jag mig utan att tänka mig för. Mor varnade mig och far var väldigt upprörd. Jag äls-kade honom inte, jag var inte ens kär i honom, det visste jag säkert. Men jag tyckte om honom, jag tyckte synd om honom. Han var så fruktansvärt ensam med sina eländiga, lata hushållerskor som lurade honom på pengar och vanvårdade hemmet och de där tre ouppfostrade, vilsna pojkarna. Jag kände mig också lite ensam, och så tänkte jag att vi säkert skulle lindra varandras ensamhet.

Anna: Det var väl inte så fel tänkt.

Karin: Jo Anna. Det var nog fel. *En* ensamhet går an. Två ensamheter är svåruthärdligt. Men det gäller ju att aldrig känna efter. Sen kom du och Ernst. Det var som en räddning — en frälsning.

Fru Karin ler urskuldande, hon hör sig själv använda aldrig brukade ord, hon ser sig själv göra aldrig gjorda gester, hon kämpar med en tungt svällande sorg, en sorg som hon aldrig tidigare erfarit. Hon tömmer sitt glas.

Karin: Vill du vara vänlig att ge mig lite mer vin. Ska du inte ta själv?

Anna: Jag har, tack.

Karin: På så sätt kom vi ut ur vår ensamhet, jag och Johan. Jag vet inte förresten. Det är kanske bara sånt man säger. Men du och Ernst blev till stor glädje, det blev en gemenskap. Vi måste ju hela tiden sysselsätta oss med er, minsta småsak blev viktig.

Anna: Och så blev Ernst mors gosse och Anna blev fars flicka.

Karin: Jag vet inte. Blev det så?

Anna: Men mamma då!

Karin: Ja, ja. Du har kanske rätt.

Hon sitter bortvänd, såret blöder stilla, nu gör det nästan inte ont längre. Det skymmer. Gatlyktorna tänds. Genom stillheten och det svaga bruset från staden hörs flodens sorlande.

Anna: (milt) Ska vi gå och lägga oss nu, mamma? Vi måste stiga upp tidigt.

Karin: (frånvarande) Ja, det ska vi kanske.

Så lutar hon pannan mot Annas skuldra, så böjer hon sig djupt, nu vilar hennes huvud mot Annas sköte, det är en gåtfull rörelse, nästan förbjuden. Anna drar åt sig händerna och lägger dem mot bröstet, hon vet inte hur hon ska bete sig. Så grips hon av en plötslig impuls och tar modern i sina armar och håller henne tätt intill sig. Från Karin hörs några långa, liksom trasiga snyftningar. Det låter ovant och skrämmande.

Plötsligt gör hon sig lös ur Annas omfamning, det sker nästan brutalt. Hon sätter sig upp, upprätt, stryker med båda händerna över ansiktet och rör vid håret, två gånger, stryker med handflatan över pannan, lutar sig åt sidan och tänder den elektriska golvlampan vid soffan. Hon ser på dottern, kyligt, prövande.

Anna: (förskräckt) Vad är det, mamma?
Karin: Det är något du måste veta.
Anna: Som gäller mig?
Karin: Som gäller dig i högsta grad.
Anna: Vi kan väl vänta lite?
Karin: Jag tror inte det.
Anna: Då är det bäst att mamma talar om för mig vad det är som är så viktigt.
Karin: Det gäller Henrik Bergman.
Anna: (plötsligt på sin vakt) Ja. Och?
Karin: Du skriver ju till honom?
Anna: Det är sant. Jag har skrivit till honom. Jag skickade

brevet till Ernst, eftersom jag inte visste Henriks adress. Jag har förresten inte fått något svar. Brevet har antagligen kommit bort.

Karin: Det har inte kommit bort.

Anna: Nu förstår jag inte.

Karin: Det här måste du veta. Jag tog hand om brevet, läste det och brände det.

Anna: Nej.

Karin: Jag förstörde brevet.

Anna: Nej, mamma!

Karin: Jag måste tala om det för dig, eftersom din far varnade mig. Han sa att det var orätt. Han sa att vi inte hade rätt att lägga oss i. Att det skulle skada. Han varnade mig.

Anna: Mamma!

Karin: Jag har inga bortförklaringar. Jag ansåg att det jag gjorde, det gjorde jag för ditt bästa. Johan varnade mig.

Anna: Jag vill inte veta mer.

Karin: (utan att höra) Nu när Johan är borta, förstår jag att jag måste tala om för dig vad som hände. Jag kan inte ens be dig om förlåtelse, eftersom jag vet att du aldrig kommer att förlåta mig.

Anna: (lugnt) Jag tror inte det.

Karin: Nu vet du i alla fall.

Anna: Genast vi kommer hem, tänker jag söka upp Henrik och berätta alltsammans.

Karin: Jag ber dig bara om detta enda. Berätta inte att jag brände brevet!

Anna: Varför inte?

Karin: Om du gifter dig med Henrik. Förstår du inte? Berättar du blir hatet oöverstigligt. Vi måste ju leva tillsammans?

Anna: Varför det?

Anna betraktar sin mor eftertänksamt. En aldrig känd vrede rör sig behagligt och nymornat i hennes inälvor.

Karin: Nu vet du.
Anna: Ja. Nu vet jag. (paus, annan ton) Ska vi gå till sängs —
Vi kan behöva lite sömn och i morgon blir det en lång dag.

Hon stiger snabbt upp ur soffan och går mot dörren, vänder sig om och säger ett hövligt godnatt.

Vid den här tiden (till exempel en julidag nittonhundratolv), kunde universitetsstaden förefalla så stilla att den tycktes overklig eller möjligen drömd. Vore det inte för småfåglarnas tjatter i de mörkt lummiga träden skulle tystnaden säkert vara skrämmande. Domkyrkourets påminnelse om tidens lopp mot förgängelsen gör stillheten ännu mäktigare. Flustret har stängt och orkestrarna har flyttat sina potpurrier ur Pärlfiskarna och Sköna Helena till någon hälsobrunn eller badort. Hos de förmögna hänger lakan för fönstren som om man hade lik i husen och doften av malmedel silar sorgset över de heta trottoarerna. Spöket i Gustavianums anatomiska teater har dragit sig in i väggen bakom tavlan av Olof Rudbeckius. Bordellen vid Svartbäcken har stängt och dess flitiga invånare har begivit sig till det engelska flottbesöket i Göteborg. På stadens åldriga teater virvlar dammet i solskotten, som tränger in genom scenens illa tillslutna fönsterluckor och ritar magiska mönster över det lutande scengolvets aldrig skurade tiljor.

Ja, tomt, tyst, overkligt, drömlikt, lite skrämmande om man råkar vara lagd för sådant. Solen står högt på en färglös himmel. Det är vindlöst, där finns en doft av intorkade tårar, surnad sorg, tystad smärta, en svag men fullt förnimbar lukt, kärv och lite unken.

Det finns folk som påstår att världen kommer att gå under med en skräll, en smäll, en knall, som låter tala om sig. Personligen är jag övertygad om att världen kommer att avstanna, tystna, stillna, blekna, tyna bort i ett andlöst kosmiskt dis. Den här julidagen i den lilla universitetsstaden kan gott vara början till en sådan ytterligt odramatisk undergång.

Scenen föreställer Henrik Bergmans studentrum, först tomt på mänskor och rörelser. Så stöts dörren upp och Henrik kommer in baklänges manövrerande sin plåtbeslagna resekoffert i den smala öppningen. Allt är redan framdraget och kringslängt på bord, stolar, golv. Packningen påbörjas osystematiskt och lustlöst. Slutligen sätter han sig på golvet, tänder pipan och ger armbågarna stöd mot knäna. Så och på detta sätt sitter han ganska länge.

Plötsligt står Anna i dörröppningen. Bakom sig har hon det smala, smutsiga, solbelysta fönstret mot gatan. Hon är sorgklädd, håret är uppsatt under baretten, sorgfloret gör ansiktet blekt och skymmer blicken.

Henrik: (sitter kvar) Jag blev nästan rädd.
Anna: (står kvar) Blev du rädd?
Henrik: Jag satt här och tänkte på dig.
Anna: Och så fanns jag plötsligt.
Henrik: Det är ju som i drömmen.
Anna: Jag vill ge dig nånting.

Nu är hon inne i rummet. Hon faller på knä vid hans sida, letar i sin lilla sidensvarta handväska.

Henrik: Du är annorlunda.
Anna: (ser på honom) Du också.
Henrik: Du är vackrare.
Anna: Du ser ledsen ut.
Henrik: Antagligen för att jag är ledsen.
Anna: Är du ledsen just nu eller hela tiden.
Henrik: Jag har saknat dig.

Han tiger och sväljer, tar av glasögonen och slänger dem på en bokhög, ser mot fönstret.

Anna: Men nu kommer jag, Henrik.
Henrik: Är det sant?
Anna: Ja det är sant. Nu kommer jag.
Henrik: Det här är som i drömmen: Först kommer du och säger något som jag inte förstår. Sedan är du plötsligt försvunnen.
Anna: Jag försvinner inte.

Hon ler och letar i väskan, finner ett litet föremål inlindat i silkespapper, lägger det i hans hand, lyfter slöjan från ansiktet, drar av hatten som hamnar på golvet. En hårslinga faller över pannan.

Henrik: Anna?
Anna: Se efter vad det är. Jag köpte det samma dag vi reste från Florens. Det är ingenting märkvärdigt, säkert ingenting äkta.

Han vecklar upp silkespapperet: det är en halv-decimeter hög statyett i mörknat trä, föreställande den heliga jungfrun vänd mot Bebådelsen. Henrik låter bilden ligga i öppen hand.

Henrik: Det är Maria utan barnet. Det är Maria vid Bebådelsen.
Anna: (ser på honom) Ja.
Henrik: Den är varm, den värmer i handen, det är märkvärdigt. Känn själv.

Anna tar av handsken och Henrik lägger bilden i hennes öppna hand. Hon skakar på huvudet, ler.

Anna: Nej, jag känner inte att den värmer.

Hon ställer Maria på bokhögen bredvid Henriks glasögon, så tar hon sin handske.

Henrik: Din far är död.
Anna: Ja. Begravningen är i övermorgon.
Henrik: Är det svårt?
Anna: Jag bodde i hans kärlek, om du förstår. Jag tänkte aldrig på den, utom när den någon gång besvärade mig. Nu är jag ledsen för att jag var så barnslig och otacksam.
Henrik: Var har du Ernst?
Anna: Han väntar nere på gården.
Henrik: Ska du inte be honom komma upp?
Anna: Nej, nej. Senare. Jag vågade inte gå hit ensam. Det var ju på vinst och förlust. Jag visste ju att du flyttat från stan. Ändå kunde jag inte låta bli. Så jag sa till Ernst: kom så lämnar vi Sorghuset och tar en promenad. Vi kan väl gå

182

neråt Ågatan, vi kanske rent av stöter ihop med Henrik. Det var som en lustighet. Vi skrattade. Då vi kom förbi ditt hus sa Ernst: gå in och titta efter om han är hemma. Jag slår vad om fem kronor att han är hemma. Du brukar ju alltid vinna våra vadhållningar, sa jag. Och så gick jag in. Där var du och Ernst vann fem kronor. Jag vet förresten att du aldrig fick mitt brev.

Hon reser sig hastigt och går fram till det öppna fönstret, skjuter gardinen åt sidan och kallar med låg röst på Ernst. Han sitter på en brädhög och röker cigarr, är barhuvad och mörkklädd med vit kravatt och sorgband om armen. Han vänder genast ansiktet mot sin syster och ler.

Ernst: Jag sitter bra där jag sitter. Säg till när ni får lust att umgås.
Anna: Jag är skyldig fem kronor.

Ernst svarar inte men gör en liten gest med cigarren. Anna känner att det spränger till av glädje: i bröstet, huvudet, benen, skötet. Hon vänder tillbaka till Henrik som sitter kvar på golvet, han tror möjligen att drömmen dematerialiseras om han rör sig det minsta. Anna sätter sig på en vacklig pinnstol med trasigt ryggstöd. De är tysta och lite rådlösa.

Henrik: Du skrev till mig?
Anna: Ja, det var ett angeläget brev. Men det kom bort.
Henrik: Hur vet du att det kom bort?
Anna: Jag vet det bara.
Henrik: Och vad skrev du?
Anna: Det är oviktigt. *Nu* är det oviktigt.
Henrik: Jag vikarierar i en liten församling några mil här-

183

ifrån. De har förlängt vikariatet med ett halvår. Det är därför jag packar. Professor Söderblom, du vet vem det är —

Anna: Ja, visst vet jag.

Henrik: Professor Söderblom har sagt till mig att söka en ordinarie tjänst i Forsboda församling, långt uppe i Gästrikland. De har talat om för mig att det är svårarbetat, svårt. Mamma blev ledsen förstås. Hon hade nog tänkt sig något gentilare.

Anna: Och nu är du inte ensam längre.

Henrik: Nej, nej. Jag kan ju ändra?

Anna: Vi reser förstås dit och ser efter. (praktisk ton)

Henrik: Det är klart att hade jag vetat —

Anna: (nyktert) Henrik, var inte dum. Har du lovat så har du lovat, sånt ändrar man inte.

Henrik: Kyrkoherden lär vara gammal och sjuklig.

Anna: Vi tittar på honom också.

Henrik: Du förstår kanske att lönen är skral.

Anna: Vad bryr vi oss om det. (lutar sig fram) Dessutom, Henrik! Du gör ett *lysande parti* om du gifter dig med mig. Jag ärver en massa pengar. (viskar) En fruktansvärd massa pengar. Vad säger du om det?

Henrik: Jag tänker inte låta dig försörja mig.

Anna: Hör på nu Henrik! (praktisk och beslutsam) Först och främst ska vi förlova oss, så snart begravningen är överstånden. Vi beställer ringarna i eftermiddag så har vi dem senast på lördag. Så förlovar vi oss och bjuder Ernst på förlovningskalas här på ditt rum, men vi talar inte om det för någon. I nästa vecka reser vi och hälsar på din mor. Jag vill bli bekant med henne så snart som möjligt. Du skriver till kyrkoherden att du och din blivande hustru kommer till Forsboda i slutet av veckan för att inspektera prästgården, kyrkan och kyrkoherden själv. Sedan gifter vi oss i september eller senast i början av oktober — och det ska vara ett *ståtligt bröllop* Henrik. Vad tittar du på?

Henrik: Jag tittar på dig.

Anna: Vi har väntat länge nog. Mamma säger alltid: "man måste fatta beslut och ta sitt ansvar".

Hon faller på knä och tar Henriks huvud mellan händerna och kysser honom på munnen. Han förlorar genast balansen och faller omkull på golvet, han drar henne med sig i fallet.

Henrik: Man får inte glömma kyssarna.

Anna: Nej, kyssarna är viktiga.

Och så kysser de varandra ivrigt och törstigt. Anna sätter sig upp. Hennes svarta sorgdräkt har blivit dammig.

Henrik: Dräkten har blivit dammig.

Anna: Ja, har du sett så jag ser ut. (skrattar) Nu gör vi oss i ordning. Och så går vi ner till Ernst och bjuder honom till förlovning på lördag.

Henrik: Vad tror du att din mor ska säga.

Anna: Från och med Florens är det av underordnad betydelse vad min mor säger eller tycker.

Henrik: Har det hänt något?

Anna: Det kan man kanske säga.

Henrik: Och det får jag inte veta.

Anna: Kanske. Kanske någon natt när vi ligger tätt tillsammans i vår säng i Forsboda prästgård och vinterstormen tjuter kring knutarna. Då ska jag kanske berätta vad som hände. Men bara kanske.

185

Henrik: Har det med brevet att göra?

Anna: Henrik! Jag tror att älskande alltid försäkrar varandra att de ska vara uppriktiga in till skelettet, att de aldrig ska ha några hemligheter. Det där är dumt. Jag tänker aldrig kräva av dig att du ska säga dina hemligheter.

Henrik: Men sanningen?

Anna: Sanningen är något annat.

Henrik: Vi ska vara sanna. Sanningsenliga.

Anna: (plötsligt allvar) Vi ska *bemöda oss* med sanningen.

Henrik: Vi får väl öva oss.

Anna: (ler) Vi får väl öva oss. Vad tyckte du om mina köttbullar? Var de inte —

Henrik: Äckliga!

Anna: Ser du! (ler) Och så vidare. Vill du hjälpa mig att damma av!

Så hjälps de åt, men måste också famnas och kyssas, heta kinder och händer. Till slut lyckas de komma ut i korridoren och nedför den smala trätrappan. Ernst reser sig från brädhögen och gestikulerar häpet då han får syn på det sammanslingrade paret. Vännerna närmar sig långsamt, blir stående på några meters avstånd, betraktar varandra med glädjefylld ömhet.

Ernst: (till Henrik) Du ser fullkomligt osannolik ut.

Henrik: Jag *är* osannolik.

Ernst: Och du lilla syrran. Du har så röda läppar.

Anna: Jag har det, ja.

Ernst: För en stund sedan var du blek. Som en sik.

Anna: Jag har friat och Henrik påstår att han vill ha mig. Kan du fatta hur enkelt allting kan vara ibland?

Ernst stiger fram till Henrik och omfamnar honom, tar ett steg bakåt, ser på honom och omfamnar honom igen, slår honom hårt i ryggen. Sedan kysser han Anna på kinderna, på ögonlocken och sist på munnen.

Ernst: Ni är och förblir mitt hjärtas älsklingar.

Sedan beger de sig till guldsmeden på Sankt Larsgatan.

Den här Krönikan förvandlar godtyckligt huvudsaker till bisaker och tvärt om. Ibland tillåter den sig att göra en mäktig utvikning baserad på en vacklande grundval av muntlig tradition. Ibland fäster den stort avseende vid några rader i ett brev. Plötsligt vill den fantisera över fragment som dyker upp ur tidens dunkla vatten. Otillförlitligheten i fakta, årtal, namn och situationer är total. Den är avsiktlig och konsekvent. Sökandet går dunkla vägar, detta är ingen vare sig öppen eller förtäckt rättegång mot mänskor som bringats till tystnad. Deras liv i föreliggande krönika är illusoriskt, kanske ett skenliv men trots detta tydligare än deras faktiska liv. Deras innersta sanning kan krönikan däremot aldrig skildra. Krönikan har sin egen högst tillfälliga sanning. Lusten att fortsätta nedskrivandet, den från dag till dag vänligt pockande lusten, är företagets enda hållbara motivering. Själva leken är lekens drivkraft. Det är som i barndomen: att öppna leksaksskåpets skavda vitmålade dörrar och ge fritt lopp åt tingens inneboende hemligheter. Det kan knappast vara enklare.

På grundval av det ovan sagda, tar berättelsen ett kliv över det ögonblick då Anna håller upp sin hand med den blänkande förlovningsringen inför fru Karins trötta blickar.

Hon säger helt säkert inte så mycket: "Jag vet, jag vet. Hoppas du ser klart. Nu måste det bli fred. Henrik måste veta att han är välkommen i familjen."

Krönikan nämner inte heller hur bomben briserade kvällen efter begravningen då alla samlats i Mammchens salong för att diskutera näraliggande praktiska problem.

Här berättas inte heller, hur Oscar senare samma kväll går till sängs med sin canceriösa och ständigt tynande Svea. Det går hål i hennes elakhets överfyllda reservoar och hon sipprar gemenheter över präster i allmänhet och Henrik Bergman i synnerhet. Till slut tar Oscar till orda och säger tämligen myndigt: "Svea, håll käften. Vi riskerar ju för fan att han blir vår släkting!"

Fru Karin har således kallat sin familj till möte i Trädgårdsgatans matsal. Det är några dagar efter begravningen och julisolen brinner mot nedfällda markiser. Det väldiga bordet med lejonfötterna är berövat sin duk och blänker svart, alla är svartklädda, det är svart i svart mot ljusa tapeter och färgskimrande tavlor. Vid bordets kortsida mot fönstren har fru Karin placerat sig själv, till vänster har hon Oscar och Svea, till höger Gustav och Martha. Carl svettas av abstinens och leda till höger om Svea. Småflickorna kurar på den rakryggade soffan vid väggen. Slutligen sitter Ernst, Anna och Henrik mittemot fru Karin.

Karin: — jag har således bett er komma hit för att diskutera några avgöranden. Dessförinnan hälsar jag Henrik varmt välkommen i vår familj. Jag vill nu att stridigheter och bitterhet ska vara glömda. Vi måste stryka ett streck över det förgångna. Om vi anstränger oss hederligt bör både försonlighet och vänskap vara möjliga.

188

Fru Karin ler mot Henrik och Anna. Den övriga familjen gör sammaledes, det blir en ganska varierad kollektion av leenden. En fluga surrar mot rutan. Fru Karin vänder på briljantringen som alltid har sin plats mellan de tunga vigselringarna.

Karin: Vi har varit hos advokat Elgérus och tagit del av er fars sista vilja, testamentet. Om jag har uppfattat stämningen rätt, har alla utan undantag (blick mot Carl) accepterat träffade dispositioner och funnit dem dikterade av omtanke. Jag är tacksam för vår enighet. Under Johans livstid diskuterade han och jag någon gång vad som skulle ske med det här huset om Johan skulle gå bort före mig. Han förklarade att hans bestämda vilja var att *jag ensam* skulle vara husets ägare och att övriga familjemedlemmar skulle kompenseras med aktier och kapital. Jag slog bort tanken, ville inte tala om den, men kände då huset kom på tal, att jag inte ville behålla det. Inte under några omständigheter. Därför har jag bett advokat Elgérus att undersöka en försäljning. Han meddelade mig i går eftermiddag att han erhållit ett ytterst fördelaktigt bud från Husliga Fack-skolan på andra sidan gatan. De har länge varit trångbodda och är beredda att göra en omedelbar affär. Jag har sagt att jag är positiv till deras förslag, men att jag naturligtvis måste diskutera saken med mina söner som ju bor i tre av husets våningar. Fackskolan har förklarat sig villig att skaffa fram likvärdiga bostäder. För egen del har jag sagt att jag tänker bo kvar. Men jag avser att halvera den här våningen. Jag sätter en vägg mitt i matsalen och behåller fyra rum och kök. Jag har nämnt för Siri att jag inte kommer att behöva henne efter första oktober. Hon blev ledsen förstås, eftersom

hon varit hos oss i snart tjugo år, men hon får ett ordent-
ligt avgångsvederlag och flyttar hem till sin syster i Små-
land. Är det någon som har frågor?

Henrik betraktar sina nya släktingar: Slutna ansikten, osäk-
ra blickar, sammanpressade läppar. Nej, inte Anna och
Ernst, de ser ut som om den här saken inte angick dem. Och
det gör den ju inte heller. Spänningen blir snabbt tjock och
klibbig. Carl har slutit ögonen, han låtsas förmodligen vara
någon annanstans. Oscar ler hövligt och ogenomträngligt.
Gustav leker med klockkedjan som vilar mot den rundade
västen, ser ut genom fönstret och trutar med läpparna.
Martha klirrar med sina armband och höjer handen mot
håret. Sveas huvud har börjat skaka på den seniga halsen.
Hon är röd i pannan och små svettpärlor bryter fram på
den håriga överläppen.

Svea: Ingen vågar som vanligt säga något, när Karin föreläg-
 ger oss sina dekret.
Oscar: Snälla Svea!
Svea: Så det blir väl jag som måste säga vad alla tänker.
Gustav: Jag ber att få protestera. Svea företräder inte famil-
 jens åsikter. Hon representerar såvitt jag förstår bara sig
 själv.
Svea: Det var egendomligt. Sa inte Gustav senast igår att
 mammchen är livsfarlig. Kan Gustav neka till det?
Gustav: Svea ljuger och det vet Svea mycket väl. Sveas hat
 mot vår mor känner uppenbarligen inga gränser.
Svea: Eftersom jag snart ska dö, är jag tydligen den enda som
 vågar tala sanning i den här familjen!
Oscar: (tålmodigt) Snälla Svea.
Svea: Snälla Svea och snälla Svea. Är det allt du har att säga?

Carl: (plötsligt) Håll käften, Svea. Innan du rämnar av elak-
het. Din kräfta är det ingen som tror på längre. Den kan
naturligtvis inte existera i en kropp som är så förgiftad av
elakhet. För övrigt må jag väl säga att mammchens beslut
har kommit en smula överraskande. När anser chefen att
vi ska kastas ut?

Gustav: Jag tror att mamma Karin med sitt något burdusa
schackdrag vill antyda för oss barn, att hon tolererat oss
i drygt tjugo år och nu är hjärtligen trött på både oss och
våra familjer. Det må man inte förtänka henne.

Martha: Och vi som har trivts så bra med vår våning. Vart ska
vi nu ta vägen?

Gustav: Var inte fånig Martha! Vi blir inte precis ställda på
gatan.

Oscar: Jag har personligen ingenting att invända. Huset till-
hör mamma Karin. Det är klart och tydligt utsagt, inte
skymten av tvivel. Vi kommer att bli generöst kompense-
rade. Såvitt jag förstår gör mamma vad fan hon vill med
sitt hus. Har *vi* för övrigt *någonsin* tagit hänsyn till henne?

Svea: Men krupit och smilat och jamsat, det har ni! Och hå-
nat och spottat då hon vänt ryggen till! Gustav Åkerblom,
Carl Åkerblom, Oscar Åkerblom. Musketörerna.

Ernst: Om det här skitsnacket ska fortsätta, tänker jag avlägs-
na mig. Vi bör kanske tänka på att Henrik Bergman är
med oss för första gången. Både för hans och Annas skull
ber jag att vi försöker lägga band på de värsta invektiven.
(till Henrik, leende) Var inte rädd, det kan vara värre.
Ibland är vi faktiskt riktigt mänskoliknande.

Carl: Man kan möjligen påstå att pappas död har dragit kor-
ken ur flaskan.

Gustav: En liknelse värdig broder Carl.

Carl: Du måste veta, käre Henrik, att bror Gustav är familjens andliga överhuvud. Ber du honom om ett råd så får du tre. Om du inte följer hans råd kan du längre fram i tiden få fan för det på ett raffinerat akademiskt vis. Professorn sitter i den statliga professorsutredningen, så han vet hur valserna går. Jag varnar dig i all vänlighet, Henrik. Du ska se upp med fru Martha också. Hon är alltför vänlig mot vackra gossar.

Martha: (skrattar) Carl, du är omöjlig. (slår efter honom)

Carl: (svettas) Och Martha ska få en stor blöt puss av Carl, då den här likbjudarskivan är överstånden.

Oscar: Jag anser att Mammas beslut är välbetänkt. Vi har levat tillsammans i en kombination av bedräglig trygghet, tvång och vana. Det har blivit som ett stillastående vatten. Våra relationer har möglat utan att vi har gjort något åt saken. Det blir bra för oss att sära på familjen.

Svea: Och hur ska det bli med sommarhuset?

Oscar: Sommarhuset har alltid tillhört mammchen.

Svea: Så nu blir vi hemlösa på sommaren också?

Oscar: Lugna dig, Svea. Du har ju ständigt vantrivts i vårt sommarhus och talat om badorter och Parisresor. (skrattar kärvt) När jag tänker efter förstår jag inte hur vi egentligen har stått ut med varandra.

Anna: Varför säger mamma ingenting?

Alla ser på fru Karin. Hon har suttit med huvudet en smula framförböjt och lekt med en liten grön linjal. Nu lyfter hon blicken och betraktar sin familj med ett frånvarande, nästan sömnigt leende.

Karin: Vad vill ni jag ska säga? Ni har ju alltid kivats inbördes. Nu när pappa är död kastar ni er över mig. Det är naturligt. Det måste jag förstå.

Gustav: Förlåt mamma, men det är faktiskt bara Svea som måste —

Karin: (höjer handen) Låt mig tala färdigt. Ibland kan jag inte undgå att tänka på hur familjens liv hade tett sig om jag inte hade blivit ingift och medskyldig. (ler) Ja, det är en lustig tanke! Jag var så ivrig och ville så väl: Ordning, renlighet, samhörighet — utbildning. God vilja. Tro inte att jag är bitter. Jag bara tänker.

Carl: Och vad hade det blivit av mammchen själv, om mammchen inte tvingats ta hand om oss.

Karin: Ja, du Carl! Du ställer kloka frågor trots att du är så — oregelbunden. Vad det hade blivit av mig? Jag hade väl fortsatt som lärarinna. Och fortsatt bibringa andras barn lite hyfs och bildning. Jag har nog aldrig tvivlat på det riktiga i mina handlingar. Jag har möjligen handlat fel i småsaker men i huvudsakerna har jag ingenting att förebrå mig.

Osäkerhet. Eftertanke. Tomhet. Olust. Likgiltighet. Bitterhet. Trötthet. Skulle vi inte dricka kaffe i salongen, säger Anna. Jag har bakat en tårta. Javisst, säger Karin raskt och reser sig från bordet.

Vi är inte så rysliga som vi låter, säger Gustav och stöttar kaffekoppen mot magen, medan han smular kaka på västen. Ibland kan vi till och med vara riktigt trevliga ska Henrik veta. Nu måste Anna och Henrik komma till förlovningsmiddag hos oss, surrar Martha och omfamnar Anna bakifrån. Vilken liten söt pojke, viskar hon i Annas öra. Glöm nu allt groll, säger Oscar Åkerblom och lägger handen på Henriks arm; Henrik ska säga Oscar. Jag tyckte själv att vårt senaste möte var ytterst obehagligt men jag ansåg mig tvungen att vara konturerad i överkant. Jag är, om jag får säga det själv, en beskedlig figur. Henrik och Anna måste ovillkorligen komma på middag hos oss innan vi reser till landet!

Svea smeker över Annas kind med en utmärglad, fläckig hand. Jag skäms så förskräckligt för mitt utbrott. Doktorn säger att det är preparaten som gör mig så obalanserad. Henrik får verkligen inte tro att tant Svea (Henrik ska säga tant Svea) att tant Svea är så där otrevlig i vanliga fall. Nu seglar Carl upp och andas på den förvirrade fästmannen: Jag varnade dig och nu är du fast! Nåja, skyll dig själv, din stackare. Anna är fasligt söt men låt dig inte bedras av hennes fagra nuna. Hon har för mycket Åkerblom i sig. Jag står här och varnar din blivande make, flinar Carl och andas på Anna. Jag varnar honom utav helvete men det är väl lönlöst. Vad har du druckit Carl, säger Anna med låtsad indignation. Ja, rosor är det inte, svarar Carl och suckar.

Kom så sticker vi! säger Ernst och drar Henrik i rocken. Jag har sagt till mamma att vi måste ta dig på luftning. Kom nu Anna, det var en jävligt usel tårta du har bakat. Adjö tant Karin och tack för idag, mumlar Henrik och bugar bakom fru Karins rygg. Hon vänder sig om, hon har just talat med Lisen om att man ska skjuta på middagen en timme. Adjö tant Karin, säger Henrik och bugar igen. Du kommer väl till middag! säger fru Karin mjukt, hennes ansikte är blekt och ögonen trötta. Du kommer väl till middagen? Nej tack, mamma. Vi kommer inte till middagen, säger Ernst avgörande. Vi ska ut och svira, Anna och jag och Henrik. Vi kommer att bli fulla som svin. Fru Karin ler och skakar på huvudet: Ha så trevligt, säger hon hastigt. Ni har väl pengar? Tack lilla mamma, vi klarar oss nog, säger Ernst och kysser sin mor på munnen.

III

Efter begravningen stängdes Trädgårdsgatan för att i slutet av augusti invaderas av byggnadsarbetare, hantverkare och flyttkarlar. Familjen splittrades, några reste till Österrike, andra till Ramlösa brunn, barnen till bekantas bekanta i skärgården, Henrik till sitt vikariat i Mittsunda, Anna till väninnan Fredrika Kempe som varit kurskamrat på Sophiahemmets sjuksköterskeskola. Hon hade genast efter sin examen gift sig till gods och rikedom i Danmark och väntade redan sitt första barn. Fru Karin drog till Sommarhuset i Dalarna tillsammans med fröken Lisen, som skulle leva och bo med sin matmor för resten av sitt liv, alltså ytterligare tjugofyra år.

Fru Karin var nu ensam både i yttre och inre bemärkelse. Efter sorgeårets slut beställde hon sju identiska kjolar, blusar och hela klänningar hos Lejas Modehus, alla av samma snitt, färg och fason. Från och med våren nittonhundratolv förhöll hon sig mörkklädd: ankellånga kjolar, grå shantungblusar med en silverbrosch i halslinningen, svarta klänningar utan midja, höga svarta kängor, vita kragar och manschetter med hålsöm. På den korta tiden av åtta månader vitnade hennes hår, det var fortfarande lika tjockt och glänsande men det var vitt, inte grått.

Den som är road av förklaringar och tydningar kan fun-

197

dera över orsakerna till fru Karins partiella abdikation. Hon var ju trots allt inte äldre än fyrtiosex år. Utan onödiga kommentarer sålde hon alltså huset, delade sin våning mitt av och fördelade en präktig andel av den sålunda uppkomna förmögenheten mellan angenämt överraskade men något förvirrade familjemedlemmar. Anna ägde således ett icke föraktligt kapital, som hon visste att förvalta och som under långlig tid skulle bli en förargelseklippa för pastor Bergman (men till avsevärd hjälp i familjens dagliga liv).

Denna sommar kom hösten tidigt. Den brann över älvens vatten och i den mörka skogskanten. Om morgnarna var det tunn is i gräset och i brunnskaret under den grönmålade gårdspumpen. Nätterna var stjärnklara och vindlösa. Björkvedsbrasorna susade i kakelugnarna och åsarna bortåt Djurås och Gimmen fick skarpa konturer. Kattugglan kom fram ur skogen redan i skymningen och slog sig ner på uthustaket.

Fru Karin och fröken Lisen tillbragte sommaren och hösten i tigande men alls icke fientlig symbios. Då den första snön började falla i slutet av oktober meddelades att våningen i Trädgårdsgatan tolv var färdigställd. De båda kvinnorna packade vad som skulle packas, stängde vad som skulle stängas, det kom träluckor för fönstren och vita lakan över möbler och taffelpiano. Saftflaskor och syltburkar lagrades i trälådor, för att sändas till familjemedlemmarnas nya adresser. Den gamla gula katten inackorderades, dörren låstes och de båda jämnåriga kvinnorna avreste stillatigande med morgontåget mot Upsala. Dagen var bevekande, just så som den kan vara vid en avresa. En lätt dimma bolmade ute i älvfåran. Snön föll alldeles stilla i våta flingor, ljuset var starkt och skugglöst. Sommarhuset lyste som en röd fläck i det grå och vita, precis som rönnbären.

Den korta och betydelselösa scen som jag avser att relatera tilldrar sig tio dagar före nämnda uppbrott. Platsen är det rymligt ljusa köket med fönster mot skogen och bergklacken. Vid slagbordet sitter fru Karin och fröken Lisen i fredligt samförstånd. De rensar björnbär. Elden rungar i spisen, en högrest syltkokare sänder ut dofter och någon ånga. De översta fyrkantiga fönsterrutorna har immat igen. Nykokt kaffe i kopparna. Några sömniga sommarflugor vacklar runt på den varma spiselmuren.

Karin: Jag fick brev från Anna i morse.

Lisen: Allting var bra?

Karin: Anna skriver att hon beslutat sig.

Lisen: Ska hon äntligen gå den där hushållskursen? Det var väl roligt, då får vi ha henne hemma under vintern.

Karin: Hon kommer inte hem och hon tänker inte gå någon kurs.

Lisen: Anna borde lära sig lite matlagning till vardags. Fast efterrätter, det kan hon. Och tårtor. (paus) Nästan lika bra som jag.

Karin: (ler) Nu kommer hon inte i alla fall.

Lisen: Vad ska det då bli av?

Karin: De gifter sig redan i november. I och med att Henrik tillträder sin tjänst däruppe i Forsboda.

Lisen: Jaha.

Karin: Anna vill vara med från början. Hon skriver att det är viktigare än allt annat.

Lisen: Då ska vi ha bröllop i november.

Karin: Antingen vi vill eller inte.

Lisen: Hur är det tänkt?

Karin: Ståtligt, fröken Lisen. (ler) Ett ståtligt kalas. Ibland finns det anledning att fira sina motgångar.

Lisen: Jag tror jag förstår hur fru Åkerblom menar. Man kan inte säga annat än att det blir ett vackert brudpar. Som i en saga.

Karin: Just precis. Som i en saga.

Händerna rör sig flinkt. De rensade bären blänker svart i det gula lerfatet. Lisen reser sig och lägger ved i spisen. Sätter sig igen. Suckar av ledvärk och from tillförsikt.

Lisen: Har de hälsat på hos hans mor?

Karin: Anna skrev att de reser till Söderhamn som idag. Sedan ska de fortsätta till Forsboda för att se på prästgården. De har fått löfte om reparationer, skriver Anna. De ska bo hos Nordensons. Det är Nordenson som är brukspatronen.

Lisen: Är han släkt med Nordensons på Sjösätra?

Karin: Javisst, det är en halvbror.

Lisen: Där fanns visst pengar?

Karin: Det sägs.

Lisen: Min syster arbetade hos en kusin till Nordenson på Sjösätra. Han hette, vill jag minnas — ja vad hette han nu. Helmerson. Frun var en riktig, ja. Helmerson också för den delen. Så det blev inte långvarigt.

Karin: Brukspatron Nordenson kan ju vara bra.

Lisen: (klentroget) Jo visst.

Karin: Oscar påstår att Bruket är i svåra ekonomiska omständigheter. Han brukar veta.

Lisen: Men Bruket ska väl inte betala för prästen.

Karin: Nej, han får nog sin lön.

Lisen: Vår lilla Anna — Ja, tänka sig.

Karin: Nog är det underligt, fröken Lisen.

Spisen rungar, grytlocket klapprar svagt och puffar ånga, en fluga slår mot fönstret och faller på ryggen. Fru Karin slutar rensa, stöder armbågen mot bordet, sitter orörlig. Fröken Lisen fortsätter sitt arbete men liksom i en annan takt. Hon ser på det hon har för händer.

Lisen: (efter lång tystnad) Jovisst. Ja. Ja.

Karin: Jag vet ingenting längre.

Lisen: Fru Åkerblom får det ensamt.

Karin: Det bryr jag mig inte om.

Lisen: Jaså.

Karin: Nej. Ensamheten oroar mig inte.

Lisen: Men vad i allsin dar —?

Karin: Ibland undrar jag om jag någonsin har fattat *den innersta orsaken* till att jag gör så och inte så. Förstår fröken Lisen?

Lisen: Jag förstår inte det där med inre orsaker.

Karin: Nej. Nej, nej. Det är klart.

Lisen: Om man tänker åt det hållet blir man ju alldeles vill. För bakom det som frun kallar "innersta orsaken" kan ju dölja sig andra orsaker som är ännu längre in. Och så vidare.

Karin: Det är sant.

Lisen: Får jag servera lite varmt kaffe.

Fru Karin räcker fram sin kopp.

Henriks mor meddelade ganska kort att hon tråkigt nog inte orkade möta de nyförlovade vid stationen eftersom hennes astma förvärrats under sommaren. Därför hade hon fattat posto i den öppna tamburdörren iklädd sin fi-

201

naste violetta sidenklänning, spetsmössa på det tunna omsorgsfullt kammade håret och ett stort välkomstleende som likväl inte nådde upp till de sorgsna blickarna. Anna lät sig omfamnas och sjönk in i ett formlöst, svagt svettluktande mörker. Sedan sträckte Alma de feta, små händerna mot gossen och fattade tag i hans ansikte, kysste honom på pannan och kinderna och hakan. Hennes ljusa ögon fylldes genast av tårar och hon andades tungt.

Alma: — och din lilla förskräckliga mustasch har du minsann inte tagit bort. (skälmsk) Få se vad Anna och jag kan åstadkomma med förenade krafter. Vi ska nog få honom på fall, inte sant, Anna! Men kom in kära barn, vi kan ju inte bli stående här i trappan. Få se på er! Din fästmö är ännu vackrare än på kortet du skickade. Kära lilla barn, måtte du bli lycklig med min gosse! Få se! Är du lycklig nu, Henrik? Nej, nej, så dum jag är. Ni kan ju rent av bli generade av så mycket påflugenhet. Nu ska vi se. Jag har tänkt mig så här: Anna bor i Henriks gamla pojkrum, det tråkiga är ju att jag har en hyresgäst i vanliga fall, han har varit nog vänlig att flytta ut några dagar men han röker cigarr. Jag har vädrat och vädrat men jag tycker ändå att det luktar cigarr.

Anna försäkrar att hon inte känner av någon cigarrlukt men säger ingenting om den sura stank av mögel som sipprar fram ur de mörkt gröna, bitvis urblekta tapeterna.

Alma: — men det kan i alla fall vara roligt för Anna att sova i sin fästmans gamla pojkrum. Ja det där fotografiet över sängen föreställer Henriks far, det är taget under vår förlovningstid. Jag tror inte att bilden gör honom full rättvisa — han var så glad och vacker, förstår Anna.

Anna: — jag tycker han är väldigt vacker och väldigt lik Henrik. Han ser ut som en skådespelare.

Alma: — skådespelare. Ja — det kanske, jag vet inte. Han älskade att sjunga, han var så musikalisk. Och så gifte han sig med mig lilla klumpiga tjockis. Ja, jag var ju inte så tjock då som — men jag var faktiskt åtskilligt uppvaktad så det fanns ju konkurrens, förstår Anna.

Henrik: — så då bor jag på puffen i matsalen, det går väl bra.

Alma: — nej, nej. *Jag* ska sova på puffen i matsalen. Så får Henrik det bekvämt och skönt i mitt rum. (skämtsamt) Jag ska ligga som det dragna svärdet mellan de två älskande. (skrattar)

Henrik: (avgörande) Nu är mamma dum. Jag ligger på puffen i matsalen och så blir det inte mer resonemang om den saken.

Alma: Hör bara vilken diktator! Är han sån mot dig också eller är det bara sin gamla mamma som han kommenderar. Nej, här står vi och disputerar! Jag har dukat fram lite thé och smörgåsar därute i matsalen. Henrik skrev ju att ni skulle äta middag på järnvägsrestaurangen i Gävle, annars hade jag naturligtvis bjudit på något extra gott.

Henrik: — det ska bli härligt, mammas smörgåsar är artistiska läckerheter, det kan jag försäkra.

Alma: — nu driver Henrik med sin gamla mamma. Jag måste ju hela tiden tänka på min vikt för astman. Det har doktorn sagt och jag är inte det minsta road av mat numera, inte som förr.

Alma sträcker ut handen i ett ordlöst behov, Anna kysser den hastigt.

Alma: Lilla barn, lilla barn.

Ett kort ögonblick står de båda kvinnorna tätt tillsammans. Henrik som varit på väg mot den öppna matsalsdörren vänder sig om och ser den hastiga, obeslutsamma gesten. Alma har lagt sin tunga arm över flickans skuldra, ansiktet stelnar i plötslig smärta. Henrik tänker ett ord, det fälls upp som en liten fönsterskylt någonstans i hans medvetande: oundgängligt, *oundgängligt.* I samma ögonblick är allt som vanligt, han hör Annas röst: Vad är det Henrik?

Henrik: Jag tror att mamma tycker om sin svärdotter. Vi var ju lite skärrade både du och jag.

Albumvisning, den första fästmövisitens eviga räddningsplanka, då samtalen runnit ut och minuterna blivit långa. Albumvisning i soffan belyst av fotogenlampan, Alma och Anna tätt tillsammans, förstoringsglas. Henrik sitter på andra sidan om det runda bordet. Han har fått tillstånd att röka sin pipa. Nu döljer han sig i halvskuggan och tobaksmolnet och kan ostört betrakta sin mor och sin fästmö.

Alma: (pekar med ett runt, litet finger) Där har du Henrik! En sommar i Öregrund. Henrik kunde väl vara — hur gammal var du den där sommaren då vi kostade på oss ett sommarnöje i Öregrund. Du var elva år. Elva år.
Henrik: Och på hösten fick jag scharlakansfeber.
Alma: Nej, nej, det var hösten därpå, det minns jag bestämt. Du mådde så bra efter den där sommaren vid havet, du var ju frisk hela vintern. Så liten han var. Och den där segelbåten hade han byggt själv efter ritningar i en veckotidning, han var ett så ensamt barn, stackars Henrik. Det bästa han visste var att samla växter och att examinera och klassificera enligt Floran. Minns du din fina växt-

204

samling, Henrik? Jag har sparat den någonstans på vinden. Stackars Henrik, jag kan inte annat än skratta fast jag borde väl gråta när jag ser den där bilden från Öregrund. Vill Anna ha lite mer portvin?

Anna: Ja tack gärna, fast inte så mycket.

Henrik: — håller mig till konjaken.

Alma: — ja herregud i himmelen.

Och så skrattar Alma och tittar på bilden från Öregrund. Som jag tidigare sagt bär mamma Alma på ett skratt som är stort och friskt och märkvärdigt olikt den övriga framtoningen. Ett vänligt skratt med friska tänder, älskligt och tilldragande.

Alma: Stackars lilla Henrik! Titta Anna, det är för bedrövligt. (pekar) Där är jag och jag hade redan blivit "tjocka mamma", men hade en jättestor fjäder i hatten. Och det där är en av systrarna på Elfvik, det måste vara Beda, jo det är Beda, hon hade getingmidja och måste alltid ha hjälp med att snöra korsetten. Och den sommaren hade vi minsann en husjungfru, det var gamla Riken, tänk vad vi kostade på oss dåförtiden! Jag har aldrig haft förstånd på pengar. Inte Henrik heller. Det kommer nog Anna att få erfara. Jag hade sålt ett familjesmycke — det gör detsamma förresten. Och där står min bästa väninna, hon hade också blivit änka vid unga år, minns du tant Hedvig med eksemet, hon var så rar och god, minns du henne, Henrik? Hon dog något år senare. (skrattar) Hon var inte heller någon sylfid precis. Vi var tjocka allihop och så lilla spinkiga Henrik som vi klemade och daltade med! Gud så vi älskade dig och skämde bort dig. Kommer du ihåg att vi lekte kyrka och att du var präst och vi var församling? I den där lilla trånga stugan, hur fick vi rum alla feta tanter? (skrattar) Du var så snäll och söt, vi hade lust att äta upp dig och alltid var du glad och på gott humör och hövlig och vänlig. Ja jämmer och elände, aldrig var du tillsammans med andra barn heller, fast jag bjöd hem dina skolkamrater, men Henrik sprang och gömde sig eller låste in sig på dass. (skrattar, allvarlig) Käraste Anna, nu får du ta hand om honom. Det blir ensamt och bittert, (gråter) men livet är nu en gång så beskaffat. Och livet har aldrig varit särskilt nådigt mot Alma Bergman. Men jag har alltid funnit mig och tänkt, att det blir väl bättre. Och nu är Henrik bliven präst som jag drömde. Det är avgörande. Nej, det är inte så att jag beklagar mig. (gråter)

Henrik: Nu ska du inte gråta, snälla mamma. I kväll kan vi väl vara glada.

Anna: (försiktigt) Tant Alma kan ju komma och bo hos oss i långa tider. Vi får gott om plats i prästgården.

Henrik: Snälla mamma. Vi ska aldrig överge dig. Den svåra tiden är ju över. Allt ska bli bättre.

Alma: (plötsligt hån) "— den svåra tiden är ju över." — Du pratar som du har förstånd! Vad vet du om mitt liv? Jag tänker inte snylta på er godhet. Visserligen är jag inte särskilt klyftig, men jag är inte dum. Ni två ska leva ert liv och jag ska avsluta mitt. Så är det och så ska det vara.

Almas ögon är nu vidöppna och lugna, nästan lysande, man blir aldrig klok på denna hermetiska blandning av långsamt ruttnande, lamenterande kvinnoelände och så den mörkblå blicken, skrattet, de insiktsfulla orden, den plötsliga skärpan.

För övrigt: den ovan beskrivna albumbilden finns verkligen i sinnevärlden och ser ut precis så som Alma beskriver den: en skraltig liten kåk med veranda och några klumpiga lövsågerier. På en trädgårdsstol sitter en hopsjunken liten figur med stubbat ljust hår och sjömansblus, barbent, han håller en segelbåt i famnen och bär en blank plåtportör över vänster axel. Till höger står två svällande, högväxta kvinnor i vita sommarklänningar, de bär vidbrättade hattar. På verandan, bakom en bärande bjälke, skymtar en fet piga med ett förmodligen tandlöst men finurligt smil. Åskådarens spontana reflextion måste bli: hur ser det ut till natten och var får denna spinkiga varelse ett livs- och andningsrum inmurat i detta böljande, kompakta kvinnokött? Hur värjer han sig.

Då albumet avverkats återstår musiken. Mamma Alma och Anna spelar fyrhändigt. Det finns mycket att välja på i arrangemang för fyra händer, från de senaste valserna (Alma spelar på fester) till Haydn-symfonier och koraler. Spelandet blir emellertid inte långvarigt vilket är en lättnad, eftersom det snart visar sig att Alma av naturliga skäl är skickligare än Anna, något som Alma inte heller underlåter att demonstrera. Spelandet avbryts, det ringer på dörren.

Alma tar händerna från klaviaturen och förklarar en smula generad att det säkert är Freddy — en gammal vän. Hon hade mött honom, helt apropå, nere på torget för några dagar sedan och då hade hon råkat nämna att hon väntade besök av Henrik och hans fästmö. Du minns väl farbror Fred, säger Alma vädjande och en aning andfådd. Han är lite originell och väldigt envis och yrkade bestämt på att få säga goddag till Henrik och hans blivande hustru. Farbror Paulin. Han var arkivarie vid Utrikesdepartementet och blev riksdagsman under några perioder och nu är han pensionerad och flyttade till Söderhamn för att vara i närheten av sin hemtrakt. Din far och han var ungdomsvänner. Nu ringde det igen, jag måste öppna, ni får verkligen förlåta, kära barn. Den tunga kvinnan blir lättrörlig och muntert generad. Hon drar i kjolen och klänningslivet, slätar till håret och försvinner i den mörka tamburen, öppnar, hälsar och skjuter in gästen.

Det första man lägger märke till hos farbror Freddy är hans vänstra öga som är uppspärrat och mörkt genomträngande, liksom ursinnigt. Det högra ögat är skymt av ett dimmat, ogenomskinligt ögonglas. Ansiktet är brett och munnen smal, pannan hög och hjässan nästan kal. Detta tunga, caesariska huvud vilar direkt på breda axlar och en satt, något böjd lekamen. Skägget är isgrått och välansat, stora hårda händer, käpp med silverkrycka, tunga steg.

Freddy: Jag ser att jag på ett oförlåtligt sätt bryter mig in i den innersta familjekretsen. Men din mor, kära Henrik, nödgade mig och jag har aldrig kunnat motstå hennes anmaningar. Goddag Henrik, det var inte igår, jag tror inte vi har setts på tio år eller så. Goddag fröken Åkerblom, mycket angenämt. Det var minsann en vacker ung kvinna. Henrik har ärvt sin fars känsla för kvinnlig fägring. Får jag slå mig ner några ögonblick, jag ska gå genast, men säger inte nej till ett glas av Almas hemlagade likör. Tack. Tack, tack. Jag sätter mig här, nej jag sitter bra här. Låt inte mig störa. Jag hörde musik, är det en Haydn?

Alma: Ungdomarna reser vidare i morgon. De ska till Forsboda för att inspektera prästgården och kyrkan. Henrik har fått ett långvarigt vikariat och har möjlighet att bli ordinarie.

Freddy: Forsboda? Naturskönt, en vild och orörd natur och

så bruket och herrgården mitt i skogen ovanför forsarna. Är Henrik road av fiske? I så fall, i så fall. (tystnar)

Freddy Paulin vänder sitt mörkt, självlysande öga mot Henrik som ler hövligt. Leendet förblir likväl obesvarat och fastnar nästan genast på framtänderna.

Freddy: — och nu är du således präst, min gode Henrik. Ja, jag kände ju din far, utbrytaren, apotekaren. Han var en av mina närmaste vänner, förstår du. Fast han var ju mycket yngre än jag. Nej, jag är mer jämnårig med din farfar.
Henrik: Jag har egentligen aldrig träffat min farfar.
Freddy: — nej, jag vet. Jag vet. Vi var bänkkamrater i riksdagen. Jag kan förresten inte påstå att jag kände honom. Han är inte en sån mänska.
Henrik: — nej.
Freddy: Däremot lärde jag känna din farmor. Hon var, vad man säger, en älsklig person. En gång kom vi att tala med varandra en hel kväll, det var på en fest.

Farbror Freddy fixerar Henrik med sitt ohyggliga öga, nu går det inte att komma undan. Nu måste skändligheten uppenbaras och ordet "oundgängligt" lyser som på en eldstod i Henriks jagiska mörker.

Freddy: Din farmor talade om dig.
Henrik: Ja. (paus) Jaha?
Freddy: — hon menade att din farfar och den övriga familjen hade begått ett svårt brott mot din mor och dig. Hon förklarade att hon nästan inte kunde leva då hon tänkte på sitt barnbarn som var taget ifrån henne. Hon visste inte hur hon skulle gottgöra. Hon sa att tankarna på din och

209

din mors skyddslöshet och misär gjorde henne sjuk. Hon försökte också förklara sin maktlöshet. För den som känner familjen Bergman var det inte särskilt svårt att begripa den maktlösheten.

Henrik: — nej.

Freddy: — sen dog hon ju, stackarn?

Henrik: — ja, sen dog hon.

Freddy: — hann du träffa henne innan hon gick bort? Hon hade ett stort behov att —

Henrik: Hon låg på Akademiska Sjukhuset i Upsala. Jag tentamensläste och sköt på besöket. När jag äntligen kom mig för, hade hon dött några timmar tidigare.

Freddy: Träffade du din farfar?

Henrik: Vi möttes i en sjukhuskorridor, men hade ingenting att säga varandra.

Freddy: Jag var på begravningen men jag såg dig inte.

Henrik: — jag gick inte på farmors begravning.

Freddy: — nej. Jag förstår.

Nu fanns det inte mer att säga. Resten av samtalet går i luften. Då Freddy Paulin druckit sin likör reser han sig raskt, liksom lättad och tar vänligt avsked.

Alma böjer sig över flickan som redan ligger nerkrupen i sängen. Godnatt min flicka säger hon viskande. Godnatt, glöm inte att räkna fönsterrutorna, det ska man alltid göra på ett nytt ställe, så blir man sanndrömmad. Godnatt tant Alma, viskar Anna, och tack för att vi fick komma, det har varit en sån fin kväll. Hon avhåller sig från att slå armarna om Alma, någonting hindrar henne, men Alma smeker henne över kinden: ska du släcka ljuset eller ska det vara tänt? Tack, jag släcker om en liten stund. Somna inte ifrån bara, manar Alma. Nej, nej, ler Anna och så tassar Alma ut ur rummet iförd sin grå nattkappa och den tunna strama hårflätan över ryggen. Då hon inte bär korsett sjunker kroppen samman, huvudet skjuts framåt och ryggen kröks som om hon bar på en övermäktig börda.

Henrik sitter på den bäddade puffen som står tryckt mot bufién, han har fått på sig nattskjortan och drar upp sitt fickur med en liten nyckel. Framför honom står en stol med ett brinnande ljus. Modern närmar sig ur halvmörkret, hon rör sig ljudlöst. Ansiktet lyser kritvitt men ögonen är borta, hon är som en väldig, blind fisk på stort djup. Nu är hon framme, sätter ljuset på bufién och slår sig ner på stolen, nu är hennes blickar synliga, hon andas tungt: Anna är en rar flicka, viskar hon oförmedlat och hennes andedräkt luktar sur mjölk. Anna är en mycket rar flicka och så vacker, en riktig prinsessa. Du måste vara rädd om henne. Henrik skakar på huvudet: Det är fortfarande som i en dröm, viskar han och försöker undvika moderns andedräkt. Jag tror inte att det är mig det gäller. Modern lutar sig fram och kysser honom vid munnen: Godnatt min kära, älskade gosse. Sov nu gott. Du ska inte förebrå dig det där med farmor. Ingen är mer skuldlös än du. Alma ser på sonen med dunkelt lysande blick, läpparna är fuktiga. Henrik skakar på huvudet, tänker säga något men ångrar och tiger. Godnatt då, säger Alma och kysser Henriks hand. Godnatt och glöm inte att släcka ljuset. Hon nickar två gånger och försvinner svagt flåsande i mörkret, stänger ljudlöst sin dörr. Henrik sitter rådlös och skrämd: Vad är det som händer? säger han för sig själv.

Alma har fått av sig nattkappan och stökar runt i sitt rum, men ohörbart och tassande. Nu slår matsalsklockan elva och kyrkklockan svarar, en vind går genom gatan och får en skylt att gnissla, så är det tyst igen. Alma har dragit upp täcket över magen, hon sitter upprätt och betraktar det lilla korset i svart elfenben som hänger på alkovens kortvägg, hon har knäppt händerna. Gode Gud, säger hon, förlåt mig mina synder idag och alla dagar. Gode Gud, bevara och välsigna min lilla gosse! Gode Gud, förlåt mig för att jag inte kan älska den där flickan. Gode Gud, ta bort henne ur Henriks liv. Om jag har fel, om mina tankar bara är svarta av elakhet, straffa *mig* Gud! Straffa *mig!* Inte honom eller henne!

Hon släcker fotogenlampan men ligger länge vaken och stirrar ut i mörkret, hon skärper hörseln, någon rör sig där i matsalen, det är säkert Henrik som är på väg till den främmande kvinnan. Alma måste sätta sig upp, hennes hjärta skenar och hon är nära att kvävas. Naturligtvis är Henrik på väg till den där kvinnan!

Anna blir uppspelt då den vita figuren uppenbarar sig i dörrens grå rektangel. Hon slår täcket åt sidan och flyttar sig mot väggen, han är genast i hennes famn, de viskar och skrattar, detta är gemensamt föräldrauppror av hög dignitet.

Anna: — du är kall om fötterna.
Henrik: — jamen, nu blir de varma.
Anna: — jag har alltid varma fötter, jag måste sticka ut dem utanför täcket. Sedan är det härligt att dra in dem.
Henrik: — du med dina njutningar.
Anna: — ja, jag är njutningslysten, gränslöst. Jag ska nog lära dig, ska du få se.
Henrik: — vad ska du lära mig?
Anna: Lägg dig ner, så får jag kyssa dig. (kysser honom på munnen) Nå?

Henrik: — ja, tack!

Anna: — tänk om din mamma hör oss?

Henrik: — är det också? —

Anna: — självklart.

Henrik: — du är ju fullkomligt hänsynslös. (förtjust) Är du det?

Anna: — du är *min.* Jag är alldeles hänsynslös.

Henrik: — stackars mamma.

Anna: — "du ska lämna din fader och moder, och det ska dig väl gå och du ska länge leva i det land som Herren Gud ska giva dig". Står det inte så?

Henrik: — inte precis, men det där lät också bra.

Anna: — stackars Henrik!

Henrik: — tänk att jag ligger här i min gamla säng från pojkåren. Här ligger jag och trängs med dig, det är inte till att tro på.

Anna: Nu ska du trots detta gå in till dig igen. Vi får inte somna tillsammans.

Henrik: Jag är inte alldeles säker på att mamma skulle ge oss kaffe på sängen.

Anna: — godnatt.

Henrik: — godnatt, glöm mig inte är du snäll.

Anna: — jag ska genast börja tänka på dig.

Henrik stänger dörren och tassar tillbaka till sin säng i matsalen. Han hör inte att mamma Alma gråter i kudden.

De repliker som fälls vid morgonens tidiga frukost är knappast möjliga att registrera. Alma uppträder i nattkappa, vårdslöst kammad och med gråtsvullet ansikte, munnen är skälvande jämmerlig. Anna och Henrik är muntra men försagda och lägger hövligt band på sin resglädje, sin kärleksglädje, sin beröringsglädje, sin samhörighetsglädje.

Alma: Vill Anna ha mer kaffe?

Anna: Nej tack. Nej, sitt tant Alma. Jag hämtar själv. Ska Henrik ha mer kaffe?

Henrik: Ja tack. Har vi bråttom?

Alma: Tåget mot Sundsvall går sju och femton.

Henrik: Då tar jag en smörgås till.

Alma: Ska Henrik ha ost eller korv.

Henrik: Både ost och korv.

Anna: Vi måste byta tåg två gånger, vi är inte framme förrän i eftermiddag.

Alma: Jag har gjort i ordning en korg med matsäck, den står i tamburen.

Anna: Så omtänksamt av tant!

Alma: Åh, kära barn!

Henrik: Nu har det börjat regna.

Anna: Ett riktigt höstregn.

Alma: Jag har ett stort paraply som ni kan låna. Då ni kommer till stationen kan ni ställa det i effektförvaringen, så löser jag ut det senare.

Henrik: Tack snälla mamma.

Alma: Åh, för all del.

Anna: Det är roligt att åka tåg, när det regnar. Man kurar ihop sig tillsammans och äter choklad och smörgåsar — och apelsiner förstås.

Alma: Jag har något som Anna ska ha.

Alma skyndar in i sitt rum och blir borta, hon hörs snyta sig och drar i en byrålåda.

Anna: (viskar) Din mamma har gråtit.

Henrik: Har hon gråtit?

Anna: Ser du inte att hon är röd i ögonen och svullen i ansiktet? Hon har gråtit.

Henrik: (lätt) Mamma är alltid svullen i ansiktet. Dessutom gråter hon nästan jämt. Jag tror hon gillar att gråta.

Anna: Hon vet.

Henrik: Vet vad?

Anna: Gör dig inte dum.

Henrik: Menar du att hon hörde —?

Anna: (nickar) Jo du. Och nu tycker hon att en fallen kvinna drar iväg med hennes lille gosse!

Henrik: Du inbillar dig. Äh!

Anna: Tyst hon kommer.

Alma öppnar dörren. Hon har satt på sig sin lilla spetsmössa och kammat om håret. Dessutom har hon bytt sina nerkippade tofflor mot skor. I handen håller hon ett smalt, arbetat guldhalsband med en liten medaljong där ett A är graverat, omgivet av några mycket små rubiner. Alma sträcker fram handen med smycket, Anna reser sig nästan förskräckt, det finns ingen vänlighet i Almas gest.

Alma: (sakligt) Jag fick den här medaljongen på min förlovningsdag. Jag fick den av Henriks far, den hade naturligtvis kostat alldeles för mycket, men han brydde sig inte om pengar. Som Anna ser, är ett stort A ingraverat. Därför tycker jag att Anna ska överta det här smycket som en gåva från Henriks far, som vore han närvarande. Så. Får jag hänga det om Annas hals.

Anna: Alldeles för fint. Inte ska tant —

Alma: Tyst nu, dumma flicka. Det här är en enkel gåva. Anna är säkert van vid bättre.

Anna: (tonlöst) Tack.

Alma: Nu är det bäst ni ger er iväg. Jag följer er inte, jag hoppas ni inte tar illa upp. Jag har svårt att gå. Astman. (kys-

215

ser sin son) Farväl, Anna, jag hoppas att jag ska vara rask nog att komma till bröllopet. Skynda er nu! Här är paraplyet. (kysser Anna på kinden) Tack för att du gjorde dig mödan att komma hit.

Anna: (panikslagen) Vi kommer snart tillbaka.

Alma: Det låter trevligt!

Henrik: Adjö mamma.

Så rasar de nedför trapporna och kommer ut i regnet. De tar resväskan mellan sig, Henrik håller paraplyet över Anna, de halvspringer utefter den tomma, regnvåta trottoaren. De springer som för att undgå en fara. Plötsligt skrattar Henrik.

Henrik: Den kvinnan! Den kvinnan!

Anna: Vad är det, Henrik?

Henrik: Den kvinnan är min mor!

Anna: Kom nu.

Henrik: Ja, vi måste skynda oss.

Står Alma bakom gardinen? I min farmors dagbok som är ganska sporadisk, står en anteckning för den fjortonde september nittonhundratolv: Henrik på besök med sin fästmö. Hon är förvånansvärt vacker, han förefaller glad. På kvällen besök av Fredrik Paulin. Han talade om gamla tråkigheter. Det var olämpligt och gjorde Henrik ledsen.

Konduktören har ilat förbi ute i korridoren och sagt *Forsboda nästa.* Anna och Henrik sitter sida vid sida och håller hand, de är spända men högtidliga. Regnet har följt dem inåt landet men nu slår solljuset plötsligt ut i den dammiga

216

kupén och ritar hårda konturer och rusande skuggor över ansikten och paneler. Det är eftermiddag och solen står redan lågt. Henrik lutar ansiktet mot Annas kind och säger att Anna! vad som än händer, vad vi än möter för överraskningar, vilka konstiga mänskor vi än måste ta i hand, så är vi ändå tillsammans. Ja, nu är vi tillsammans alltid, viskar Anna genom slammer och gnisslande bromsar, hjulen dundrar över en liten bro, lokomotivet tar sats med några extra stånk och häftigt bolmande. Så står tåget vid Forsboda regnglänsande stenperrong. Det dunkar i godsfinkans dörr, grindarna klingar, semaforen fälls och stationsinspektoren gör tecken med armen, lokomotivet drar iväg med några stånkande slag av pistongerna, det här är ju bara ett litet lokaltåg, det är genast försvunnet i kröken vid sjön. Anna och Henrik står kvar på perrongen och ser sig om. Mellan sig har de två resväskor, en större och en mindre.

Vid stationshusets kortsida väntar häst och vagn, en kabriolet med nerfälld sufflett. Bredvid vagnen posterar en karl i lång kappa med galon på kragen och djupt nerdragen skärmmössa. Är det pastorn? säger skärmmössan utan att röra sig. Just det, svarar Henrik. Ja då ska pastorn åka med mig. Brukspatron har sagt att jag skulle köra pastorn till kyrkoherden. Men han nämnde ingenting om något sällskap? Det är min fästmö, svarar Henrik. Jaså, ja då får väl fästmön åka med också, fast patron sa inget om någon fästmö, säger skärmmössan fortfarande utan att röra sig. Anna och Henrik lyfter sina resväskor och bär dem till vagnen. Skärmmössan hivar in dem under sittbänken, de stiger ombord. Kusken sitter på en bräda bakom passagerarna: Tur att jag inte tog lilla kabriolettan för den har bara två sittplatser, säger skärmmössan och smackar åt hästen som sätter av i god fart. Fröken hade fått bli kvar på stationen, tillägger skärmmössan och ler tandlöst men inte ovänligt.

Henrik förstår att detta är ett skämt som inbjuder till samtal och frågar om det har regnat hela dagen. Det har regnat hela dagen och det blir mer regn till kvällen, så det var tur att jag inte tog trillan som patron sa, för den har ingen sufflett. Jag fällde ner suffletten precis innan tåget kom!

Sedan blir det ingenting sagt på en lång stund. Där är kyrkan, säger skärmmössan och pekar mot en åbäkig adertonhundratalskatedral som ligger utkastad i en backsluttning omgiven av glesa, höströda lövträd. Men pastorn ska nog inte predika så mycket i storkyrkan utan mera i brukskapellet. Tonen är inte fri från gradering. Det blir nog huvudsakligen brukskapellet för pastorn. Gabriel de Geer, han som satte fart på Bruket och ordnade med Sågen och byggde Gården, det var för hundra år sedan ungefär, han skulle prompt ha ett växthus eller mera liksom ett palmhus, han ville ha palmer som han kunde flytta ut på somrarna, men de måste ju vara inomhus på vintrarna, så han byggde ett särskilt hus för sina palmer, men Nordensons far som övertog efter de Geer, tyckte förstås att det var tokigt med de där palmerna och allt bränsle på vintrarna för att hålla varmt åt palmerna, så han eldade upp palmerna och skänkte palmhuset till Domkapitlet, eftersom det var en mil till storkyrkan, så att folk kring Gården och Sågen skulle ha ett Gudshus. Och det var ju bra tänkt. Nordensons far var bra. Fast sen kom ju pingstvännerna. Så folk gick hellre till bönhuset. Fast Nordensons far var bra.

Efter detta långa tal har skärmmössan uttömt sina resurser och tiger resten av resan. De färdas i rask fart på en sandig väg som går i backar mellan klungor av välbyggda gårdar och breda stråk av mörknande skog. Det blåser en isig vind som kan föra snö. Solen vilar på en taggig ås, ljuset är rått, gulaktigt. Fryser pastorn, frågar kusken. Det är ingen fara med oss, säger Anna och vänder sig om. Skärmmössan nickar tyst.

Kyrkoherdebostället är en länga med två flyglar, trädgård med lusthus och höga almar i höstlig prakt. Det lyser redan i flera fönster. I köket pågår tillredningar för middagen.

Henrik knackar på dörren, men ingen tycks höra eller se eller vänta gäster, därför stiger de in i förstugan och tamburen. Röster hörs på olika håll och någon går med hastiga steg i övervåningen. En golvklocka, utsirad och bemålad, slår fem hårda slag men visar på fyra.

En påfallande vacker kvinna, med gråsprängt hår och stora mörka ögon kommer i trappan. Då hon får syn på gästerna ler hon älskvärt och ropar att *äntligen!* vi har väntat hela dagen, kyrkoherden slarvade bort brevet med ankomsten och Frid har varit vid alla tänkbara tåg. Vi kunde inte ringa eftersom telefonen på pastorsexpeditionen har varit sönder i tre veckor. Förresten visste vi inte var vi skulle få tag i er. På Trädgårdsgatan i Upsala var det ingen som svarade, välkomna ska ni vara! jag heter Magda Säll och är kyrkoherdens hushållerska och tillika brorsdotter. Stig in! Får jag ta kapporna. Har resan gått bra? Tråkigt nog bor vi långt från järnvägsstationen. Har fröken Bergman frusit, det har blåst upp något kolossalt och det blir väl snö nu efter regnen. Jag ska säga till kyrkoherden att ni kommit. Varsågoda och stig in i salongen så länge. Det ska bli kaffe på ögonblicket.

Den vackra och livligt språksamma fröken Säll försvinner i husets inre. Anna och Henrik blir sittande på varsin stol i det vidsträckta gemaket med två kristallkronor, sidenklädda Karl Johan-möblemang och ljusa trägolv delvis täckta av ändlösa, mönstrade trasmattor. På väggarna finns milt blickande prästmän och ljuslampetter. Dörrarna står

219

öppna mot ett bibliotek med mäktiga bokhyllor. I kakelugnen brinner en tynande brasa som sprider föga värme. Ett tungt väggur i härmad barock visar tjugo minuter i sju. En bordsstudsare slår just åtta.

Kyrkoherden kommer genom biblioteket, han rör sig försiktigt stödd av fröken Säll. Ansiktet är blekt och välformat innanför ett stort skägg, ögonen mörkgrå bakom starka ögonglas, håret häftigt bakåtstruket och i oordning. Han bär prästrock och tofflor. Leendet är välkomnande men vanpryds av en illasittande lösgom. Anna och Henrik reser sig genast och går några steg till mötes. Utan prat eller utrop sträcker den gamla herrn fram en kraftig hand och hälsar tigande. De grå ögonen betraktar. Så nickar han liksom nöjd med vad han sett och ger tecken till de unga att slå sig ner. Fröken Säll säger att hon ska hämta kaffet och avlägsnar sig. Kyrkoherden sitter på en rak stol vid salongsbordet. Han har satt handen bakom örat för att markera nedsatt hörsel. Samtidigt fiskar han upp sin guldklocka ur västen bakom prästrockens tillslutna knappad. Han tittar på klockan, på vägguret, på bordsstudsaren.

Kyrkoherde Gransjö: En sann klocka ska vara fem minuter över fyra. Här i huset går alla klockor fel. Det lär bero på ett underjordiskt magnetfält. Min klocka går däremot alltid rätt eftersom den tycks oemottaglig för de undre makterna.

Henrik letar fram sin egen klocka. Den visar tio minuter över fyra.

Henrik: Min klocka är tio minuter över fyra.
Kyrkoherde Gransjö: Jaja. Så kan det vara.

Den gamla herrn betraktar en punkt till höger om Henriks fötter och förefaller frånvarande. Tystnaden blir långvarig men inte obehaglig.

Kyrkoherde Gransjö: (plötsligt) Min synnerlige vän professor Söderblom var här och hälsade på. Han hade en del lovord för dig, Henrik Bergman. Jag sätter stort värde på Söderbloms omdöme. Vi är gamla vänner. Han är förstås mycket yngre än jag. Trots detta är vi gamla vänner.

Kyrkoherden skrattar tyst och intagande, suger lite försiktigt på sitt gebiss och riktar den grå blicken mot Anna.

Kyrkoherde Gransjö: Han talade också om fröken Åkerblom. Jag vet inte hur han kunde känna lilla fröken, men han känner alla mänskor. Han försäkrade att Anna Åkerblom skulle bli en duktig prästfru. Henrik blir väl inte sårad för att jag berättar det här som Söderblom sa.
Henrik: (ler) Jag blir bara stolt.
Kyrkoherde Gransjö: Ja. Ja. Just det. Skulle inte Magda komma med kaffe? Jag ska inte ha något kaffe. Så jag drar mig tillbaka om ungdomarna ursäktar. Vi ska ju till middag hos Nordensons i kväll så jag måste klä om. Och så vill jag gärna slumra lite.

Kyrkoherden reser sig med viss möda, fäktar ett ögonblick med armen men får tag i en stolsrygg och återvinner genast balansen. Henrik och Anna har rest sig.

Kyrkoherde Gransjö: Sitt för alldel. Jag klarar mig utmärkt. Det är Magda som envisas med att stödja mig i tid och otid. Jag drar mig alltså tillbaka.

Den gamla herrn vinkar med sin stora hand och ler mot Anna som niger. Så försvinner han genom biblioteket, en dörr öppnas och stängs. En stor, svart hund står i öppningen till tamburen, svansen hänger surt. Då Anna sträcker ut handen närmar han sig misstänksamt och nosar avmätt, varefter han slår tre slag med svansen och avlägsnar sig. Magda Säll kommer i god fart med kaffepannan följd av en lång, bleklagd kvinnoskickelse som bär brickan.

Magda: Förlåt, att det dröjde. Jaså farbror Samuel har dragit sig tillbaka. Ja, det här är ju hans sovtid och den är helig, förstår sig. Tack, Ottilia det är bra så. Påminn Frid om att vagnen ska vara framme senast kvart över fem och att han ställer in värmekruset, helst utan att sätta eld på ekipaget som förra gången. Vill fröken Åkerblom ha två sockerbitar? Jag skäms lite för att jag sa fröken Bergman för en stund sedan. Jag får verkligen be om ursäkt. Vill pastorn ha grädde? Och en sockerbit? Får jag bjuda på en kaka? Vi ska ju på middag till Nordensons ikväll. Det blir inte precis roligt, jag menar efter allt som hänt, men Disponenten envisades. Vi hade mycket hellre ätit en liten enkel middag här hemma, det sa farbror Samuel också. Men Nordenson ville absolut, jag tror möjligen att det var fru Nordenson som tryckte på, hon är mycket — ja hur ska jag säga, hon är mycket upptagen av livets fundamentala frågor och så innerligt olycklig efter allt som hänt under det sista året. Pastorn är kanske "schon im Bilde", som tysken säger.

Henrik: Jag vet ingenting.

Magda: Jaså, då ska jag väl inte fara med skvaller. Men pastor Bergman får väl reda på hur alltsammans hänger ihop förr eller senare.

Henrik: Vad är det som har hänt?

Magda: Ingen vet säkert. Men en sak är klar och det är att Bruket är på kneken. Och att Nordenson har varit invecklad i *affärer.* Det var till och med tal om fängelse. Hela sista året har varit en härva av rykten och historier. Nu ska jag emellertid inte sitta här och sladdra utan visa våra gäster deras nattkvarter. Unga fästmön ska bo i biskopsrummet minsann. Där bor hans högvördighet när han kommer till visitation, och pastorn ska bo i flygeln, där har vi gjort i ordning ett mycket trevligt rum i översta våningen, vi har ofta gäster. Farbror Samuel är medlem i en kommitté som förbereder den internationella ekumeniska encyklopedin. Han har ju svårt att resa nuförtiden, så de lärda herrarna kommer hit till oss istället.

Henrik befinner sig i ett fyrkantigt rum med sluttande tak och blommande tapeter, stärkt gardin framför ett smalt fönster mot trädgårdens höstligt brusande mörker. En vit säng med höga gavlar, ett vitt skrivbord, en stol, ett vitt klädskåp, trasmattor, fotogenlampa, doft av nyskurat och fuktig kyla trots en björkvedsbrasa i kakelugnen. Han betänker allt detta och sätter sig genast vid skrivbordet. Där finns bläck och penna. I lådan som öppnar sig fuktsvullen och ovillig, hittar han linjerat papper. Han börjar genast skriva med sin prydligt flytande handstil:

Kyrkoherdebostället i Forsboda den tolfte september nittonhundratolv. Käraste älskade Anna, du som är min hustru inför Gud. Genast vi är skilda från varandra, tiden må vara kort, det geografiska avståndet må vara obetydligt, så grips jag av en malande ängslan att aldrig få se dig igen. Allt blir en dröm som löser sig i intet och jag vaknar upp till en ensamhet som är ytterligt plågsam, eftersom drömmens gemenskap var så tydlig. Dina händer, ditt leende, din goda röst, hela din lilla person. Jag försöker för min inre syn återkalla allt detta som är du, men min rädsla är för stor — du är plötsligt borta.

Jag vill helst av allt förvandla mig till ditt ofödda barn. Jag blev ju buren i ett ängsligt sköte. Ibland tror jag mig minnas en förfärlig kyla, att jag frös redan före födelsen. Under ditt hjärta är det alldeles säkert varmt, jag känner avund mot våra barn som ska få sova inne i dig. Förlåt käraste Anna, om jag låter melodramatisk, men just nu är jag så rädd och osäker inför allt detta stora och nya som väntar oss! Jag vet att genast jag ser dig blir jag lugn igen. Hur ska jag någonsin kunna ge dig den trygghet som du så väl behöver? Du som lämnar en god och ombonad värld för att tillsammans med mig möta en verklighet, som vi knappast kan föreställa oss! Ibland ser jag tydligt min svaghet och min brist på karaktär, allt detta flytande och obestämda. Ibland vill jag säga: akta dig för mig! Samtidigt ropar jag: lämna mig inte, nej, lämna mig aldrig. Det är bara genom dig jag kan växa och mogna.

Då Henrik undertecknat och läst igenom sitt brev tillfogar han ett PS. Jag kan som bekant vara ganska trevlig i vardagslag. Dessutom säger du ibland att jag är stilig. Dessutom skrattar vi faktiskt åt samma saker. Nästa gång du gifter dig kan du säkert gifta dig med din gamla kavaljer Torsten Bohlin. Jag läste just i tidningen att han blivit professor i exegetik. Det är raskt marscherat. Han har absolut garanterat mer pengar än jag. Fast jag sjunger vackrare! D.S.

Forsboda Herrgård är en högvuxen byggnad om tre våningar, mansardtak, pelare vid entrén och en bred balustrad i höjd med första våningens parad- och sällskapsrum. Parken sluttar mot Storsjön och i vänstra hörnet ligger brukets kontorsbyggnad, en långsträckt sjuttonhundratalslänga.

Allt detta ter sig ståtligt, men är märkt av försåtligt förfall och bristande underhåll. Så här på kvällen då septembermånen rullar upp över den vidsträckta vattenspegeln och belyser den slottsliknande anläggningen syns emellertid inte sprickorna i murbruket, den flagnande färgen i fönsterbågarna, träluckorna i vindsfönstren, den vanskötta trädgården eller den uttorkade springbrunnen. Marschallerna fladdrar vid uppfarten och en livréklädd betjänt i vita handskar öppnar dörren och en husjungfru tar emot kappor och överrockar.

I stora salongen, som är väl uppvärmd, brinner levande ljus som barmhärtigt döljer tapeternas skavanker, parkettgolvens repor, slithålen i mattorna och möbeltygens osköna åldrande. Gästerna från kyrkoherdebostället blir hjärtligt, för att inte säga översvallande välkomnade av disponent Nordenson och hans hustru Elin. Övriga gäster är som sig bör: provinsialläkaren Algotson och hans hustru Petra samt brukets förvaltare Hermann Nagel.

Nordenson själv påminner om en ruggig rovfågel. Han är lång och gänglig, stornäst och tämligen tunnhårig. Han betraktar omvärlden med snabba blickar under buskiga ögonbryn, öronen är ludna, pannan alltför blek, munnen bred med smala läppar. Händerna är långa och tunna med mörkbruna åldersfläckar. Den gängliga gestalten är lutande, huvudet framskjutet, rösten djup och välljudande.

Fru Elin är, liksom mannen, oklanderligt elegant utan överdrifter (man måste för all del ta hänsyn till de ärade gästernas lägre sociala status). Elin Nordenson är inte vad man kallar vacker, men har ett vinnande leende, mörka varma

225

ögon och mjukt avvägda rörelser. Hon utstrålar sinnlighet och mild melankoli.

Den åldrade och tungt framskridande provinsialläkaren och hans rödblommigt småpladdrande hustru hör till livets förstklassiga statister som utan alltför äkta sinnesrörelse och alltför häftigt deltagande bevittnar våra långdragna tragedier och oroliga komedier. På förvaltaren spiller jag inga ord, han dör i hjärtinfarkt redan nästa vecka och har med omutlig lojalitet och inkompetens hjälpt Nordenson att köra Brukets ekonomi i botten.

Eftersom fröken Magda och fru Elin är utmärkta sällskapsmänskor kan man nästan få intrycket av en hjärtlig och otvungen konversation. Middagen serveras i lilla matsalen, ett åttkantigt rum med handmålade tapeter, kristallkrona och lampetter, gustavianskt möblemang, milt blänkande silverkandelabrar, höstblommor och värmda tallrikar. Skålar utbringas för den nya pastorn och hans blivande hustru, för kyrkoherdens encyklopediska ansträngningar och för provinsialläkarens hustru som just blivit mormorsmor trots att hon inte är mer än sjuttio år fyllda.

Plötsligt går emellertid ett spöke genom rummet och slår hål på den spröda stämningen av fest och tillförsikt. Det är förvaltaren, som på en fråga av provinsialläkaren genmäler att masugnarna, valsverket, ånghammaren och manufaktursmedjan stått stilla under eftermiddagen. Arbetarna hade först samlats i hamnmagasinet, eftersom det regnade kraftigt, men hade blivit bortkörda av vakterna. Då hade de brutit sig in i en av rivningskåkarna nere vid forsen. Förvaltaren och två av kontoristerna hade varit där och hotat med polis, men brukspatron hade sagt till att de skulle få hållas om de skickade iväg agitatorn och återgick till arbetet vid tredje skiftet.

Vad är det som händer? frågar Henrik. Disponenten vänder ett förvånat ansikte mot pastorn: Ingenting, praktiskt taget ingenting, säger han och ler hövligt. Om pastorn vore mer insatt i dagens politiska situation, skulle pastorn veta att vi inte har haft en veckas lugn sedan storstrejken. I hundra år och mer äger vi här på bruket en stam av duktiga, anständiga arbetare som förstår våra svårigheter och vill hjälpa oss och sig själva ur en besvärlig situation. Sen har vi en ny generation: gaphalsar, agitatorer, kriminella element som tränger sig emellan oss och arbetarna. De lever på klasshat och lögnpropaganda. De sprider skräck och osäkerhet.

Henrik: Jag förstår inte hur de kan få mänskor att lyssna om deras förkunnelse är sanningslös.

Det blir tyst några ögonblick. Ingenjör Nordensons leende djupnar när han vänder sig mot kyrkoherden.

Nordenson: Man kan bara beklaga att de unga prästerna inte får någon som helst politisk skolning innan de släpps ut på marknaden. Jag tror nämligen att en insiktsfull prästman kunde ha en viss betydelse som opinionsbildare, i varje fall bland kvinnorna och därigenom indirekt —
Kyrkoherde Gransjö: Kära bror, det ingår faktiskt i vårt uppdrag att vara besvärliga. "Jag kommer till er, inte med friden utan med striden" sa Mästaren en gång när han var missnöjd med sina käbblande lärjungar.
Nordenson: (lugnt) Låt oss för all del tala klarspråk: *Pöbel och patrask!* Man bör nämna företeelser vid rätta namn, det förenklar begreppen och gör dem tydliga. Pöbel och patrask. Låt oss dessutom vara uppriktiga: De vill ta ifrån

mig mitt arvegods. De vill driva ut mig på landsvägen. Låt oss tala tydligt: De vill slå ihjäl mig och min familj. Jag accepterar deras hat. Jag kan till och med bli en aning imponerad av kraften i deras lögner och deras inlevelse. Låt oss för all del inte sväva i tvivelsmål: Deras aversioner är besvarade! Jag skulle utmärkt väl kunna ta geväret från väggen och skjuta ner dem som galna hundar. Låt oss säga som det är herr pastor! Samförståndets tid är förbi och nu stundar striden. Man kunde möjligen önska sig en fiende som kämpade med blankare vapen, men det är säkert för mycket begärt av en pöbel med blodvittring. Jag hade varit tacksam om vi inte hade dragit upp den här frågan. Våra damer känner sig säkert illa berörda. Vid sängdags kommer jag att få skrupenser av min kära hustru, för att jag krävt politisk medvetenhet av en andans man.

Henrik: Jag anade inte att situationen var så inflammerad.

Nordenson: (skrattar) "Inflammerad" ett utmärkt ord, hämtat från den ädla läkekonsten! Som vore det fråga om en sjukdom hos idel drabbade och oskyldiga! Så är det nu inte! Det är *revolution,* herre! Och vi som sitter här vid bordet är förlorarna. Det blir våra huvuden som rullar.

Elin: (skrattar) Nu blir maken bestämt alldeles för makaber! Jag föreslår att vi avslutar det här meningslösa samtalet och reser oss från bordet. Kaffet serveras i gröna salongen.

Kyrkoherden: Tillåt mig att först vända mig till värdinnan och på egna och de övriga gästernas vägnar tacka för en som vanligt utsökt måltid. Vi lever förvisso i en tid av omvälvningar och hot — vad var det nu jag ville säga — en god middag är och förblir en god middag — jag ville egentligen säga något annat och bättre — jag ville väl närmast påstå att en god middag, rätt njuten, är en byggsten i den barrikad som det åligger oss att resa mot — ja just det — att resa mot våld, kaos och oordning — jag hade egentligen tänkt säga något klokare, men det flög sin kos, precis när jag hade tanken på tungan. Nåja, det här får duga. Skål, Elin och tack.

Nordenson: (plötsligt fryntlig) Bravo, kära bror, bravo. Du finner som alltid och så småningom det rätta ordet. Skål pastorn, skål bedårande, unga fästmö! Förlåt en gammal, raggig varg som just blivit biten i svansen en gång för mycket. Ungdom och skönhet är något vi törstar efter här i vildmarken. Sen får klokheten komma efter på lastflaket.

Alla skålar med värdinnan och de förlovade. Man reser sig och drar sig inåt mot gröna salongen. Henrik böjer sig hastigt mot Anna och ger henne en kyss på örat, samtidigt tar han ett brev (med ett hjärta ritat på konvolutet) ur bröstfickan och trycker det i hennes hand. Hon ler konspiratoriskt och smusslar ner det i sin handväska: Läs brevet i kväll innan du somnar. Är det tråkigheter? viskar Anna. Det är nog mest kärlek, svarar Henrik.

Elin: Och i morgon ska pastorn och hans fästmö inspektera kapellet och prästgården?

Anna: Så är programmet, ja.

Elin: Jag är verkligen ledsen att jag inte kan vara närvarande. Jag reser till Stockholm för att besöka en gammal vän som blivit sjuk.

Magda: Jag ska följa våra ungdomar och visa allt som finns att visa.

Elin: Det är mycket som måste repareras och göras i ordning. Bli bara inte förskräckta. Kapellet har stått oanvänt i två år och prästgården ännu längre.

Anna: Vi har blivit både förberedda och varnade.

Elin: När Magda är med känner jag mig lugn. (till Magda) För Magda tar väl ordentligt hand om våra barn och ser till att de inte smiter i rena förskräckelsen? Prästgården är i sanningens namn ganska förfallen.

Magda: Vi har ju fått kyrkorådets besked om en total reparation. Då har man också tillfälle att uttrycka egna önskemål. Inte sant, Elin?

Elin: Naturligtvis, Magda! Åh, nu tror jag våra döttrar kommer hem från dansskolan. Kan pastorn tänka sig att vi har lyckats med konststycket att anordna en kurs i modern sällskapsdans i Älvnäs någon mil härifrån. Där kan jämnåriga ungdomar komma samman en gång i veckan och ha lite roligt. Det här är alltså mina båda döttrar Susanna och Helena.

Flickorna hälsar väluppfostrat, Susanna är fjorton år, liten, mörk och lik sin mor. Helena är tretton år, tunn och gänglig och liknar möjligen sig själv. Fru Elin tar Henrik vid armen och för honom med en lätt styrning till ett angränsande rum, svagt upplyst: jag har något som jag måste säga till pastorn, det är viktigt.

Elin: Susanna och Helena går inte i skolan, de läser privat. Vi har lärarinna, en snäll och kompetent mänska, hon kunde inte komma med oss ikväll, hon har just fått en förarglig magkatarr och föredrog att äta på rummet. Susanna är fjorton år och Helena är tretton. Så småningom måste de till läroverket i Upsala eller Gävle, men de är sin fars älsklingar och han vill att de ska stanna här på gården så länge som möjligt. Ska pastorn ha läsbarn? Jag menar konfirmationsundervisning.

Henrik: Jag antar det. Jag har visserligen inte —

Elin: Det är bra. (exalterad) Jag önskar lidelsefullt att barnen ska konfirmeras. Det är min *enda längtan!*

Henrik: (förvånad) Det bör ju inte bli något problem.

Elin: Ett stort problem, pastorn. Deras far vill under inga omständigheter att flickorna ska konfirmeras. Han blir rasande om jag för saken på tal, han blir så ursinnig att jag blir rädd. Det är en orimlig vrede, pastorn. Jag förstår den inte.

Henrik: Vad vill flickorna?

Elin: Åh, pastorn de vill ingenting hellre än detta.

Henrik: Jag får väl lov att tala med Disponenten. Det kan väl inte vara något större —

Elin: (avbryter) — nej, nej. Pastorn får inte tala med min man. Jag ska själv tala med honom. Förr eller senare måste han ge med sig.

Henrik: Är det så svårt?

Elin: Det är svårt. Någon gång, någon gång — (hejdar sig) Jag kan inte tala med kyrkoherden, han och min man är gamla vänner, han tar säkert min mans parti.

Henrik: Så besynnerligt.

Elin: Det är mycket som blivit besynnerligt med åren. Kom nu, så går vi tillbaka till de andra. Någon kan börja undra och det vore inte bra.

I salongen spelas ett mindre drama: Förvaltaren har drabbats av håll och smärtor i vänster sida. Han sitter flåsande och svettig på en låg stol medan provinsialläkaren knäpper upp hans krage och hustrun letar efter tuben med tabletter i redingotens innerficka. Under generade leenden och framstammade ursäkter släpar sig den ängsligt flämtande mannen mot dörren, stödd på sin hustru och en betjänt. Nordenson följer honom och klappar honom hela tiden på armen: du glömde bara att ta dina piller din gamla slarver, nu blir du snart bra ska du se. Ta en rejäl konjak när du kommit i säng. Nej, nej, jag följer till vagnen. Jag är snart tillbaka.

Provinsialläkarens fru har under måltidens gång blivit ännu något mer rödkindad. Hon skyndar fram till Anna och Henrik, hon trycker Magdas hand, och försäkrar viskande att nu är det *snart slut!* Hennes man som gjort en noggrann undersökning påstår att det kan vara slut precis *när som helst.* Knall och fall som man säger. Det är Bruket som har knäckt honom. Han blir första offret men säkert inte det sista. Allt är på fallrepet och vad *händer* när Nordenson slår vantarna i bordet.

Då Anna några timmar senare kommit till ro i det komfortabla biskopsrummet letar hon fram Henriks brev och läser det noga minst två gånger. Sedan slår hon sig genast ner vid chiffonjén och skriver sitt svarsbrev på några blad som hon rycker ur sin dagbok. Månen är vit som elfenben och nästan rund, det kalla ljuset är så starkt att det behärskar rummets väggar och golv. Fotogenlampan lyser beskedligt över Annas händer och orden som hon formar med sin runda, tuktade handstil:

Käraste, jag kan inte svara direkt på ditt brev. Det är så mycket jag inte förstår, jo jag förstår orden men jag förstår av naturliga skäl inte *verkligheten* bakom orden. Jag har levat som ett bortskämt barn och du som ett utsatt barn och nu ser barnen prövande på varandra. Inte vet jag varför jag tycker så förfärligt mycket om dig, det kan man väl inte veta. Jo att du har vacker mun och snälla ögon och du tycker om mig för att jag är god att ta i, det är klart. Men varför har jag vuxit samman med dig, varför tror jag att jag förstår dig även när jag inte förstår, varför inbillar jag mig att jag tänker dina tankar och känner dina känslor, det är ett mysterium och kanske är det, när allt kommer omkring "Kärlekens mysterium". Där ser du hur filosofisk jag blir när jag sitter här i biskopsrummet och skriver till dig i bara nattsärken och en kofta och nattsockorna. Det är iskallt utefter golvet men orsaken till att jag blir så högtidlig är kanske alla biskopliga tankar som fastnat i väggarna under årens lopp. Godnatt min älskade man! Jag tycker också att vi lever i en dröm men jag vaknar gång på gång och förstår med en ilning av glädje att jag vaknat till en annan dröm som är ännu mycket bättre än den nyss drömda. Hon undertecknar utan att läsa igenom, släcker fotogenlampan och kavar sig ner i den kyskt ståtliga bädden. Hon har inte dragit ner rullgardinerna. Månljuset slår vasst mot de fyrkantiga fönsterrutorna.

Dagen är kyligt klar, det är inte något fel på belysningen. Solljuset kringstrålar det gula huset och björkarna. Det ligger så fagert i sluttningen mot den starkt strömmande ån och forsen. I den förvildade trädgården finns fruktträd, bärbuskar och ogräsbevuxna rabatter för blommor och nyttighetsväxter. Vid husets västra kortsida reser sig en syrenberså med söndriga stolar och ett sammanfallet bord. Nära köksingången vaktar en grön pump, en sönderrostad hink har fallit omkull på det uppruttna brunnslocket. Brandstegen har förlorat några pinnar och flera tegelpannor har lämnat sina avsedda platser.

233

Sällskapet består av husets blivande invånare, dessutom Magda Säll och kyrkvärden Jesper Jakobsson, en fåmäld man med långlagt ansikte, blacka ögon och sparsamma gester. Han bär nyckelknippa och är enligt Magda ansvarig för reparationer och underhåll av kyrkans lokaliteter.

Redan vid grinden, innan gästerna har hunnit ur trillan, vänder han sig om och säger att *personligen* gillar han inte domkapitlets beslut att inrätta en extra prästtjänst i församlingen. Han för sin del anser dessutom att det är bortkastade pengar att rusta upp brukskapellet. Besökstalen i stora kyrkan är i stadigt sjunkande, kyrksamheten i avtagande, pingströrelsen och missionsförbundet i tilltagande. Dessutom är ungdomen anfäktad av irrläror och politik. Forsboda är prisgivet åt den andliga och materiella undergången. Det kan man inte göra något åt, varje försök att hejda fördärvet är dömt att misslyckas — pengar i sjön, om man säger.

Jesper Jakobssons bleklagda ansikte skimrar i sorgsen triumf. Nu ska vi inte ta all glädje från de unga, säger Magda och försöker vara glad. Det vore mig fjärran, svarar kyrkvärden, det vore mig verkligen fjärran! Han försöker ett leende som egentligen ser dystrare ut än hans tidigare dysterhet.

Anna går utför den gräsbevuxna grusgången och ser sig omkring. Hon vänder sig mot Henrik som står kvar vid grinden. Här är vackert, säger hon. Bara man står ut med forsen, säger kyrkvärden. Och så får man passa barnen så de inte går ner sig. Där fanns ett staket, men det föll ihop under snön förra vintern. Då får man väl bygga ett nytt staket, säger Magda något irriterad. Jo, jovisst, svarar kyrkvärden sårad, det får man väl. Magda tar Anna under armen och säger att hon inte ska bry sig om Jesper Jakobsson. Han är visserligen pamp i kommunen men en byggmästare från

234

Gävle har redan varit här och gjort upp en preliminär plan över förbättringar och reparationer. Entreprenaden är lagd och antagen, Anna behöver inte oroa sig, listan finns att tillgå. Önskar man ytterligare förbättringar (inom rimliga gränser naturligtvis) så är *allt* möjligt. Arbetet ska sättas igång på nyåret och vara klart i mitten av maj.

Jesper Jakobsson rycker upp köksdörren som svällt igen, en liten fyrkantig glasruta har ersatts av en bågnande pappskiva. Köket är rymligt och vetter mot norr, har bara ett fönster. Det har rasat murbruk ur skorstenen, den åldrade järnspisen har satt sig några grader och skafferidörren står avhäktad och vilsen, stödd mot en rostig diskbänk.

Här ska rustas, säger Jesper Jakobsson plötsligt välvilligt. Jag har yrkat på att det ska dras in vatten, man kunde göra ett urtag med en pump vid diskbänken, det fick jag nej på. Men för övrigt ska här rustas och skorstenen ska muras om och spisen ska bytas. Vi har en präktig, nästan oanvänd spis i brukskontoret, den ska flyttas hit. Och golvet ska läggas om, det har ruttnat. Bärbjälken är förstörd där borta i hörnet. Nej köket ska nog bli till fröken Åkerbloms belåtenhet, det kan jag garantera. Kyrkvärden nickar betydelsefullt två gånger och betraktar Anna med sina blacka ögon.

Han öppnar dörren till en trång jungfrukammare. Där står en rödmålad utdragssoffa. För pigorna, säger han lakoniskt. De kan sova skavfötters, annars kan man sätta en tältsäng i köket. Magda Säll mildrar. Vill fröken Åkerblom ge mig förtroendet, ska jag nog skaffa ett par duktiga flickor. Jag har redan hört mig för. Ska vi ha två? säger Anna förskräckt. Vad ska vi med två? Det brukas så, säger Magda. I ett prästhem blir det alltid oväntat arbete, fröken Åkerblom får väl se. Anna suckar tyst. Henrik har inte sagt ett ord på hela tiden. Anna söker hans blick men han är bortvänd.

Och det här skulle då vara matsalen och sällskapsrummet, förklarar kyrkvärden. Där vill byggmästaren av uppvärmningsorsaker göra två rum och väggen skulle gå här, men det har jag satt mig emot, det är många gånger som prästen behöver ett stort rum till församlingens sammankomster, kyrksalen ligger ju borta vid kyrkan och är svår att nå, särskilt på vintern. Så jag har föreslagit att vi behåller det här rummet som det ter sig idag och murar en större kakelugn i detta hörnet, här går en skorstensstock för övervåningen. Så nog ska vi få det varmt och hemtrevligt, fröken Åkerblom. Kyrkvärden slår handflatan i väggen och river bort en bit flagnande tapet. Fröken Åkerblom ska inte oroa sig, här ska bli varmt och ombonat, det kan jag garantera.

Jesper Jakobsson öppnar ännu en dörr: Detta är tamburen till stora ingången. Trappan till övervåningen ska läggas om. Det är kanske egendomligt att stora ingången vetter mot skogen och köksingången åt grinden. Det blir ju lite oläghigt för gästerna, särskilt om de kommer med vagn? Henrik ser stint på Jesper Jakobsson: Huset är helt enkelt felvänt, säger han med plötslig arrogans. Kyrkvärden surnar genast: Det är inte jag som har byggt kåken. Därefter tystnad.

Gästrummet, demonstrerar han lakoniskt och stiger sedan uppför den bågnande och knarrande trappan. Stig inte på det här steget, varnar han och stannar, pekar: det här steget är inte att lita på och man kan göra sig illa. Akta sig, fröken Åkerblom! Ta min hand. Ja det här är övervåningen och den är väl ganska välhållen, om jag får säga det själv. Så här kommer vi bara att måla och tapetsera. Varsågoda: Sängkammaren, den är inte så stor kanske men det finns faktiskt ett litet tvättrum och utsikten är vacker. Vi kan nog hugga ut lite, nu kan man inte se vattnet, men vi har talat om att göra en uthuggning, det är rent söderläge. Och så barnkammaren till höger och pastorns arbetsrum till vänster. Barnkammaren och arbetsrummet kan naturligtvis byta plats, det är som det passar. Det är bara att säga till, det kan ordnas, kvällssol eller morgonsol. Och var är *mitt* arbetsrum, säger Anna plötsligt.

Förstämningen som legat på lur ganska länge, blir nu fullt synlig. Magda Säll stirrar häpet på den lilla personen i elegant skuren kappa. Mörka allvarliga ögon. Bestämd haka, beslutsam ton. Jag skulle gärna vilja veta var *jag* ska hålla hus? Jag får minst lika stor arbetsbörda som min man. Dessutom oavlönad, det må vara hänt, men vart ska jag ta vägen när jag vill skriva brev och läsa och sköta familjens bokföring? Anna ser på kyrkvärden som ser på Henrik, något vädjande. Jag är faktiskt van vid eget rum, fortsätter den lugna rösten. Jag förstår att det förefaller en smula bortskämt men det är faktiskt ett krav.

Nu är handfallenheten total: absolut krav, hur fan menar mänskan? Tänker hon inte bli, om hon inte får eget rum, eller vad är det frågan om? Det är nog inte så vanligt att prästfrun har eget rum, medlar Magda Säll. Jaså, ja det kan ju inte jag veta, svarar Anna. Skulle man kunna tänka sig gästrummet? säger kyrkvärden och harsklar förvånande undergivet. Fröken Åkerblom kan väl ta gästrummet som arbetsrum? Jag föreslår att Henrik tar gästrummet som arbetsrum, säger Anna avgörande. Jag vill finnas till hands i närheten av barnkammaren. Det blir väl ganska störande med alla som går ut och in därnere, säger fröken Säll försiktigt. Pastorn måste ju vara ostörd då han förbereder sina predikningar. Han får väl stoppa bomull i öronen, svarar Anna och ler mot Henrik: säg något, lille Henrik! menar blicken, du är ju herre i ditt hus, det är du som bestämmer.

Men Henrik är förstummad: Måste detta avgöras på momangen, mumlar han vädjande. Herr Jakobsson och jag går ut i trädgården och ser på uthusen, avgör Magda i plötslig insikt.

Och så är Anna och Henrik lämnade åt sig själva. *Jag skojade ju bara*, säger Anna och skrattar. Det var ju bara *skoj* för att alltihop är så bedrövligt och vi höll på att bli missmodiga. Hon slår armarna om Henrik och håller honom fast. Skratta nu Henrik! Det är ingen världskatastrof, vi ska göra ett vackert hem och jag — kan — linda — Jesper — Jakobsson — om — lillfingret! Det såg du väl? Nu skrattar du gudskelov, jag trodde ett ögonblick att du var arg.

Fröken Säll och kyrkvärden konstaterar att det unga paret träder ut i det höstliga solskenet vid gott lynne. Tillsammans beser man nu vedboden, snickarboden, torrdasset, isstacken, förrådsboden och den lilla jordkällaren: på taket blir det mycket smultron kan jag se, säger Anna.

Därpå ska kapellet inspekteras. Henrik låser upp den höga osmyckade järndörren: Jag lånade nyckeln av Jakobsson. Jag sa att vi ville vara för oss själva när vi gick till vår kyrka för första gången.

Forsboda kapell byggdes i slutet av sjuttonhundratalet och var som sagt avsett att vintertid hysa parkens palmer. Rummet har höga, något välvda fönster med färgade rutor i koret, tjockar murar och stenlagt golv. Runt kapellet finns en kyrkogård som inte längre är i bruk, den har delvis vuxit igen, gravstenarna skymtar genom det gula gräset.

Henrik och Anna stiger in i kyrkorummet. Några duvor flyger upp och söker sig ut genom en krossad fönsterruta. Bänkarna är undanröjda och staplade i en mörk bråte utefter den bortre kortväggen, det stensatta golvet sträcker sig naket och ekande mot altarets upphöjning. Antependiet är

238

borta och en träställning gapar tomt, man har grävt en grop i ett hörn. På psalmtavlan hänger siffror. Tvåhundratjugofyra andra versen: För lycka, bröd och ära i denna värld ej strid. Låt sorgen dig ej tära, för denna korta tid.

Det var ju nästan som en uppmaning, säger Henrik och håller Anna om axlarna. Solljuset slår hårt mot den rappade väggen och formar rutor och smala trädskuggor. Vid ingångsdörren reser sig en byggnadsställning ända upp till taket som välver sig i en mild båge. Fågelvingar. Solskuggor. Någonstans molar en vind. Vissna löv har blåst in genom det trasiga delvis förspikade fönstret.

Predikstolen är från femtonhundratalet, säger Henrik sakförståndigt. Ser du så vackra träarbeten! Där är Petrus och Johannes och där har du ärkeängeln med svärdet och solen och ögat. Jag undrar vart de har burit av med altarskåpet, det står kanske i sakristian.

Men i sakristian är det tomt. Där finns bara ett brunbetsat skåp som gapar med öppna dörrar. På golvets breda tiljor står målarpytsar med penslar, man har redan strukit fönsterväggen, murens sprickor och sår är bättrade. Du ser att de är i full fart med reparationerna, viskar Anna.

Så undersöker de orgeln som står övertäckt strax till höger om altaret. Det är en hög, fint snidad byggnad med två manualer och många register. På sidan är två lufttrampor. Ska vi höra hur den låter, säger Anna och slår sig ner på orgelbänken.

Henrik föser ner presenningen på golvet och trampar luft i bälgarna. Anna drar ut några register och pressar ner tangenterna i ett brett C-dur-ackord. Instrumentet ger ifrån sig en mäktig men skrämmande dissonans. Orgeln måste nog repareras den också, säger Anna och tar till sig händerna. Jag undrar om Jesper Jakobsson har tänkt på den detaljen? Det är en förnäm gammal kororgel. Var kan den ha stått innan den hamnade här i förvisningen? Jag undrar förresten om inte altarskåpet står där borta i hörnet under skynket?

De lyfter den dammiga förlåten och öppnar skåpets tillslutna dörrar. I mittfältet: Nattvarden klumpigt skuren men dramatisk, lärjungarna rullar med ögonen, Mästaren höjer en oproportionerlig hand, mungiporna nerdragna. Judas är svart i ansiktet, tyngd av sitt stundande brott. I högra fältet är Kristus naglad vid korset, han hänger med huvudet. Såren är förfärande och den romerska knekten sticker just lansen i hans sida, blodet skvalar. Till vänster kan man se Bebådelsen: Maria håller händerna på magen, en hotfull gestalt med flaxande vingar sträcker ut ett långt pekfinger och vinkar beskäftigt. I bakgrunden skiner solen över ett fredligt betande lamm.

Alla dessa bilder, all denna vilja och ömhet är på väg att förgås. Trädammet ryker, detaljer har fallit på golvet, fuktfläckar fördunklar färgerna, möss och insekter har deltagit i nattvardsgången. En djup spricka, som ett sår eller kanske ett skrik går uppifrån och ner genom Golgata.

Anna och Henrik står sorgsna och förfärade. Försiktigt hänger de tillbaka de fläckiga draperierna.

Nu ska jag skildra det gräl som snart detonerar mellan Anna och Henrik. Precis här i detta förfallna palmhus som av en nyck blivit ett gudshus och av en nyck återigen förfallit. Det är alltid svårt att spåra den verkliga orsaken till en konflikt. Upprinnelse och utbrott är dessutom sällan identiska (precis som mordplats och fyndplats). Man kan tänka sig ganska många alternativ, både förflugna och grundläggande. Varsågod, bläddra och spekulera, detta är ett sällskapsspel. Varsågod! Två fakta är emellertid klarlagda. För det första bevittnar vi den första uppslitande striden mellan våra huvudpersoner. För det andra har Luther rätt, då han påstår att utfluget ord icke kan tagas i vingen. Därmed menande att vissa ord aldrig kan tas tillbaka, ej heller förlåtas. Sådana ord kommer att växlas i den uppgörelse som nu ska beskrivas. I verkligheten vet jag naturligtvis nästan ingenting om vad som utspelades den här fredagseftermiddagen i Forsboda ruinkyrka. Jag minns bara några ord av min mor: "Vi var i kapellet första gången och råkade i gräl. Jag vill minnas att vi till och med gjorde slut på både kärlek och förlovning. Jag tror att det gick lång tid innan vi förlät varandra. Jag är inte säker på att vi någonsin förlät varandra, helt och fullt."

Det bör kanske påpekas att Anna i hela sitt liv var snabb till vrede och snar till försoning. Hon hade ett häftigt lynne som hon hade svårt att klämma in i den kristliga fördragsamhetens korsett. Henrik hade lång väg till synlig vrede men då spärrarna släppte kunde han visa en förfärande brutalitet. Dessutom var han nästan komiskt långsint. Han glömde aldrig en oförrätt trots att han med uttalad skådespelartalang förmådde visa ett leende ansikte gentemot den som sårat honom.

Nu börjar emellertid den här scenen och jag påstår att den börjar just i detta ögonblick: Anna blir stående vid det övertäckta altarskåpet, hon står med sänkt huvud och hängande armar. Så börjar hon långsamt dra på sig handskarna som hon slet av sig vid orgelförsöket. Henrik går fram mot altarringen med dess fläckiga och skavda knädyna. Han står med ryggen mot Anna och betraktar korets kulörta fönsterrutor. Belysningen? Den är dramatisk och kontrastrik! Solen har hejdat sitt sjunkande inför ett snödigert moln som

241

dragit upp över skogskanten. Molnet bildar en blåsvart vägg och ljuset är vitt och obarmhärtigt men bara över ansiktets ena halva. Utjämningsljuset på den andra halvan har slocknat i grått.

Henrik: Anna?

Anna: Ja, min vän.

Henrik: Jag vill att vi — (tystnar)

Anna: Vad vill du?

Henrik: När vi gifter oss — kan vi inte låta den gamla kyrkoherden Samuel Gransjö viga oss?

Anna: Jovisst. Om du vill.

Henrik: Här.

Anna: Här?

Henrik: Ja, här i koret i vår ofärdiga kyrka. Bara du och jag. Och så två vittnen förstås.

Anna: (milt) Jag förstår inte. Du menar att vår vigsel skulle ske här?

Henrik: Bara du och jag och kyrkoherden och så två vittnen. Fröken Säll till exempel och kyrkvärden. Så inviger vi den här kyrkan och viger oss till den här kyrkan. Kan vi inte göra så Anna?

Anna: Nej, det kan vi inte.

Henrik: Kan inte. Vad menar du?

Anna: Du och jag ska vigas i Upsala Domkyrka och Domprosten Tisell ska viga oss, det har han lovat. Och vi ska ha ett riktigt bröllop med tärnor och marskalkar och Akademiska kören och massor av släkt och gäster och middag på Gillet. Allt det där har vi kommit överens om, snälla Henrik. Det går inte att ändra.

Henrik: Inte att ändra! Vi ska gifta oss i mars och nu är det september?

Anna: Vad tror du mamma ska säga?

Henrik: Jag trodde inte att du fäste något avseende vid din mammas åsikter. Inte nu längre.

Anna: Jag har bjudit hela min årskurs på Skolan till bröllopet. De har tackat ja, nästan allesammans. Snälla Henrik vi har ju resonerat om allt det här.

Henrik: Du har talat om för mig hur det skulle bli. Mina åsikter har jag fått hålla för mig själv.

Anna: Det var ju du som ville att kören skulle sjunga. Du och Ernst har redan bestämt programmet. Det kan du väl inte ha glömt?

Henrik: Om jag nu föreslår dig att lämna allt det där? Är det så omöjligt?

Anna: Ja, det är omöjligt.

Henrik: Varför skulle det vara så —

Anna: (vredgad) *Därför att jag vill ha ett riktigt bröllop!* En riktigt stor och eftertrycklig fest. Jag vill fira. Jag vill vara glad. Jag vill ha ett dunderbröllop.

Henrik: Och det bröllop som jag föreslår?

Anna: Nu slutar vi det här dumma resonerandet. Annars börjar vi gräla. Och det vore just snyggt.

Henrik: Jag grälar inte.

Anna: Nej inte du men jag.

Henrik: Du kunde väl tänka på saken. (vädjar) Anna!

Anna: Jag *har* tänkt och av alla idiotier som jag har stått ut med under ett bra tag så är din senaste nyck den mest idiotiska idiotien. Begriper du inte det, så är du värre idiot än jag trodde, och det vill inte säga lite.

Henrik: Och om jag inte vill?

Anna: Vad?

Henrik: Om jag inte vill vara med om den där teatern i Domkyrkan? Vad gör du då?

Anna: (arg) Jo, det ska jag precis tala om för dig, Henrik Bergman. Då ger jag dig den här ringen tillbaka.

Henrik: Jamen, det är ju inte klokt.

Anna: Vad är det som inte är klokt?

Henrik: Offrar du vårt samliv, *vårt liv* för en lumpen ritual?

Anna: Det är *du* som offrar vårt samliv för en löjlig teatralisk melodramatisk sentimental — jag vet inte vad. Min *fest* är i alla fall en *fest*. Alla blir glada och alla får klart för sig att du och jag äntligen är ordentligt gifta.

Henrik: Vi ska ju leva *här!* Det är ju *här* vi ska leva, förstår du inte? Då är det viktigt att vi börjar vårt nya liv just här, i den här kyrkan.

Anna: Viktigt för dig men inte för mig.

Henrik: Förstår du inte det minsta vad jag menar?

Anna: Jag *vill* inte förstå.

Henrik: Om du älskade mig skulle du förstå.

Anna: (arg) Kom inte rakande med det där svamlet! Jag kan lika gärna svara att om du älskade mig, så skulle du låta mig ha min fest.

Henrik: Din bortskämdhet vet inga gränser. Fattar du inte att det här är *allvar?*

Anna: Jag ska precis tala om för dig vad jag fattar: du tycker inte om min familj, du vill förödmjuka min mor så gott du kan, du vill visa din nya makt: Anna följer mig. Anna bryr sig inte längre om vad hennes familj tycker. Du vill ge igen på ett sårande och raffinerat sätt. Så är det, Henrik! Erkänn att det är så!

Henrik: Märkvärdigt hur du kan misstyda. Elakt och märkvärdigt. Men det är naturligtvis bra att jag får klart för mig —

Anna: (ännu argare) — stå inte och se ut så där. Vad är det där för dumma flin! Tror du att du verkar ironisk eller något i den vägen.

Henrik: — jag ser bara att du står på din familjs sida — *mot* mig.

Anna: — är du inte *riktigt klok?* Jag har nästan tagit död på min mor, för att få komma till dig. Och pappa, hur glad tror du han blev —

Henrik: — och så ber jag dig om en löjlig liten uppoffring.

Anna: — du är fortfarande inte klok. Vet du *vad,* Henrik? Ibland förefaller du mig plågsamt underklassig. Du har ett sätt att göra dig sämre —

Henrik: — hur var det du sa?

Anna: — du gör dig dummare än du är, du spelar någon sorts teater som inte alls passar dig. Vet du vad! Du koket-terar med din fattigdom och din stackars eländiga barn-dom och din stackars eländiga mamma. Det är äckligt.

Henrik: — jag minns när du frågade mig om Fridas yrke och jag talade om att hon var servitris. Jag minns ditt tonfall, jag minns ditt ansikte.

Anna: — det är inte nödvändigt att gå med smutsig skjorta och hål på strumporna. Det är inte nödvändigt att upp-träda med mjäll på kragen och smutsiga naglar.

Henrik: — jag har *aldrig* smutsiga naglar.

Anna: du håller dig inte ren och ibland luktar du svett.

Henrik: — nu har du sagt för mycket.

Anna: — naturligtvis. Pastorn tål inte sanningen.

Henrik: — jag tål inte att du är grym.

Anna: — trampa inte på mig, Henrik.

Henrik: — det är ju bra att det här samtalet kom till stånd före bröllopet.

Anna: — ja, det är utmärkt. Nu vet vi var vi har varandra. Vi var nära ett stort misstag.

Henrik: — så du är beredd att kasta bort —

Anna: — är det *jag* som kastar bort?

Henrik: — nej, det värsta är att vi båda två är —
Anna: — ja, det gick märkvärdigt lätt.
Henrik: — förfärligt.
Anna: — jag vill gråta men jag kan inte. Jag är nog alldeles
för ledsen.
Henrik: — jag vill också gråta, jag är så fruktansvärt ledsen.
Jag vill inte förlora dig.
Anna: — så lät det inte nyss.
Henrik: — nej, jag vet.

Avstånd, både geografiskt och själsligt. Solljuset har slocknat i den blåsvarta snöväggen, som långsamt häver sig över skogen. Dagern är grå men skarp. Anna sätter sig på altarringens smutsiga knädyna. Henrik sätter sig på samma dyna men håller avstånd — två meter eller mer. Sorgen är faktisk men också vreden och de giftiga orden som svirrar i nerver och tigande. Här kunde berättelsen om Den Goda Viljan vara slut, eftersom huvudpersonerna nu och samtidigt anser sig övergivna, främmande och ensamma. Anna tänker med olust på den där mannens kropp och hans lukter. Henrik tänker med avsmak på det där grymma bortskämda barnet. Båda tänker (kanske): Fasansfullt att leva tillsammans bara en dag, en timme. Förödmjukande. Ovärdigt. Skrämmande. Alla vägar har rasat, murarna gror som ogräs.

Anna: Henrik?
Henrik: (tiger)
Anna: Henrik.
Henrik: Nej.
Anna: (räcker ut en hand) Henrik!
Henrik: Gör dig inte till.

Anna: Jag är ledsen.

Henrik: Jaså. Det var ju tråkigt.

Anna: Jag har sagt förfärliga saker.

Henrik: Ja.

Anna: Kan du aldrig förlåta mig.

Henrik: Jag vet inte.

Anna: Så nu är det slut?

Henrik: Jag tror det.

Anna: (suck) Det känns så.

Henrik: Utfluget ord kan inte tas i vingen.

Anna: Nu förstår jag inte?

Henrik: Det är Luther. Han menar att man kan säga nästan vad som helst. Men inte vad som *helst*. Vissa ord är ohjälpliga.

Anna: Och nu menar du att jag —

Henrik: Ja.

Anna: Det är fruktansvärt, ju.

Henrik: — ja det är fruktansvärt.

Anna: — du är ju präst.

Henrik: — mitt yrke har inte med den här saken att —

Anna: — du *måste* förlåta mig.

Henrik: — jag kan inte, jag är rasande. Jag hatar dig och jag skulle kunna slå dig.

Anna: — det var ju rent besked.

Henrik: Väl bekomme.

Anna: Och här sitter jag och förödmjukar mig och —

Henrik: Ingen har bett dig.

Anna: — och tjatar om att du — att *du* ska förlåta *mig!*

Henrik: Om jag orkade skulle jag precis nu resa mig och gå ut genom den där dörren och slå den i lås och aldrig mer komma tillbaka.

Anna: Gråter du?

247

Henrik: Ja, jag gråter men jag gråter för att jag är rasande.
Nej kom inte nära. *Rör* mig inte.

Anna rör vid honom, han slår undan hennes arm, slaget
träffar hårdare än beräknat, hon blir rädd och faller bakåt
mot altarringens räcke. Häpnad och förfäran.

Anna: Du slog mig!
Henrik: (fullt raseri) Jag kan slå dig igen. Försvinn härifrån!
Jag vill aldrig se dig mer. Du är vidrig, du plågar mig. Du
plågar mig för att du *vill* plåga mig. Försvinn härifrån.
För *helvete.*
Anna: Du är allt ett riktigt kräk. Jag börjar äntligen förstå
varför mamma var rädd för dig. Jag börjar förstå —
Henrik: (avbryter) — jaså, det var ju äntligen bra. Din mor
och du faller i varandras armar och tackar gud för att du
sluppit undan med bara förskräckelsen och en rampone-
rad oskuld.
Anna: (rasande) Fy *fan* vad du är rå. Det var inte bara mam-
ma och pappa ska jag säga dig. Ernst varnade mig hela ti-
den. Han sa att du var en dubbelmänska som man inte
kunde —
Henrik: (vit) *Vad* sa han? Vad sa Ernst?
Anna: Att du inte var *tillförlitlig.* Att du var en lögnare. Den
värsta sortens lögnare, eftersom du aldrig begrep när du
ljög. Han sa att du var fullständigt oförmögen att skilja
på sanning och lögn. Det var den egentliga orsaken till
att du hade blivit präst.
Henrik: Har Ernst sagt det där?
Anna: Nej.
Henrik: Vad har Ernst sagt om mig.
Anna: Ingenting. Han tycker om dig. Det vet du.

Henrik: Nu vet jag ingenting. (förfäran)
Anna: Jag tycker du ska söka upp Frida och återknyta be-
kantskapen. Carl menade ju att hon skulle bli en bra
prästfru. Det här med Anna Åkerblom får bli en lärorik
parentes.
Henrik: Spela inte teater, det gör du förbannat dåligt. Och
lämna Frida utanför det här snuskiga —
Anna: — fröken Frida hade inga krav. Hon älskade sin lille
Henrik. Hennes moderlighet visste säkert inga gränser.
Henrik: Håll käften.
Anna: Din råhet är verkligen —
Henrik: — fullt i nivå med din.
Anna: Jadå. För alldel.

Stumhet och vrede, den är nästan hörbar, den dånar i det
skymmande rummet, den har lösgjort sig från kontrahen-
terna och slår mot tak och väggar, kan möjligen spränga
fönsterrutorna, ilar som svetslågor utefter golvets sten-
plattor.

Henrik: Nu börjar jag känna igen mitt liv. Det kommer äntli-
gen tillbaka och ser ut som det alltid har sett ut. Jag dröm-
de. Nu är jag vaken.
Anna: Ibland låter du som en roman. En pigroman.
Henrik: Jag har inte lärt mig bättre.
Anna: Och vi skulle ha barn! Tre barn skulle vi ha. Två pojkar
och en flicka. Vad allting är smutsigt. Och dumt. Det är
inte klokt. Här sitter jag i ett förfallet palmhus i vildmar-
ken och det mörknar, jag tror nästan att det har börjat
snöa. *Jag.* Det är inte klokt. En främmande, främmande
man som skriker åt mig och slår mig. Det är alldeles van-
sinnigt.

249

Henrik: Hur ska vi kunna leva efter det här.

Anna: Åjo, det går nog.

Henrik: Du ser inte det hemskaste?

Anna: Och vad skulle det vara.

Henrik: Vi ägde ett kärlekskapital. Och det kapitalet har vi slösat bort på en —

Anna: — en struntsak. Det är sant.

Henrik: Jag bryr mig väl inte om den där vigseln. Den får bli var som helst. På nordpolen.

Anna: Jag struntar i allt det där, det är likgiltigt. Du får bestämma.

Henrik: Nej, nej. Det där med ritualen betyder mer för dig än för mig. Dessutom är det dumt att göra din mor ledsnare än vad hon redan är.

Anna: Hon kan ju komma hit?

Henrik: Din mamma och min mamma! Här? Då är det bättre med ett jättelikt kalas där allt och alla drunknar i ett hav av teatraliska idiotier.

Anna: Vi låter bli att gifta oss. Jag blir din hushållerska.

Henrik: Tack, ska du ha för anbudet. Jag ska tänka på saken.

Anna: Henrik!

Henrik: Ja. Anna. Ja.

Anna: Nu har vi grälat och skrikit inför gud. Vad tror du han säger om det?

Henrik: Jag vet inte. Platsen är ju lite säregen.

Anna: Tror du kanske att det här var en sorts vigsel?

Henrik: Nej, det tror jag inte. Vi var i full fart med att göra slut på kärleken.

Anna: Att vi går omkring med så förfärligt mycket hat?

Henrik: Ja. Jag är så trött, Anna.

Anna: Jag är också trött. Hur ska vi komma härifrån?

Henrik: Kom och sätt dig här bredvid mig.

Anna: Så du tänker inte slåss mer?

Henrik: Anna!

Anna: Är det bra så här?

Henrik: Ge mig din hand. Den är iskall. Fryser du?

Anna: Egentligen inte. Bara inuti.

Henrik: Så. Är det bra så?

Anna: Jag måste gråta.

Henrik: Jag håller om dig.

Anna: (gråter) Tror du vi har blivit klokare efter det här?

Henrik: Jag vet inte. Försiktigare.

Anna: — varsammare med det vi har fått?

Henrik: Så ungefär.

De är tätt tillsammans i skymningen.

Mina föräldrar gifte sig fredagen den femtonde mars nittonhundratretton i Upsala domkyrka inför en stor församling av släktingar, vänner och bekanta. Akademiska kören sjöng och Domprosten Tisell förrättade vigseln. Tärnor och marskalkar assisterade och brudnäbbar trampade på slöjan. Efter vigseln gavs middag på hotell Gillet i stora festsalen. Hur jag än söker i album och bland efterlämnade fotografier, kan jag likväl inte finna något bröllopsfotografi. Detta är notabelt med tanke på att Åkerbloms var en särdeles fotograferingsglad familj. Otaliga mindre viktiga sammankomster finns förevigade. I vårt hem förekom en uppsjö av lyckliga brudar och ståtliga brudgummar placerade på kakelugnsfriser och småbord, men jag har aldrig sett något bröllopsfotografi av min mor och far. Det finns förklaringar: Den enklaste är antagligen att min mor (som älskade att spara och klistra i album) inte tyckte att bruden var

251

tillräckligt vacker eller att brudklänningen inte var klädsam eller att det unga paret helt enkelt såg fånigt ut. En annan förklaring (mycket otrolig) är att fotograferingen ställdes in. Någon satte sig på tvären, någon kände sig sjuk, ledsen eller kanske rent av förargad. En tredje (lika otrolig) förklaring är att fotografen har misslyckats. Det har helt enkelt inte blivit några bilder och man kan inte gärna klä ut sig och ställa upp sig med krona och brudbukett en gång till. Detta är en osannolik insinuation. Wennerström och Son på Övre Slottsgatan var stadens mest framstående yrkesmän och ett misslyckande från deras sida är otänkbart.

Faktum är emellertid att något bröllopsfotografi inte existerar vare sig i album eller arkiv. För övrigt frågade jag aldrig mina föräldrar om deras bröllop. Överhuvudtaget frågade jag mina föräldrar alldeles för litet om allting. Det ångrar jag, inte minst nu då jag sitter här med betydliga lakuner i det dokumentära materialet. Det ångrar jag överhuvudtaget. All denna likgiltighet och brist på nyfikenhet. Så enfaldigt och så bergmanskt!

Nå hur som helst, bröllopet var ståtligt och middagen festlig. Jag äger ett gulnat bjudningskort (mycket vackert med brudparets initialer sammanvävda i blått på framsidan och själva invitationen i sirligt tryck på insidan). Talen var säkerligen vackra, rörande och lustiga, valserna väl exekverade och maten utsökt.

Jag vill ett ögonblick betrakta en kort scen denna soliga marsdag. Bilden föreställer matsalen i huset vid Trädgårdsgatan. Det stora bordet med lejonfötterna är skjutet mot bufféns bukiga mage. En hög golvspegel har flyttats från fru Karins sovrum och ställts mellan fönstren i matsalen. Framför spegeln mitt i det flödande ljuset står bruden färdigklädd med krona från Domkyrkan och slöja från släktens brudkista. Fru Söderström, anställd vid huvudstadens förnämligaste modemagasin, står på knä och korrigerar en (i nervositeten) nertrampad klänningsfåll. Anna betraktar sin bild med saklig uppmärksamhet, liksom en skådespelerska som just ska träda ut på scenen i en makalös, dittills aldrig spelad roll, undfången och skriven enbart för henne. Andhämtningen är kontrollerad, hjärtat dunkar, ansiktet är blekt, blicken vidgad.

Det går i matsalens dörr. Genom spegeln ser Anna sin bror Ernst, klädd i välsittande frack och marskalksemblem. Syskonen betraktar varandra några ögonblick under tystnad, så tar Ernst några steg och omfamnar sin syster med ömhet. Fru Söderström biter av tråden och sätter nålen i förklädets vänstra hängsle, sedan drar hon sig tyst åt sidan, en viktig aktris i dagens skådespel men likväl en skugga. Hon har sedan veckor med fast hand och tillsammans med tre framstående yrkeskvinnor format sitt mästerverk och just denna morgon fört sin skapelse till Trädgårdsgatan. Hon står med pekfingret mot läpparna, högvuxen, bredaxlad och mörkhyad med det svarta håret i en tung knut på hjässan. Hon har anledning att vara till freds med sitt verk: den unga bruden måste röra sig med större värdighet och långsammare, det ska fru Söderström säkert påpeka när brodern har lämnat rummet.

Ernst: Nå?
Anna: Bra.
Ernst: Verkligen bra eller en kommuniké?
Anna: Du får väl gissa.
Ernst: Du är vacker.
Anna: Du är också vacker.
Ernst: Men du är blek, lilla syster.

Anna: Jag är väl skräckslagen.

Ernst: Du har fått som du vill. I allt.

Anna: Jag är ledsen över att pappa —

Ernst: Ja det är sorgligt. Å andra sidan hade han säkert varit ledsen. Hans älskling skulle lämna honom. Du kan väl tänka dig. (tiger)

Anna: När reser du?

Ernst: I övermorgon.

Anna: Och kommer tillbaka?

Ernst: Om ett år — kanske. Det är en stor expedition.

Anna: Och sen stannar du i Kristiania.

Ernst: Jag har ju mitt arbete i Kristiania.

Anna: Nu får mamma ensamt.

Ernst: Ibland tror jag att hon *vill* vara ensam.

Anna: Har Henrik kommit?

Ernst: Han är tillintetgjord. Jag måste ge honom en stor konjak.

Anna: Säg åt honom att jag kommer snart. Har någon hämtat hans stackars mamma på hotellet.

Ernst: Var alldeles lugn lilla syster. Det lurar en organisatör i varje hörn. Den här jubelföreställningen kan inte misslyckas.

Anna: Nu kommer mamma.

En lätt knackning på dörren. Utan att vänta svar stiger fru Karin in, klädd i dunkelröd brokad och familjeklenoder. Hon är lugn och leende. Hon har blivit tyngre sen sist. På något besynnerligt sätt mer bredaxlad, fast det är kanske en synvilla. Gången är likväl energisk, rörelserna som vanligt lätta och välkontrollerade.

Karin: Vill Ernst vara vänlig att se efter att Carl inte berusar sig. Han har just kommit och verkar inte riktigt rask.

Ernst: Javäl, mamma.

Karin: Kära fru Söderström, vilket mästerverk!

Fru Söderström: Tack fru Åkerblom.

Karin: Jag vill vara ensam med min dotter en minut.

Fru Söderström: Naturligtvis, fru Åkerblom.

Och så är mor och dotter ensamma. Fru Karin sjunker ner på en av de högryggade matsalsstolarna som står lite vilset på golvet (nu när bordet är skjutet mot buffén).

Karin: Jag blir lite rörd tror jag. Men det hör ju till.

Anna: Mamma vet hur tacksam jag är för det här ståtliga bröllopet.

Karin: Ingenting att tacka för, mitt hjärta.

Anna: Så synd att inte pappa —

Karin: Ja. Ja.

Anna: Jag tror att han är här hos oss precis nu. Jag känner det.

Karin: Tror du?

Anna: Mamma, det är en sak jag måste säga.

Karin: Ja.

Anna: Henrik och jag har ställt in bröllopsresan. Ernst var vänlig nog att avbeställa tågbiljetter och hotellrum.

Karin: Jaså. Var det därför han var försvunnen hela morgonen.

Anna: Ja.

Karin: Och hur blir planerna om jag får fråga. (ler)

Anna: Blev mamma ledsen nu?

Karin: Kära barn, bröllopsresan skulle ju vara ett nöje.

Anna: Henrik och jag kan resa till Italien ett annat år. Inte sant? Vi kan väl få ha resan kvar?

Karin: (lite trött) Naturligtvis. Vad gör ni i stället?

Anna: Vi reser direkt till Forsboda.

Karin: I morgon?

Anna: I morgon. Tidigt.

Karin: Jaså. Jaha. Det var ju lite plötsligt.

Anna: Mamma, var inte ledsen!

Karin: Jag är inte ledsen. (lätt)

Anna: Vi har talat med fröken Säll. Hon har bjudit oss att bo hos kyrkoherden. I biskopsrummet. Det är bländande stiligt ska du tro. Som den värsta bröllopssvit. Hon säger att alla gläder sig åt att vi kommer genast.

Karin: Jag förstår. På så sätt kan ni övervaka reparationerna av prästgården.

Anna: — och kyrkan.

Karin: Det blir säkert utmärkt. Tror du att ni kommer till Sommarhuset någonting i juli.

Anna: Det är klart att vi gör. Minst en vecka.

Karin: Vi hade ju sagt tre veckor, vill jag minnas?

Anna: Jag tror att Henrik är angelägen att komma igång tidigare än överenskommet. Och jag vill ju vara med honom från början. Det är viktigt för oss båda.

Karin: Jag förstår precis.

Anna: Jag måste vara lite eftergiven också. Henrik har fått ge efter på så många punkter.

Karin: Har han? (ler)

Anna: Ja, men det ska vi inte tala om nu.

Karin: Nej, just det Anna.

Karin går fram till sin dotter och tar henne försiktigt om ansiktet. De ser på varandra.

Anna: Du kan väl *försöka* att tycka om Henrik. För min skull.

256

En liten aning bara.

Karin: Allt gammalt är glömt.

Anna: Jag önskar att det vore.

Fru Karins blick svartnar. Hon kysser Anna på kinden och på pannan. Sedan lämnar hon rummet. Anna vänder sig långsamt mot spegeln.

Anna: (tyst för sig själv) Vilken uppståndelse! Vilka anordningar! Jag gör som jag vill. Ingen bröllopsresa? Jaså! Inget Sommarhus? Jaså! Ville jag förresten allt det här? Det vet jag inte. Vet jag vad jag vill eller vill jag bara en massa nonsens i största allmänhet? *Har* jag överhuvudtaget en vilja? Tänker jag någonsin ut, att det *här* vill jag och så blir det som jag vill? Har jag samma sorts vilja som mamma? Det är nog tveksamt. *Vill jag ha Henrik?* Jo, det vill jag alldeles säkert. Men vill jag gifta mig? Det vet jag inte. Tveksamt. Man får akta sig att vilja för mycket, särskilt nu, när mamma och andra mänskor börjar lyssna på vad man vill.

Dörren öppnas på glänt och Carls åldrade clownansikte kommer till synes. Kom in bara, säger Anna som är nöjd med att bli avbruten i sin omotiverade monolog. Nu kommer han in i sin helhet, fracken sitter inte så perfekt på den knubbiga gestalten, han svettas i pannan och pincenén immar. I handen ett glas konjak. Han gör en gest mot ögonen.

Carl: Du bländar mig.

Anna: Ernst gick just för att leta reda på dig.

Carl: Jag undkom. (dricker) Vill du smaka.

Anna: Ja tack. (dricker) Hu!

Carl: Hu! Det kan man verkligen säga! Vad har du ställt till med, Schwesterchen?

Anna: Är det inte *förskräckligt?*

Carl: Jag berusar mig och har ingen åsikt.

Anna: Kan du inte vänta till middagen?

Carl: Jo, jo. Var bara lugn. Jag ska inte skämma din fest. Vill du förresten att mamma ställer mig under förmyndare?

Anna: Vadå, förmyndare?

Carl: Förmyndare. Ekonomisk förmyndare. Mamma och bror Oscar tar mina pengar och lämnar dem till en förmyndare. Vad säger du om det?

Anna: Stackars Carl.

Carl: Jag får kvittera ut ett månatligt underhåll.

Anna: Kan det inte vara någon sorts omtanke?

Carl: Omtanke?

Anna: Du är ju lättsinnig med pengar. Det vet du.

Carl: Vill du ha en liten klunk till. Du är så blek.

Anna: Gärna. (dricker)

Carl: Stopp för fan. Du får lov att lämna några droppar åt mig också. Sätt dig här. I mitt knä.

Anna: Jag vågar inte sitta. Då blir kjolen skrynklig.

Carl: Då lägger jag mig.

Fyra salsstolar står i rad vid väggen. Carl lägger sig, stöttar huvudet med handen. Betraktar Anna med ett sorgset, sprucket leende.

Anna: Varför tittar du så där?

Carl: Då jag ser på dig och njuter din svindlande skönhet, Schwesterchen, då får jag kosmiska visioner. Jag ser vintergator och galaxer och planeternas vansinnespolska. Och så står du där! (suck)

Anna: Du mår väl bra bror Carl?

Carl: Oh ja! Jag mår utmärkt. (suck) Så står du där och all jordisk skönhet kringstrålar dig och jag bländas, mina ögon tåras. Vet du varför?

Anna: Du måste säga fort för jag måste snart —

Carl: Jo, du motsäger meningslösheten. Just nu och just i detta ögonblick, lilla syster, motsäger du vintergatornas isiga meningslöshet och universums obarmhärtiga tomhet. Om jag ställer mig bredvid dig så här: Nej titta nu hit, titta inte på klockan. Se på oss två! Se på våra bilder i spegeln. Jag motsvarar högt ställda krav på galaktisk meningslöshet. Och så ser vi på dig, min blomma. Och du är fylld till brädden av mening och innebörd. Man kan nästan bli religiös. Man kan tala om att du gestaltar den gudagivna tanken, en visserligen fördold men anad mening. Det var väl lustigt och vackert sagt? Förstår du hur jag menar?

Anna: Det lät så rörande, men jag vill inte börja gråta. Du och jag är de bästa vänner, är vi inte?

Carl: Tror du att jag *egentligen* är idiot? Svagsint?

Anna: Varför säger du så där dumt?

Carl: Tilltagande förmörkelse? Demens?

Anna: Du är den snällaste klokaste, bästa —

Carl: Jag är nog sjuk, förstår du.

Anna: Är du sjuk?

Carl: Ja, men det får man inte tala om.

Anna: Är det inte som du pratar?

Carl: Nej. Oh! Nej.

Anna: (försiktigt) Vi måste gå nu. (tyst)

Carl: Om jag blundar kan jag genast föreställa mig den oändliga Döden. Om jag öppnar ögonen ser jag dig och ser det ofattbara, storartade Livet. Det är bara så.

Anna: Kom käraste bror Carl och ta mig under armen så stöttar vi varandra. Och så tågar vi gemensamt ut till gästerna och det som förestår oss.

Och så tågar de ut i salongen. Solen gnistrar i kristallkronan och lampetterna. Familjen är redan församlad under muntert samspråk, aktörerna vet ju sina repliker och alla känner spelets tonart. Då bruden träder in reser sig rollerna under entusiastiska utrop och spridda applåder. Anna lyser av leenden och speglar sig i blickar och kommentarer. Där står Henrik i nysydd, välsittande prästrock. Han får plötsligt tårar i ögonen. Om av glädje eller smärta eller båda, är inte så lätt att säga.

Bröllopsnatten utan bröllopsresa förvandlades diskret och snabbt till en organisatorisk angelägenhet. Fru Karin befallde att en extra säng skulle ställas i Annas flickrum. Försäkringar om att detta inte skulle vara nödvändigt ignorerades. Den ljusa kammaren pryddes med en bråkdel av festens blommor. På huvudkuddarna låg små buketter av liljekonvalj och på Annas vita skrivbord hopades telegram och brev i en välordnad stapel. Marthas förslag om champagne och för ändamålet lämpade smörgåsar avvisades emellertid med indignerad beslutsamhet.

För några timmar har husets oro bedarrat. Gatlampan lyser genom de ljusa, bemålade rullgardinerna, brasan glöder stillsamt. Domkyrkan slår kvartar och timme, följd av stora salsklockan långt borta i våningen. Sängarna står med halvmeters avstånd, Anna och Henrik håller hand över avgrunden.

Anna: Vad slog hon?
Henrik: Fyra.

Anna: Jag kan inte sova.

Henrik: Inte jag heller.

Anna: Jag är för uppskojad.

Henrik: Och jag — är — nog — för uppskärrad.

Anna: Det är som när man var liten och det var natten före julafton.

Henrik: Jag känner mig — Ja, hur känner jag mig?

Anna: Vänta bara. Tänk dig när vi har intagit biskopsrummet. Vilka kyssar!

Henrik: I natt blev det mera bror och syster.

Anna: Bäst så.

Henrik: Om tre timmar sitter vi på tåget.

Anna: Det är inte klokt.

Henrik: Är du inte det minsta ledsen.

Anna: Nej. Inte i något minsta hörn av mitt hjärta.

De ligger med slutna ögon och håller hand. Anna leende, Henrik något allvarlig. Blommorna doftar. Brasan knäpper och glöder. Nu skulle trafikchefen mycket väl kunna befinna sig någonstans i det flytande mörkret.

Henrik: Jag har tänkt på din far hela kvällen.

Anna: Jag också. (sätter sig upp) Jäklar!

Henrik: Vad är det?

Anna: Jäklar. Vet du vad vi har glömt!

Henrik: Fotografen.

Anna: Fotografen. Bröllopsfotografiet. Jäklar.

Henrik: Alla glömde fotografen!

Anna: Carls konjak!

Henrik: Va?

Anna: Precis när vi skulle till kyrkan så kom han smitande med ett glas och sa: Ta det här det lugnar och stöttar. Jag klämde i mig nästan alltihop.

Henrik: Tyckte jag inte att det luktade konjak framme vid altaret. Jag trodde att det var Domprosten —

Anna: Och så glömde vi fotograferingen.

Henrik: Är du ledsen för det.

Anna: Inte det minsta. (lägger sig ner)

Henrik: Vi kan fotografera oss i Gävle. (lägger sig ner)

Anna: Vi har ett *inre* fotografi.

Henrik: Nu tror jag nästan att jag somnar.

Anna: Jag också.

Framför mig på skrivbordet ligger två fotografier daterade våren fjorton. Det ena föreställer mor och far: mor leende med mjuka läppar, liksom ofta kyssta, håret i lätt oordning, hon lutar huvudet mot fars axel, kanske mår hon lite illa, hon bör vara gravid i fjärde månaden. Far är allvarlig och påtagligt stolt, han sträcker på sig i den prydliga prästrocken. Den förut ganska magra figuren har blivit stabilare. Han håller en skyddande arm om mors axel (det ser man inte, men anar). Bilden uttrycker harmoni, gryende självmedvetenhet och blygsam lycka. Den andra bilden visar mor sittande i en obekväm länstol lätt framåtlutad, som vanligt elegant i ankellång kjol med en rad knappar i sidan, handgjorda högklackade kängor, en fint mönstrad blus och guldbrosch i halslinningen. Håret är välkammat men likväl ostyrigt. Framför henne sitter Jack, en liten muskulös, nästan fyrkantig lapphund.

Ansiktsuttrycket är den intill döden hängivna samurajens. Mor och Jack betraktar varandra leende. På tidigare bilder har mor aldrig skrattat. Nu är hon munter, avspänd, älskvärd. Av dessa vittnesbörd kan man dra den inte alltför vådliga slutsatsen att Anna och Henrik levde relativt gott med varandra under de första åren, något som faktiskt vitsordats av båda mina föräldrar.

Det som möjligen störde glädjen var att Annas mor aldrig kom på besök i prästgården. I breven förebär hon olika förhinder. I juli avlägger det unga paret ett kort besök i Sommarhuset. Dag föds i oktober på Akademiska Sjukhuset i Upsala. Efter några veckors konvalescens återvänder familjen till Forsboda. Den förstfödde är frisk och hojtar på nätterna, något som kommenteras i breven med uppgiven munterhet.

Vid nyår nittonhundrafemton annonserar bror Ernst ett besök. Han ämnar sig till Stockholm från Kristiania men tar vägen över Falun, byter till smalspårigt vid Mackmyra och anländer till Forsboda vid tvåtiden på eftermiddagen.

Mäktiga snövallar, klart och vindstilla, solen på nedgång i ett brinnande töcken, fotstegen knarrar, lokomotivet bolmar, det pyser i vagnarnas värmeslangar, hela det lilla tåget står inneslutet i fuktig ånga. Därför kan inte Anna upptäcka sin bror, därför omfamnar han henne bakifrån, det blir häftig, ordlös glädje. De har båda förändrats, men inte så mycket: vackra, snälla, prydliga, varma, ännu orörda. Jo, Ernst har gift sig: en mörk fyllig skönhet av högborgerlig extraktion, från första ögonblicket accepterad av fru Karin och den övriga släkten. De bor i Grannlandet och syns sällan till. Inte ens bröllopet fick bli en familjeangelägenhet, de gifte sig borgerligt, något som var en nyhet på den tiden, och avreste genast till Egypten. Familjerna erhöll nyheten per post. Kommentaren blev förvånande beskedlig: ja, Ernst har sitt huvud för sig, den tar man inte där man sätter honom. Alternativt: Ja, Maria har alltid gått sina egna vägar,

263

det får man acceptera. Ernst och Maria var etablerade kelgrisar, man skakade på huvudet men log samtidigt. Nu var Maria gravid och stannade kvar i Kristiania. Ernst kommer alltså ensam. Då den polletterade reskofferten baxats upp bakpå släden, bäddar syskonen ner sig bland fällarna, en reslig, rödhårig flicka sätter sig på kuskbrädan och så färdas de snabbt och lätt genom den isblå skymningen.

Jag antar att samtalet är lite exalterat, det var ju så längesen. Förväntan har varit stor, det är så mycket man inte skriver i breven och oviktigheter kommer farande men det gör ingenting, nu får man vara tillsammans i fyra dagar, det är länge!

Anna: Henrik hälsade att jag skulle krama dig en särskild gång från honom och säga att du är *hans* bror också, och att han gläder sig att se dig igen din gamla Laban. Är det förresten sant att dina kamrater kallade dig Laban, det fick man aldrig reda på. Precis som det där med alla dina fruntimmer, jag fick inte reda på hälften ens.

Ernst: Maria hälsar förstås också. Hon mår förfärligt illa på morgnarna så hon drar sig för en resa just nu. Vi vill att ni ska komma och hälsa på oss till sommaren. Vi har ett sommarhus i Sandefjord alldeles ytterst vid havet. Ja det är Marias hus förstås, hon fick det av sin far i bröllopsgåva. Du kommer att tycka om Maria, det kan jag lova. Hon är väldigt lik dig fast lite mer utdragen på längden. Eftersom jag inte kunde gifta mig med dig så fick det bli Maria och ännu så länge har jag inte haft någon anledning att beklaga mig. Du ska få se. Jag har stiliga fotografier.

Anna: Fryser du? Jo du fryser om öronen, du är inte klok som — ta min schal och linda om huvudet, det var tjugotre grader i förmiddags och skulle bli kallare till kvällen, säkert trettio. Nej låt bli, ta av dig den där fåniga hatten så får jag linda in dig i schalen. Nu är du fin. Du är alltid fin. Jag undrar om du inte är finast i hela världen. Jag har saknat dig så fruktansvärt, så det kan du inte fatta. Just för att jag har fått det så bra förstår du. När man är så här lycklig så blir man omättlig!

Prästgården välkomnar med stallyktor på grindstolparna och trappan, i fönstren levande ljus, doften av jul har dröjt sig kvar. Välkommen i mitt hem, säger Anna då de stigit över tröskeln och skalat av sig ytterkläder och stövlar. Du ska bo i mitt arbetsrum, säger hon vidare och öppnar dörren. Där lyser fotogenlampan i taket över ljusa möbler och ljusa tapeter, den som har ögonen med sig kan känna igen åtskilligt från Annas flickrum på Trädgårdsgatan. Den mäktiga resekofferten baxas in av den rödhåriga Mejan och den mörkhåriga Mia, storvuxna flickor, systrar, prydligt blåklädda, muntert fnissande, dugliga och svettdoftande. Nu får du kaffe och Mias färska bullar, befaller Anna. Men först måste du se på Dag. Kom genast och se på din systerson.

Han var väl fin, säger Ernst ointresserat. Jag tycker förresten att han liknar broder Carl. Det är bara pincenén som fattas. Han håller igång på nätterna och sover på dagarna, vänta bara, det hörs bra nere hos dig också. Det där med nätterna har han också från Carl, säger Ernst. Nu får du inte se på honom längre, viskar Anna och skjuter ut Ernst genom dörren. Kom nu! Du har inte uppskattat honom tillräckligt och egentligen är jag lite sårad, men du får kaffe i alla fall. Henrik är den snällaste och bästa pappa man kan önska sig. Om jag inte hindrade honom skulle han byta blöjor på sin son. Varför får han inte byta blöjor om han tycker det är roligt, frågar Ernst. Nej vet du vad, det skulle verkligen inte passa sig, säger Anna tillrättavisande. Kom nu och sätt dig här! Vi tänder granen efter middagen.

Utanför fönstren med de ljusa gardinerna gungar och välver norrskenet. Forsen hörs som en avlägsen orgelton, det rungar bakom kakelugnarnas järnluckor och värmen doftar av jul och björkved.

Anna: — och hur är det med mamma?

Ernst: — jag besökte henne i förra månaden, det var förresten i mitten av december. Hon var vid gott mod. Tyckte jag.

Anna: — hade hon ensamt?

Ernst: Jag förstår inte vad du menar med ensamt. Fröken Lisen var där. De var fullt sysselsatta med alla julklappar som skulle skickas.

Anna: Så hon skulle vara ensam över jul?

Ernst: Inte ensam. Hon och fröken Lisen förstås.

Anna: (otålig) Ja, det är klart. Jag menar skulle ingen komma på besök? Var hon inte bjuden till någon av syskonen?

Ernst: Jag tror inte det. I varje fall nämnde hon ingenting.

Anna: Kunde inte du och Maria komma på tanken att invitera henne över juldagarna?

Ernst: Det var inte möjligt. Vi skulle fira julen hos Marias föräldrar.

Anna: Kunde ni inte —

Ernst: Varför bjöd du henne inte själv?

Anna: Du vet hur det är med Henrik. Jag vågade inte ens föreslå.

Ernst: Är han så ini helvete långsint.

Anna: Han har svårt att glömma förödmjukelser.

266

Ernst: Nåja, vi var ju inte så trevliga på den tiden då det be-
gav sig.

Anna: Vi var inte det.

Ernst: Tidens tand läker alla sår. (klappar henne)

Anna: Han var ledsen för att jag inte födde vårt barn här
hemma utan på Akademiska Sjukhuset i Upsala. Genast
mamma kom på besök, gick Henrik. Och tvärt om. Han
var förresten inte alls ledsen. Han var rasande. Och han
vägrade att besöka Trädgårdsgatan. Han grälade på mig
hela tiden och sa att jag hade svikit kvinnorna här i för-
samlingen. Barnmorskan i Forsboda blev också sur. Mjöl-
ken sinade några dagar. Så ledsen blev jag. Fast nu är allt
bra igen. Fast ibland kommer det upp en massa gammalt.
Jag förstår inte hur en så snäll mänska som Henrik kan gå
omkring med så mycket hat. Jag vill ju hjälpa honom
men —

Anna tystnar och stryker med handen över ansiktet från
pannan ner till hakan och halsen.

Ernst: Mamma talade vänligt om Henrik. Det här som du be-
rättat nämnde hon inte. Hon sa att ni var lyckliga, att ni
hade det bra, att hon var glad över att du verkade så nöjd.

Anna: Ja. (tystnad) I oktober fick han ett brev med darrig
nästan oläslig stil. Det kom från hans farfar. (tystnad)
Hans farfar bad om försoning. (tystnad) Gubben var
sjuk, svårt sjuk. (tystnad) Han ville att Henrik och jag
skulle komma. (tystnad) Han skrev att han ville be sin
sonson om tillgift. (tystnad) Henrik gav mig brevet. Jag
frågade honom hur vi skulle göra. Han svarade alldeles
stilla, att han inte fann någon anledning att söka förso-
ning med den där mannen.

267

Ernst: Och du?

Anna: Jag? Vad skulle jag göra? Ibland förstår jag ingenting. Ibland öppnar sig en avgrund. Jag håller mig undan för att inte ramla ner.

Ernst: Kan man hålla sig undan?

Anna: Jag håller mig undan. Och *tiger.* Några timmar senare är allt som vanligt och Henrik är den ömmaste, gladaste, snällaste — Ja, du får själv se.

Ernst: Anna!

Anna: Nej, nej. Han kommer nu.

(Jag skriver vad jag ser och hör, ibland går det undan och jag glömmer att lyssna till tonfallen som kan vara betydligt viktigare än orden. Finns möjligen i Annas röst ett stråk av verklig ren undertryckt ängslan? Uppfattar Ernst hennes tänkbara oro? Har Anna i sina tankar sysslat med Henriks omsorgsfullt gömda och sällan visade sår, sinnets inflammerade oläkta sår? Eller är hon alltför upptagen av ögonblicket, av det nya och oväntade? Anna har begåvning för sorglöst övermod. Henrik är ömsint, kärleksfull och för det mesta glad. Dagen har sin gång. Utan att de tänker på förloppet blir de varandras begrepp. Jag kan ju inte veta, säger Anna urskuldande. Hur skulle jag kunna förstå? frågar Henrik häpet. Man kan väl inte *alltid!* protesterar Anna. Jag vet inte varför jag skulle få dåligt samvete, mumlar Henrik.)

Henrik kliver in i tamburen, stampande: är Ernst här, har Ernst kommit! Han bär en kort militärpäls, på huvudet en stickad luva, om halsen och runt hakan en stickad schal. Byxorna är nerstoppade i skinnfodrade stövlar, i handen en fyrkantig läderväska som innerhåller prästrock, stärksaker och en liten trälåda med nattvardens heliga rekvisita. Lapphunden Jack snor kring hans ben.

Då Ernst uppenbarar sig i dörren till matsalen blir Jack stel av ovilja och morrar. Tyst Jack! ropar Anna och drar i halsbandet. Det är ju Ernst, dumma hund, det är min bror, vi har samma lukt om du gitter känna efter!

Kära gamla Laban, du är innerligen välkommen, säger Henrik och omfamnar sin svåger. Käre gamle Luvern, får jag titta på dig. Det var fan vad du har vuxit till dig! säger Ernst och klappar Henrik på kinderna. Du börjar ju se ut som en riktig sjörövare. Var finns nu den elegiska poeten? Man mår ju bra i skogen, säger Henrik och trär av sig vantar, luva, schal, päls och stövlar.

Han slår armarna om Anna och Ernst och säger plötsligt: Så här är jag lycklig. Han blir häftigt rörd och låter armarna sjunka, befaller Jack att hälsa på Ernst och talar om att Jack är hans vapendragare. Som det är här omkring, behöver man en försvarare av Jacks kaliber. Jack är förresten kyrkligt sinnad, säger Anna. Då Henrik predikar ligger han i dörren till sakristian. Han är insatt i både altartjänst och nattvards-gång. Vi måste förresten äta genast! Klockan sju kommer tanterna. Vilka tanter? frågar Ernst. På torsdagarna har vi syförening, då kommer flickor, fruar och tanter från hela församlingen. Ibland är vi fyrtio själar, det blir ganska trångt. Henrik läser högt och så dricker vi kaffe och alla har förning. Vänta ska du se, det är inte så tokigt. Då vi kom hit satt alla för sig själva i stugorna. Nu är det nästan lite *kommunikation* på gång! Vänta, får du se!

Min mor berättade en del om sin syförening. Genast de kommit till församlingen och fått ordning på hemmet, hade de systematiskt gått runt och sagt goddag och under-rättat sig. Anna hade sagt att varje torsdag klockan sju hålls öppet hus i prästgården. Det skulle bli syförening med hög-läsning och aftonbön.

Misstänksamheten var inte att ta fel på: Jaha, jaså, nya kvastar! Pingstvänner och missionsförbundare slog ifrån sig. Detta är en satans förförelse. Kommunisterna var aviga: skulle deras tanter dricka kaffe med kyrkan, penningpåsen och militären, otänkbart. De arbetslösa skakade på huvudet, vaddå? Man skulle ha "förning". Vem fan kunde ställa till med "förning", när man inte visste hur man skulle bete sig från ena dagen till den andra. På så vis blev anslutningen ganska mager till en början. Där satt några kyrksamma mänskor från de större gårdarna och tre äldre kvinnor från arbetarkvarteret, möjligen i opposition mot åsikterna hemma i köket. Så småningom (men ytterst långsamt) tog nyfikenheten överhand. Dessutom, och det bör kanske inte glömmas, var min mor utbildad sjuksköterska och det var tolv kilometer dålig väg till provinsialläkaren, och barnmorskan var på ständiga tjänsteförrättningar. Mor hade god hand med mänskliga krämpor, barn, djur och blommor. Hon samrådde med doktorn och fick förvalta en liten uppsättning instrument och ofarliga mediciner. Krämpor fanns det gott om och mor kände sig betydelsefull och handlingskraftig. Far hade, enligt mors vittnesbörd, blygsamma men genomslagskraftiga framgångar.

Det hela började med en olyckshändelse i manufaktursmedjan. En arbetare fick armen avsliten och dog av blodförlust innan läkare och ambulans kom till platsen. Av hävd ville skiftet lägga ner arbetet och gå hem, det var tradition vid dödsfall. Arbetsledningen vägrade, under hänvisning till leverans och tidspress (det var ju krig och man tillverkade viktig materiel). Plötsligt detonerade vreden. Motsättningarna värkte fortfarande under ytan efter förödmjukelserna 1909 och de därpå följande lokala stridigheterna. Strömbrytarna slogs av, maskinerna stannade, en järngrå

270

skymning sänkte sig över hallar och mänskor.

Då Disponent Nordenson äntligen tog sig ner från brukskontoret, fanns pastorn redan där och satt på en bänk vid muren tillsammans med några av de äldre. Folk stod och satt eller låg på golvet, det var varmt i slutet på augusti. Nordenson talade lugnt och hövligt, hans ena knä skakade våldsamt. Ingen svarade. Han vädjade till pastorn, han förhöll sig lika tyst som de övriga: skymning, tystnad, hetta. Nordenson lämnade smedjan och ringde kyrkoherden. Kyrkoherden kallade senare till sig pastorn och gav honom en uppsträckning under hänvisning till Mästarens något dunkla ord om att vi ska ge Gud vad Gud tillhörer och Kejsaren vad Kejsaren tillhörer.

Episoden blev relaterad vid Bruket och i gårdarna, möjligen övervärderad. Pastorn betraktades som "en av de våra". Dessutom hade han lätt att bli bekant, han hade gott minne för ansikten och namn, han besökte gamla och sjuka, talade med dem på ett begripligt sätt, ibland sjöng han en psalmvers eller något annat passande. Han reformerade i tysthet konfirmationsundervisningen och meddelade sina adepter både vad som skulle frågas och vad som skulle svaras vid konfirmationsförhöret, han avskaffade läxplugget och talade med sina läsbarn om sådant som intresserade både dem och honom. Han höll församlingsaftnar en gång i månaden, ofta i prästgården, eftersom kapellet var svårt att värma upp. Han beställde skioptikonbilder och färdigtryckta föredrag från Diakonistyrelsens bokförlag. Han sökte upp Missionsförbundets föreståndare och föreslog samarbete. Det var ett opassande steg. Kyrkoherden förbjöd det slags kontakter och Missionspastorn betackade sig i beska ordalag.

Tveklöst spirade en blygsam andlig verksamhet i försam

lingen, något som kom både Missionsförbundet och Pingst-
rörelsen till godo, eftersom konkurrensen skärptes och stri-
den om själarna intensifierades. Pastorn hade, sedan den
första nyfikenheten bedarrat, predikat för ett ganska tomt
kapell, i den större kyrkan var ödsligheten ännu mer påtag-
lig. Långsamt, ytterligt långsamt, började folk infinna sig
till högmässa och aftonsång.

Mor och far var dessutom ett vackert par som levde i upp-
enbar sämja på prästgårdens starkt upplysta scen med alla
dörrar öppna. Ingen tvivlade på deras goda vilja.

Syföreningen är, särskilt på vintern, en omständlig men
fungerande procedur. Denna afton klockan sju samlas
tjugonio kvinnopersoner i prästgården. De är grundligt
inbyltade och medför handarbetspåsar och förning (alla
har en korg, i korgen finns termos med kaffe, grädde, soc-
ker, kopp, sked, fat samt bullar och kakor av växlande riklig-
het och kvalitet). Korgarna tas om hand av Mia, Mejan och
några tjänstgörande konfirmander. Matsalsbordet blir
snabbt kaffebord, medfört kaffe hälls samman i husets rym-
liga kopparpanna (så här i andra krigsvintern är det förres-
ten mest cikoria). Man byltar således av sig, det växer upp
högar av ytterkläder på tamburens stolar och i trappan,
man snyter sig belevat, slätar håret framför spegeln, det är
ett stilla mumlande och hummande. Anna och Henrik står
i dörren och hälsar. Det är fotogenlampor, levande ljus, bra-
sor i kakelugnarna, inflyttade bord och alla husets stolar
samt inlånade från grannarna. Goddag, goddag, godafton,
så roligt att fru Palm (Gustavsson, Almers, Danielsson, Ber-
ger, Ahlqvist, Nykvist, Johansson, Grankvist, Andersson, Jo-
hansson, Johansson, Johansson, Tallrot, Gertrud, Karna,

Alma, Ingrid, Tekla, Magna, Alva, fru Dreber, Gullheden, Ander, Märta, fru Flink, Werkelin, Kronström) kunde komma, ville komma, vi blir visst ganska många i kväll trots kylan. Det här är min bror Ernst Åkerblom, han har just kommit från Norge, där är det visst ännu kallare. Nu ska det bli gott med en kopp kaffe, jag fick ett hekto äkta Java från mamma. Det har vi hällt i pannan. Jag kommer hem till fru Werkelin i morgon om det passar, så kan jag undersöka svärmor.

Anna upptäcker att fru Johansson håller vänster hand bakom ryggen, två fingrar är ombundna med linnebindor och snören, jag brände mig så tokigt på spisringen. Det där tar vi hand om, jag har salva som jag har fått av provinsialläkaren, det där ska vi sköta om när högläsningen har börjat, jag har piller för värken. Ja, det värker något rent förbålt, mumlar fru Johansson generat.

Man baxar ihop sig i krusande hövlighet. Äntligen kommer den stora kopparpannan på bordet. Samtalsintensiteten stiger någon grad, slammer av skedar och porslin. Detta är förspel med långa noter och behärskat tempo.

Henrik tar plats vid fönsterbordet, delar fotogenlampa med fröken Nykvist, fru Flink och den beskedliga Alva, som är efterbliven med duglig i alla sorters handarbete. Han slår upp boken och äskar tystnad. Sedan rekapitulerar han det som skett i de senaste kapitlen. Valet av litteratur är okonventionellt för att inte säga djärvt: Anna Karenina av Tolstoj.

Henrik: (läsande) Samma dag de kommit begav sig Vronskij till sin bror. I dennes hem träffade han även modern, som för vissa uträttningars skull anlänt från Moskva. Modern och svägerskan mottogo honom som vanligt. De

273

förhörde sig om var han rest utomlands och pratade med honom om gemensamma gamla bekanta, men läto icke ett ord undfalla sig som rörde vid hans förhållande till Anna. Hans bror däremot, som dagen därpå kom och sökte upp Vronskij, frågade honom om henne, och Alexej sade honom då att han betraktade sin förbindelse med Anna som vore den ett äktenskap, att han hoppades på att få en formlig skilsmässa till stånd för att därefter kunna gifta sig med henne, men att han redan innan detta skett betraktade henne som sin hustru.

Anna har under högläsningen dragit sig ut i köket tillsammans med fru Johansson, ljushyllt, rund, blåögd, de vanligen så röda kinderna bleknar av smärtan i handen, läpparna darrar då Anna avtäcker såret som redan är infekterat. För övrigt är huden borta på insidan av långfingret och ringfingret. Nu gäller det att få av vigselringarna. Anna och fru Johansson är ensamma i köket utom Jack som sover på sin filt under diskbänken. Jag hämtar min bror och en vass tång, säger Anna beslutsamt. Det här kan inte vänta till i morgon, då kan det bli kallbrand. Ernst blir blek om näsan men arrangerar tången och klipper upp ringarna som sedan böjs isär. Därefter stryker Anna salva på såren och gör ett stort förband och en mitella. Ernst hämtar konjak och häller upp. Fru Johansson nickar allvarligt, Anna och Ernst nickar tillbaka, de tömmer glasen i ett drag, det var väl närmast en bottenskyla.

Anna: Nu blir det att hålla vänster hand i stillhet. Hur det nu ska gå till?
Fru Johansson: Det får väl gå.
Anna: Och så ringer jag till provinsialläkaren och frågar om

såret måste visas upp. Jag vågar inte riktigt ta det på eget ansvar.

Fru Johansson: Ja tack, det blir nog bra.

Anna: Ta några av de här värktabletterna till natten, så fru Johansson får sova. Men försök att stå ut med värken på dagen.

Fru Johansson: Tack, tack, det går nog.

Anna: Ska vi gå ut till högläsningen?

Fru Johansson: Vi ska väl det.

Anna: Vad är det fru Johansson?

Fru Johansson: Jag vet inte. Jag vet inte om det är värt att tala om.

Anna sätter sig. Ernst har dragit sig undan från ljuscirkeln kring köksbordet, han har slagit sig ner vid diskbänken, röker en cigarett och bekantar sig försiktigt med Jack som blivit något tillgängligare.

Anna: Vi sitter en stund.

Fru Johansson: (efter tystnad) Det är kanske ingenting. Barnen är ju vuxna. Flickan är småskolelärare i Hudiksvall och gossen är vid flottan och inkallad för jämnan. Han tänker ju bli officer så han har det väl bra. Johannes — maken alltså — och jag har varit ensamma i två år och det går väl bra. Vi har det väl bra. Johannes har fått ett lättare arbete sen han var sjuk i lungorna — han arbetar på brukskontoret, det går ju bra. (tystnad)

Anna: Det är i alla fall någonting som inte är så bra?

Fru Johansson: Jag vet inte. Jag vet inte hur jag ska säga.

Anna: Är det så att min bror —

Fru Johansson: Nej, nej, bevare mig. Jag gör nog saken krångligare än den är. (tar sats) Det är nämligen så, att min systerdotter som är gift i Valbo har en liten pojke på sju år. Nu gav sig pappan av för några månader sedan. Det var nog inget bra äktenskap. Man kan ju aldrig veta något om själva skulden när man är utanförstående, så jag dömer inte. Johannes och jag tyckte i alla fall att pojken skulle få bo hemma hos oss, han heter Petrus. Systerdottern for nämligen till pappans föräldrar i Gävle. Där har hon fått arbete i köket på Stadshotellet, visst inte dåligt. Pappan är spårlöst försvunnen men annars är det väl ganska bra. Nu ska Petrus börja småskolan här i Forsboda förstås. Det får bli till hösten då?

Anna: Han är sju år?

Fru Johansson: Han blir lite sen på det här sättet, men jag har språkat med lärarinnan och hon säger att det inte möter något hinder. Det finns barn som är äldre när de börjar — (tystnad).

Anna: (ingivelse) *Är* det någonting med Petrus.

Fru Johansson: Jag vet inte.

Anna: Har Petrus svårigheter? Är han —

Fru Johansson: Nej, för alldel. Han både läser och skriver och räknar. Han är snarast — vad ska jag säga — försigkommen. Och för det mesta är han snäll och hjälpsam och lydig. Och han är nog fäst vid både mig och Johannes. Maken har ju en liten verkstad på gården och tycker om att — När Johannes är ledig så är han och Petrus jämt tillsammans i verkstaden.

Anna: Men det är nånting som är på tok i alla fall?

Fru Johansson: Lärarinnan är snäll, men hon ska gå i pension nästa år. Så henne kan jag ju inte tala med, jag försökte men jag kom visst av mig innan jag kom igång.

Anna: Är Petrus sjuk?

Fru Johansson: Nej, nej. (osäkert, lågt) Han är *plågad.* Maken märker inte det där, men jag —

Anna: Plågad?

Fru Johansson: Ser virrig ut på ögonen, inte jämt, men om man tittar till så att säga. Springer och springer tills han —

Anna: Fru Johansson kan väl ta med sig Petrus, så får vi prata med honom.

Fru Johansson: (handfallen) Ja.

Anna: Det kan vara åldern.

Fru Johansson: Ja.

Anna: Eller att han tror att mamman har —

Fru Johansson: Kanske det.

Anna: Fru Johansson tar hit honom en dag i nästa vecka. Vi har ju basaren på lördag, så nu är det —

Fru Johansson: Det är klart. Nu är det mycket att —

Anna: Ska vi gå ut till de andra?

Fru Johansson: Säg ingenting om det här.

Anna: Jag måste ju tala med Henrik.

Fru Johansson: Ja, det är klart.

Anna: Kom nu. Pastorn undrar nog om vi inte gillar hans högläsning.

Någon timma senare slår Henrik igen boken och reser sig. Brasorna har slocknat, de hemstöpta stearinljusen, som brinner så snabbt, är på väg ner i sina stakar. Fotogenlamporna har blivit sömniga och osar så smått. Det är varmt och gott, en och annan har slumrat. Henrik knäpper händerna och läser välsignelsen. Sedan föreslår han att man ska sjunga Jesper Svedbergs psalm Nu är en dag framliden — den kan vi ju? Anna slår sig ner vid pianot. Henrik och Ernst sjunger före och församlingen följer efter i den goda förvissningen att det himmelska Jerusalems gator är av guld: Nu är en dag framliden, och natt tillstundar visst. Från oss är solen skriden. Bliv när oss Jesu Krist! Förlän oss stadig tro. Och städse oss bevara. Att vi må utan fara. Gå till vår nattaro.

Klockan halv tio har den sista gästen byltat på sig och tumlat ut i natten med sin handarbetspåse och sin länsade förningskorg. Mejan och Mia har dukat av tillsammans med Ernst och Henrik. Anna väcker sin beskedligt slumrande son och byter på honom. Då hon slår sig ner i sängkammarens låga länstol för att amma, lägger sig hunden över hennes fötter och andas flåsande. Hans ansvarsområde har utökats. Tidigare skulle två gudar försvaras och uppmärksammas, nu har de blivit tre, det är svårt. Jack bearbetar gäspande och dreglande sin svartsjuka.

Då Anna och Jack kommer ner från sina bestyr sitter Ernst och Henrik vid det avröjda matsalsbordet. De dricker mjölk och tuggar spisbröd med mesost. Grammofonen som har fått följa med från Trädgårdsgatan står uppvevad och beredd. På tallriken ligger en Victor med den senaste schlagern. Varsågod säger Ernst, det är en present till Anna, närmast en försenad julklapp. Vad är det? frågar Anna nyfiket. Det är en one-step, säger Ernst uppfordrande, det allra senaste från New York, det absolut senaste i dansväg. Det är en one-step, det kallas one-step. Ur grammofonens röda tratt hoppar Coal Miltons synkoper. Så här gör man, det är festligt, säger Ernst och demonstrerar. Efter någon minut försöker Anna härma honom. Han drar henne intill sig och så dansar de one-step tillsammans. Henrik och Jack tittar på, de noterar syskonglädjen, samhörigheten, ivern, skratten. En gång till, ropar Anna och vevar upp. Nu ska du och jag, säger hon övermodigt och drar i Henriks arm. Nej, nej, inte

278

jag, protesterar Henrik och drar sig bakåt. Kom nu och var inte dum, det är ju roligt vet jag? Nej, nej, det är roligare för mig att se på när du och Ernst dansar. Vi dansar allihop, ropar Anna som börjar envisas och är röd på kinderna. Vi dansar allihop! Du och jag och Ernst — och Jack! Nej, nej, låt mig vara Anna, jag blir bara generad. Vaddå generad? skrattar Anna och har sparkat av sig skorna, hårknuten har lösts med lite hjälp av Ernst som tagit hand om några hårnålar och två kammar. Så här ska det vara, ropar hon och höjer armarna. Så här ska det vara! Kom nu Henrik, du som var en sån dansör, du minns väl Vårbalen. Det var vals, protesterar Henrik. Föralldel, då dansar vi vals fast det är one-step, manar Anna och omfamnar sin man. Det är prästrocken som är i vägen. Vi tar av pastorn prästrocken! Hon börjar knäppa upp prästrockens knappar från mitten och neråt. Ernst vevar upp för en ny omgång. Henrik slår armarna om sin hustru. Du klämmer ihjäl mig, ropar hon med ett uns av vrede. Han lyfter henne och släpper henne, stöter henne lätt i bröstet så att hon tar två steg bakåt och snubblar mot en stol. Så skakar han på huvudet och slår hårt i dörren.

Ernst lyfter av ljuddosan och ler generat. Det är fler än Henrik som inte gillar one-step, säger Ernst lite lamt och tar skivan från tallriken och stoppar ner den i ett grönt pappfodral. I samma ögonblick rycks dörren upp och Henrik kommer in igen! Jag vet att det är jag som är idiot, säger han snabbt och ursäktande. Vi skulle ju bara leka lite, säger Anna ömt. Jag är en lekförstörare, svarar Henrik. Det kan inte hjälpas.

Nu tänder vi en brasa och sitter lite tillsammans och språkar, föreslår Ernst avledande. Jack och jag kände oss väl utanför, säger Henrik i ett bedrövat försök att skämta. Jack och jag har anlag för svartsjuka. Inte sant Jack?

279

Brasan sprakar med förnyad iver, kakelugnsluckorna står öppna, fotogenlampan lyser svagt på det runda bordet vid fönstret. De sitter på rad i soffan: Ernst, Anna och Henrik. Ernst stoppar sin pipa och tänder den långsamt. Jack har somnat på lagom avstånd, någon gång lyfter han ett öga eller riktar ett öra, det gäller att ha både gudar och deras opålitliga vänner under uppsikt. Jag har flugit med flygmaskin, säger Ernst plötsligt. Vår Institution hyr en Farman Hydro av norska försvaret. Det är en maskin med två motorer och två vingar, den startar och landar på vattnet. Man går upp dagligen och gör observationer av väderfronter och mäter temperaturer och lufttryck. Dessutom fotograferar vi molnformationer ovanifrån. Vi går ibland på tretusen meters höjd, då måste vi ha syrgas annars blir det svårt att andas. En dag gick vi upp till fyratusen meter, då blev himlen mörkt blå nästan svart. Det fanns ingen färg kvar och motorljudet blev svagare och svagare. Är du inte rädd, frågar Anna. Rädd? Tvärtom. Det är en otrolig känsla av — ja, jag vet inte vad jag ska säga — en känsla av makt. Nej, inte makt. Av att vara fullkomlig. Och jag blir nästan tokig av glädje! Jag vill kasta mig ut i lufthavet och segla själv. Och jag tänker: så här kände sig Skaparen på den sjunde dagen, då han fann sitt verk ganska gott.

Här kan det vara lämpligt att tala om hur sjuåriga Petrus Farg kom att stanna i prästgården. Det var i slutet av januari och kylan hade förvandlats till grått isande töväder med plötsliga skurar av regn eller piskande snö. Det var ett besynnerligt väder: en natt gick åskan och blixten slog ner i Brukets transformator.

En morgon då Anna kom ner till frukost klockan halv

åtta (Henrik hade redan givit sig iväg till kyrkbyn för att tjänstgöra på pastorsexpeditionen som öppnades klockan åtta) satt fru Johansson vid bordet med en kopp kaffe och en smörgås. På en pall vid vedlåren satt Petrus Farg. Mejan gick ut och in i skafferiet, hon skulle baka storbak och var måttligt road av besöket. Mia städade någonstans, hon hördes sjunga, hon sjöng gärna då hon var på dåligt humör. Fru Johansson reste sig genast och hälsade med en halv nigning. Hon hade fortfarande handen i bandage. Petrus ställde sig upp och bockade på anmaning. Anna som glömt sitt löfte blev en aning förvirrad och kort i rösten, varvid fru Johansson genast ursäktade sig för intrånget. Anna plockade samman sin stora thékopp och en smörgås och uppmanade gästerna att följa henne till den angränsande matsalen.

Petrus Farg står vid bordsändan och håller händerna på ryggen, han är smal och gänglig med tjocka läppar och stora uttryckslösa ögon, pannan är hög, näsan rak och framskjutande, håret är snaggat, öronen är stora och röda. Han är ordentligt klädd i en tjock tröja med för långa ärmar, mörkblå kortbyxor med en stor lapp i baken och välstickade svarta långstrumpor. Kängorna står i farstun. Han har snuva och snörvlar, ur ena näsborren rinner snor som han diskret slickar upp vid behov.

Fru Johansson ursäktar sig ytterligare: hon har inte anmält sitt besök, hon kommer på tok för tidigt på morgonen. Anna dricker thé och mumlar hövligt att ingenting gör något, hon hade ju lovat, det var utmärkt att fru Johansson äntligen beslutat sig och hur är det nu med handen. Jo, handen är bättre, hon kunde röra fingrarna och provinsialläkaren hade varit nöjd med pastorskans insatser.

Anna sätter ner thékoppen och kallar på Petrus. Han vänder sig genast emot henne och kliver fram men håller fortfarande händerna på ryggen. Han ser på henne utan rädsla eller blygsel men samtidigt nästan blint, det är som vore han egentligen blind. Får jag se din hand, säger Anna. Han räcker fram den och lägger den i Annas, det är en lång hand, långa fingrar, tydliga ådror, torr narig hud och sönderbitna naglar, långfingersnageln är avskalad ända in till köttet. Fru Johansson skakar på huvudet: det är något förskräckligt så han biter på naglarna. Jag smörjer på senap och jag förmanar och jag lovar belöningar men ingenting hjälper. Anna svarar inte, vänder pojkens hand: insidan är genomkorsad av svagt rodnande mönster och streck, en gammal hand.

Anna: Och i höst börjar du skolan?
Petrus: Ja.
Anna: Vad tycker du om det?
Petrus: Jag vet inte. Jag har ju inte varit där.
Anna: Men du kan redan läsa och skriva?
Petrus: Och räkna. Jag kan multiplikationstabellen.
Anna: Vem har lärt dig?
Petrus: Jag har lärt mig själv.
Anna: Har ingen hjälpt dig?
Petrus: Nej.
Anna: Har inte farbror Johannes?
Petrus: När vi är tillsammans i verkstan, brukar farbror Johannes förhöra mig och jag svarar.
Anna: Har du några kamrater?
Petrus: (tiger)
Anna: Jag menar har du några pojkar att vara tillsammans med?
Petrus: Nej.
Anna: Så du är ensam?

Petrus: (tiger)

Anna: Du tycker kanske om att vara för dig själv?

Petrus: Jag gör väl det.

Anna: Och vad läser du?

Petrus: (tiger)

Anna: Har du några böcker?

Petrus: (tiger)

Fru Johansson: Vi har några gamla jultidningar och ibland köper maken Gefle Dagblad. Så blir det mest en uppslagsbok fast vi har bara en del: "från Jylland till Kragduva". Det är ett provexemplar som Johannes fick köpa för sjuttiofem öre.

Anna: Jag tror att jag har några böcker som Petrus skulle tycka om. Vänta ska du få se.

Hon går fram till det vitmålade bokskåpet med glasdörrarna, letar lite på nedersta hyllan och drar ut en tjock bok inbunden i rött klotband med guldsnidad rygg och guldbokstäver på pärmen. Det är Nordiska Sagor, "redigerad och utgifven för barn". Nästan på varje sida finns en illustration, några i färg. Hon lägger boken på bordet framför Petrus. Varsågod, säger hon. Den ska du läsa och när du har läst färdigt har jag andra böcker som är minst lika bra. Ta den, Petrus! Vi ska bara göra ett omslag som man gör med böckerna i skolan, så att den inte blir fläckig.

Fru Johansson: Du får lov att tacka ordentligt.

Petrus: Tack.

Några kilometer söder om prästgården vid Gräsbäckens utflöde i Gävleån (som inte är någon å utan en älv) ligger Så-

283

gen. Den tillhör Bruket och betjänas av tjugotvå man som bor med sina familjer i några ruckliga bostadslängor ovanför timmerrännan. Det sågade timret transporteras till brukets hamnanläggning på en smalspårig järnväg. Runt de takbräckta såghusen som lutar sig mot varandra reser sig staplar av doftande virke. Dammen ovanför sågen är djup, genom de förslutna luckorna sprutar tunna vattenstrålar sommar och vinter.

En dag i mitten av februari inträffar detta: Förmannen meddelar helt kort att Arvid Fredin har blivit uppsagd med omedelbar verkan och tillsagd att utrymma sin bostad inom en vecka. Till att börja med hörs inga protester eller kommentarer. Arbetet pågår som vanligt inne i sågen vid brädstaplarna och på lastvagnarna. Vid frukosten klockan elva börjar några av männen i sorteringen att tala om uppsägningen, man anser den orättmätig. Visserligen är Arvid Fredin en gaphals och visserligen är han vårdslös med sitt drickande men han är en erkänt duglig arbetare som aldrig har fått anmärkning för frånvaro eller fylla i tjänsten.

Arvid själv står på gårdsplanen med hängande armar och är ovanligt tystlåten. Hans uppsyn är häpen och kanske bedrövad. Hustrun öppnar med jämna mellanrum fönstret och uppmanar honom att ta itu med saken, att gå ner till kontoret och tala med ledningen, att klaga hos Nordenson. Ingen mänska ska behöva finna sig i sånt här!

Under frukostuppehållet och på väg till eftermiddagspasset blir många stående hos Fredin. Du har blivit avskedad för det du sa i måndags på mötet, säger Måns Lagergren som hör till de äldsta och är på väg in i den socialdemokratiska politiken. Jag varnade dig för att låta käften löpa iväg. Jag var inte värre än någon annan, protesterar Arvid. Nej kanske inte, men du läste upp något du hade skrivit. Ett sorts *manifest* eller vad fan man ska kalla det, svarar Måns och tänder sin sura pipa.

Ytterligare ett tiotal män har samlats på den moddiga gårdsplanen. De vill statuera ett exempel, säger Anders Ek och börjar gå mot Sågen. Kom nu för fan annars blir det mera bråk. Ingen rör sig, ingen går.

Henrik är på sjukbesök i södra längan. Ett av hans läsbarn har drabbats av den grasserande förkylningen och kommer inte på benen, hon hostar och har andnöd. Antagligen är det inte förkylning utan annat och värre. Henrik har just kommit överens med modern att man måste tala med provinsialläkaren, han lovar ringa till honom samma eftermiddag.

Henrik ser ut genom fönstret och upptäcker folksamlingen. Vad är det nu då, frågar han fru Karna. Jag vet inte, säger hon irriterat. Det är alltid bråk nuförtiden. Jag tror de har avskedat Arvid. Arvid Fredin, jag säger ingenting. Han är en riktig agitator och super och slåss. Han säger att vi ska ansluta oss till världskommunismen och skjuta Nordenson eller hänga honom i klockstapeln. Jag vet inte, det är bäst att inte veta. I förra veckan satt han här och gastade med Larsson och ville att han skulle skriva på nånting. Vi fick be grannen om hjälp att bära upp honom till sig. Så inte mig emot att han åker.

Henrik tar avsked och går ut på gårdsplanen. Förmannen har just kommit uppför backen men stannat på avstånd. Han försöker med lämpor, kom nu gubbar. Det är hög tid, vi ska inte ha mer tråkigheter än vi redan haft. Alla blir stående, några till egen förvåning. Lugna dig tio minuter så kommer vi, säger någon. Ja, då går jag ner och väntar så länge, jag vill inte höra ert skitsnack. Går du ner kan du skicka upp de andra.

Förmannen svarar inte utan vänder ryggen till och avlägsnar sig. I och för sig kan han ringa till brukskontoret, det finns en sorts lokaltelefon, men han avstår.

Det är inte Arvid Fredin det gäller, säger Johannes Johansson. Det är mera en princip. Vi måste säga ifrån att vi inte går med på — Ja, vaddå? säger någon. Vi går inte med på att Arvid får sparken fast han super och pratar skit? Ogillande mummel. De statuerar exempel, säger Anders Ek envist och med hes röst. De statuerar exempel och tar ut Arvid Fredin, för att han kan skriva och uttrycka sig. Han är förstås farlig, därför sparkar de honom. Inte för att han super och är en skitstövel.

Detta sägs vänligt. Alla skrattar, till och med Arvid drar på munnen. Vi kan hur som helst inte acceptera det här med Arvid Fredin, säger Måns Lagergren i bestämd ton. Vi måste formulera oss klart och tydligt men för alldel hövligt. Det finns ingen anledning att vi ska gapa och skälla. Vi har haft tillräckligt av den sorten. Agitatorerna från Gävle har inte hjälpt oss. Tvärtom.

Man lyssnar på Lagergren och håller med. Egentligen är det ingen som gillar Arvid Fredin, han är visserligen duglig och noga i arbetet men han pratar i vädret och läser upp utdrag ur böcker som ingen känner till.

Ingenting blir sagt på en stund. Man borde gå till eftermiddagspasset, det är länge sedan dags. Förmannen är en anständig karl, alla känner honom väl, han är från trakten. Han bråkar inte i onödan, men kan få obehag om inte arbetet kommer igång. Trots detta blir folk stående olustiga och obeslutsamma. Kan vi inte träffas och tala om det här ordentligt, säger Johannes. Saken har många sidor och vi löser inte problemet medan vi står här och glor. Instämmande mummel. Då är väl frågan var vi kan mötas, fortsätter Johannes. Vi bör få med oss gubbarna nere från Bruket, inte bara vi. Om vi använder någon av Brukets lokaler, blir vi utkörda och så blir det bråk för den saken också. Utomhus kan vi inte vara i det här förbannade vädret och i Roberts lada är det kallare än ute. Vi kan vara i kapellet, säger Henrik utan att tänka sig för. I kapellet kan vi få varmt, åtminstone på söndag efter högmässan. Kaminerna eldas hela morgonen. Kapellet rymmer hundrafemtio personer och det kan väl räcka? Henrik ser sig frågande omkring. Slutna, misstrogna, förvånade ansikten. Skulle vi vara i kapellet? säger Johannes. Vad tror pastorn att kyrkoherden säger om den saken? Jag har rätt att ordna sammankomster och möten, det är faktiskt min rättighet. Jaha, säger Lagergren, fortfarande med förvåning i tonen. Ska vi anta pastorns inbjudan? Det kan vi väl göra bara pastorn inte ångrar sig? Jag ångrar mig inte, svarar Henrik så lugnt han kan. Ska vi säga på söndag klockan två? säger någon. Det blir bra, svarar Henrik. Kommer pastorn dit? Det är klart. Jag har ju nyckeln.

Samma natt vaknar Anna och Henrik av att ett åskväder drar fram över Forsboda. Det är som en oavlåtlig kanonad över Storsjön, åsarna och bergen. Hagelskurarna går i vågor över taket. Jag har aldrig varit med om ett sådant besynnerligt väder, viskar Anna. Hon tänder ett ljus, hon hämtar Dag som sover gott i larmet. Så ligger de alla tre i Henriks säng. Åska i februari det är ju som yttersta domen, säger Henrik.

Småningom bedarrar larmet, nu är det bara kornblixtar och ett beskedligt susande regn. Vad är det som låter därnere på verandan? frågar Anna plötsligt och klarvaknar. Det är väl ingenting som låter, du inbillar dig. Jo det är nånting som låter, det är någon som knackar på ytterdörrens glasruta. Vad skulle det vara, ett spöke? Nej tyst, hör du inte? Jo du har rätt, det är någon på verandan.

Anna tänder en fotogenlampa, de tar på nattrockar och tofflor, trappan knarrar. Nu hörs knackningarna alldeles tydligt men svagt och oregelbundet. Henrik låser upp och öppnar. Anna lyser med lampan: På trappan står en hukande mörk gestalt som tecknar svagt mot det osäkra snöljuset på gårdsplanen. Det är Petrus, klädd i en alltför lång damkappa, en stor skärmmössa och stövlar. Han står orörlig med hängande armar, mösskärmen skuggar blicken, munnen är halvöppen. Anna sträcker ut handen och drar in honom i tamburen, tar av honom mössan. Den blå blicken är uttryckslös, ansiktet blekt, läpparna darrar. Fryser du? säger Anna. Han skakar på huvudet. Vad vill du här? frågar Henrik. Ny huvudskakning. Kom ska jag värma lite mjölk, lockar Anna. Ta av dig kappan och stövlarna. Lydigt och med sänkt huvud lommar pojken efter henne.

Nästa morgon skickas Mia med bud till familjen Johansson som just vaknat och upptäckt försvinnandet. Det blir ett tidigt möte i prästgårdens kök. Johannes och hans hustru står mitt på golvet och ursäktar sig. Då den ena drar andan, tar den andra vid. Mia sitter vid köksbordet och äter sin frukostgröt. Mejan sysslar vid spisen. Henrik ber förgäves de båda gästerna att ta en kopp kaffe eller åtminstone att slå sig ner. Anna har gått till gästrummet för att väcka Petrus vilket är onödigt. Han är redan vaken, har krupit upp vid sänggaveln och lindat in sig i en röd filt, ovanför filten syns ett blodlöst ansikte med ett par uppspärrade vattniga ögon. Mitt i blicken finns en blind virvel, de torra läpparna är sammanpressade. Anna tar en stol och sätter sig försiktigt mitt emot den sällsamma gästen. Du ska komma nu, säger hon snällt. Dina föräldrar har kommit för att hämta dig.

Petrus: (efter tystnad) Det är inte mina föräldrar.

Anna: De är i stället för föräldrar.

Petrus: Jag vill inte.

Anna: De är ju snälla, Petrus.

Petrus: Ja.

Anna: Du kan inte få det bättre.

Petrus: Nej.

Anna: Kommer du då?

Petrus: Ja.

Anna: Ingen är arg på dig ska du veta.

Petrus: Varför skulle någon vara arg?

Anna: Nej, nej, det har du rätt i.

Petrus: Fast jag vill inte.

Anna: Du kan inte bestämma den saken själv, Petrus.

Petrus: Nej.

Han reser sig beskedligt, Anna låter honom behålla filten. Lydigt och sorgset lunkar han efter henne genom tamburen, matsalen och ut i köket. Då han får syn på fosterföräldrarna och de övriga i köket, stannar han upp och drar filten tätare omkring sig. Anna står bakom honom och försöker skjuta honom framåt men utan resultat, han står orubblig.

Fru Johansson som just sagt något beskedligt men sorgset hejdar sig. Kom nu Petrus, manar fosterfadern och tar ett kliv mot pojken. Han vänder sig genast mot Anna och klamrar sig fast vid hennes kropp, han trycker ansiktet mot hennes mage, hon blir rådlöst stående och smeker honom tafatt över nacken. Johannes försöker varsamt lösa hans grepp men han framhärdar, mannen tar hårdare, Anna ramlar framåt sammansvetsad med pojken. Nu tar Johannes tag i honom med full kraft och bänder hans armar, fattar honom om midjan och lyfter honom uppåt. Utan ett ljud och med förbittrad kraft försöker han slå sig fri. Han slingrar och slänger, sparkar och klöser. Han försöker bita fosterfadern i händerna.

Släpp honom, säger Henrik. Släpp honom, så där kan det inte få vara. Johannes släpper ner pojken som genast klamrar sig vid Anna. Fru Johansson står liksom slagen, med handen mot munnen. Johannes andas tungt, han är röd i ansiktet och har tårar i ögonen. Jag förstår inte, säger han bara. Jag förstår inte. Vi är ju såna vänner Petrus och jag. Är vi inte? Men pojken svarar inte, rör sig inte, klämmer sig mot Annas kropp. Hon håller händerna kring hans huvud. Mia har blivit sittande handfallen medan frukostgröten stelnar. Mejan glömmer att feja askan ur spisen.

Det är bättre att Petrus får stanna några dagar, säger Henrik till slut. Han måste få tid att lugna sig och tänka efter. Han får gärna stanna några dagar, säger Anna. Fosterföräldrarna ser på varandra rådlösa, kanske förödmjukade, i varje fall djupt generade. De antar prästens erbjudande utan tacksamhet.

Församlingen består av fyra socknar runt den alltför rymliga kyrkan som är byggd i början av artonhundratalet. Pastorsexpeditionen är sedan många år inrymd i västra flygeln av kyrkoherdens bostad. Själva expeditionen är ett avlångt kalt rum med tre skrivbord i rad vid fönsterväggen. Där huserar komministern, pastorsadjunkten (det är Henrik) och klockaren, som sitter närmast ingångsdörren. Vid den andra långväggen står en lång soffa av trä med sliten skinnklädsel, två stolar och ett bord av ek. På bordet står en vattenkaraffin och ligger kyrkliga tidskrifter. Vid kortväggen anstränger sig en järnkamin men kallraset vid de åldriga fönstren är stort och de tre herrarna har tillåtelse att klä sig i överrockar och schalar, pampuscher och filtstövlar. Bredvid soffan finns en dörr till kyrkoherdens enskilda samtalsrum och en kort korridor som mynnar i ett arkiv och ett mindre bibliotek. På golven slitna korkmattor, på väggen ovan soffan en tavla i svart träram, föreställande den Gode Herden med lamm och lejon. Det doftar fukt, mögel och tunga ytterplagg.

Expeditionen hålls öppen varje helgfri dag mellan åtta och tio. Här behandlas praktiska angelägenheter: barndop, begravningar, bröllop, kyrktagning, utflyttning, inflyttning. Själavården inskränker sig till reguljära medlingar mellan stridiga makar. Dessa gärningar utförs av kyrkoherden på hans ämbetsrum. Övriga så kallade "enskilda samtal" äger rum i arkivet där två rangliga pinnstolar är placerade.

Detta är en morgon i början av mars nittonhundrafemton. Ett isigt regn strimmar de smutsiga fönstren. Ljuset är flyende och ovilligt.

Klockaren som också har deltjänst i folkskolan rättar skrivböcker. Henrik är upptagen av ett utflyttningsintyg, två yngre personer har ställt sig framför hans skrivbord, kvinnan är framskridet gravid. Komministern planerar en begravning. Änkan, hennes syster och svåger är inbegripna i ett lågmält samtal, man har ställt fram en stol åt den svartklädda, otydligt mumlande och gråtande hustrun. Kyrkoherde Gransjö håller sin dörr på glänt. Han talar med stark röst i telefonen, det vita skägget vippar, glasögonen blänker.

Dörren till farstun öppnas häftigt och ingenjör Nordenson stiger in. Han bär en kort päls med bälte, byxorna är nedstoppade i tunga stövlar, han har slitit av sig persianmössan, det glesa järngrå håret har rest sig. Huvudet är framskjutet, näsan är röd av blåst och snuva. De snabba svarta blickarna finner genast den person han söker. Tvärs över rummet säger han i oemotsäglig ton att han önskar tala med pastor Bergman — omedelbart. Henrik svarar att kanske ingenjör Nordenson vill vara vänlig slå sig ner och vänta några minuter så är jag snart färdig med det ärende jag just avslutar. Nordenson gör en otålig gest och slänger handskarna på bordet med de religiösa skrifterna, blir först stående som om han övervägde att lämna rummet i vredesmod, suckar sedan och slår sig ner på den knarrande soffan. Han letar fram glasögonen och studerar några ögonblick det senaste numret av Vår Lösen men slänger genast tidningen och tänder en cigarett. Jag beklagar, säger klockaren, men rökning är inte tillåten på pastorsexpeditionen. Just nu är rökning tillåten, svarar Nordenson och drar läpparna till ett grin som inte når blicken. Därmed är klockarens mod förbrukat. Han hänvisar lamt till ett tryckt anslag innanför dörren och återgår till sina skrivböcker.

Kyrkoherden har avslutat sitt telefonsamtal och erfar genom vana att något försiggår på hans expedition. Han stiger ut, upptäcker Nordenson som reser sig och hälsar med hjärtligt handslag: Det är inte bror jag söker, jag vill tala med brors adjunkt, säger Nordenson och pekar med ett långt finger. Det ska väl gå bra, genmäler kyrkoherden artigt. Nej, han låtsas upptagen, svarar Nordenson. Kom hit Bergman, det där kan klockaren ta hand om. Kom nu är du hygglig.

Henrik ser upp från sitt skrivgöra och reser sig motvilligt men lydigt. Ingenjören vill tala med dig, det går bra att sitta i mitt rum, jag ska i alla fall gå till frukost. Kyrkoherden mönstrar sitt fickur: klockan är tio och väl det. Varsågoda och stig in! Här kan ni vara ostörda.

Nordenson slår sig ner i besöksstolen och tänder en ny cigarett. Henrik flyttar fram en tung stol med högt ryggstöd, han sätter sig inte i skrivbordsstolen. Fönstret är försett med kulörta rutor. Ett väggur tickar.

Nordenson: Jag har levat hela mitt liv här uppe vid Storsjön men har aldrig varit med om ett liknande februariväder. Det är som fan vore lös.

Henrik: Folk påstår att influensan kommer sig av vädret, jag vet inte vad man ska tro.

Nordenson: Det är inte vädret. Det är kriget, pastorn. Miljoner lik ligger och ruttnar. Infektionerna färdas med vindarna. Men snart är det slut. Amerikanarna skaffar sig en anledning, och sen tar det slut. Tro mig.

Henrik: Ett år, två år, fem år?

Nordenson: Ganska snart. Jag var i Köln för några veckor sedan. Ingenting är sig likt. Maten börjar ta slut. Det är bråk på gatorna. Ingen tror på seger. Fast än så länge går det ju bra.

Henrik: Bra?

Nordenson: För *oss* menar jag. Så länge kriget varar har vi vår försörjning. När kriget är slut tar försörjningen slut.

Henrik: Är det så säkert?

Nordenson: Pastorn är väl inte så insatt?

Henrik: Nej, för alldel.

Nordenson: Jag tänkte det. (tystnar)

Henrik: Ingenjör Nordenson ville tala med mig?

Nordenson: Det var mera som en impuls. Jag gick förbi pastorsexpeditionen och så tänkte jag att jag tittar väl in och får mig en pratstund med unge Bergman. Hur går det för flickorna?

Henrik: Bra. Tack.

Nordenson: Jag hörde att pastorn avskaffat läxpluggandet i konfirmationsläsningen?

Henrik: Så där tämligen.

Nordenson: Får pastorn lov till sånt?

Henrik: Det finns inga detaljerade regler för hur undervisningen ska bedrivas. Det står bara att "konfirmanden skall på lämpligt sätt förberedas till sin första nattvard".

Nordenson: Jaha, och nu förbereder pastorn mina döttrar? Pastorn vet förmodligen att det sker mot min uttryckliga vilja? Nej, nej, för fan. Missförstå inte! Det var aldrig något bråk om saken. Susanna och Helena och deras mor fick bestämma. Jag påpekade bara att jag är emot det där hysteriska slaskandet med Jesu blod. Men min lilla Susanna envisades och då skulle inte min beskedliga Helena vara sämre och så övertalade flickorna sin mor som ju är lite — hur ska jag säga — svärmisk, och så var saken klar. Vad har en gammal raggig hedning att sätta emot när tre unga kvinnor bestormar honom? Inte ett djävla dugg, pastorn!

Henrik: Susanna och Helena gör stora framsteg.

Nordenson: Hur fan gör man framsteg om man inte läser läxor, det fattar jag inte.

Henrik: Några av läsbarnen gör upptäckter som de sedan kan använda sig av i det dagliga livet. Vi samtalar.

Nordenson: Samtalar?

Henrik: Om hur man lever. Om vad man gör och inte gör. Om samvetet. Om döden och det andliga livet —

Nordenson: — det andliga livet?

Henrik: — det liv som inte har med kroppens liv att göra.

Nordenson: Jaså. Det finns ett sådant?

Henrik: Ja, det finns ett sånt.

Nordenson: Min hustru har börjat läsa aftonbön med sina döttrar. Ska det vara ett uttryck för vad pastorn kallar "det andliga livet".

Henrik: Jag tror det.

Nordenson: Då flickorna lagt sig går min hustru in till dem och stänger dörren och så faller de på knä och läser en aftonbön som pastorn har lärt dem att läsa.

Henrik: De använder inte mina ord. Det är Augustinus.

Nordenson: Jag bryr mig inte om vems ord det är. Jag bryr mig bara om att jag är utanför.

Henrik: Ingenjör Nordenson kan väl delta i bönen.

Nordenson: Hur fan skulle det se ut? Nordenson på knä med sina fruntimmer?

Henrik: Man kan säga: Jag tror kanske inte på det här, men jag vill vara tillsammans med er. Jag vill göra det ni gör, för att jag älskar er.

Nordenson: Jag lovar pastorn att damerna skulle bli ytterligt störda i sin andakt.

Henrik: Man kunde göra ett försök.

Nordenson: Nej det kan man inte.

Henrik: Ja, i så fall —

Nordenson: — i så fall är det hopplöst?

Henrik: Jag tror att Susanna och Helena förstår svårigheten. Precis som deras mor.

Nordenson: Precis som deras mor. Pastorn har talat med min hustru om mig.

Henrik: Ingenjör Nordensons hustru sökte upp mig i prästgården och bad om ett enskilt samtal.

Nordenson: Jaså. Elin sökte upp pastorn? Kunde hon inte nöja sig med kyrkoherden, den gamla geten. Som bor på gångavstånd? Va?

Henrik: Den som söker en själasörjare har full rätt att välja den som han eller hon önskar och är på intet sätt bunden av någon geografisk hänsyn.

Nordenson: Är hon inte heller bunden av hänsyn till sina närmaste.

Henrik: Nu förstår jag inte riktigt vad ingenjören —

Nordenson: Glöm det. Ni talade alltså om mig. Och vad gällde samtalet? Om jag får fråga.

Henrik: Ingenjör Nordenson får gärna fråga, men jag är förhindrad att svara. Präster och läkare har som bekant något som heter tystnadsplikt.

Nordenson: Förlåt pastorn. Jag glömde det där med tystnadsplikten. (skrattar) Ja, det är komiskt.

Henrik: Vad är det som är så komiskt?

Nordenson: Jag skulle också kunna säga ett och annat. Men jag håller mig för god. Jag tänker inte sitta här och svärta ner min hustru.

Henrik: Jag tror inte att jag bryter mot min förpliktelse om jag säger att fru Nordenson talade om sin man med den största ömhet.

Nordenson: Hon talade med *er* om *mig* med "den största ömhet". Jaså. Med ömhet. Det var som fan.

Henrik: Jag är ledsen att jag nämnde det där samtalet.

Nordenson: Nej, för all del. Bekymra sig inte pastorn. Tungan halkade. Det är mänskligt.

Henrik: Jag hoppas att fru Nordenson inte får umgälla —

Nordenson: (ler) Va? Var fullkomligt lugn pastorn. Av alla komplikationer min hustru och jag har delat genom åren, är det här en av de mindre.

Henrik: Det var ju lugnande.

Nordenson: Då vet pastorn alltså vår hemlighet.

Henrik: Jag vet ingenting om någon hemlighet.

Nordenson: Men pastorn vet förstås att min hustru lämnat mig? Två gånger för att vara noga.

Henrik: Nej, det visste jag inte.

Nordenson: Jaså. (paus) Hur utföll förresten mötet i söndags.

Henrik: Jag antar att ingenjör Nordenson sände egna rapportörer. Jag såg i alla fall minst en av Brukets kontorister.

Nordenson: Det var storartat av pastorn att ge sågarbetarna tak över huvudet.

Henrik: Det var inte det minsta storartat, bara logiskt.

Nordenson: Har kyrkoherden sagt något?

Henrik: Ja, för all del.

Nordenson: Får man vara nyfiken?

Henrik: Kyrkoherde Gransjö var mycket bestämd. Han sa att om jag en gång till lämnar ut kyrkans lokal till socialistiska eller revolutionära möten, så måste han anmäla mig till domkapitlet. Han sa vidare att han inte tänkte finna sig i att Guds hus blev tillhåll för anarkister och mördare.

Nordenson: (road) Jaså, det sa han den gamla geten?

Henrik: Sorgligt nog var mötet meningslöst. Arvid Fredin fick sparken i alla fall.

Nordenson: Han fick det, ja.

Henrik: Jag borde ha talat, men jag teg.

Nordenson: Kanske klokast att hålla käften? Ibland?

Henrik: När det kommer till sak är jag ganska feg.

Nordenson: Var inte ledsen pastorn. Nästa gång står han på barrikaden.

Henrik: Jag kommer aldrig att stå på någon barrikad.

Nordenson: Var det kanske så att lilla pastorskan ogillade pastorns raska beslut att låna ut kapellet.

Henrik: Ungefär så, ja.

Nordenson: (road) Där kan man se, där kan man se!

Henrik: Vad kan man se?

Nordenson: Det säger jag inte. Kunde pastorn inte tänka sig ett slags samarbete?

Henrik: Samarbete med vem?

Nordenson: Med mig. Nästa gång det blir bråk, går pastorn upp i talarstolen eller på trälådan eller maskinen och talar till "massorna".

Henrik: Och vad skulle jag säga.

Nordenson: Pastorn kunde till exempel säga, att nu gäller det framförallt att inte försöka ha ihjäl varandra.

Henrik: Mänskorna här på Bruket blir illa hanterade och förödmjukade. *Jag* skulle råda dem att låta sig hanteras och förödmjukas?

Nordenson: Så enkelt är det inte.

Henrik: Jaså. Hur är det då?

Nordenson: Jag tror inte att pastorn och jag ska fortsätta det här samtalet.

Henrik: Jag har god tid.

Nordenson: Det har inte varit särskilt givande.

Henrik: Jag har mest varit rädd.

Nordenson: Jaså?

Henrik: Somliga mänskor skrämmer mig.

Nordenson: Pastorn tycker illa om mig.

Henrik: Jag är mest av allt förskräckt.

Nordenson: Det har inte föresvävat pastorn att jag kunde tänkas vara lika förskräckt. Men på ett annat sätt?

Henrik: Nej.

Nordenson: Pastorn lär sig kanske.

Ingenjör Nordenson reser sig och tar i hand utan att säga något. Henrik följer honom till dörren och håller upp den. Snöregnet slår tungt i backen. Vägen är grå och isig. Henrik står kvar och ser efter den svarta figuren som avlägsnar sig bortåt grinden. Han inser plötsligt att han just mött en mänska som tänker döda honom.

IV

Vårstädning i prästgården: ut med innanfönster, mattor piskas, garderober vädras, golv skuras, böcker dammas, fotogenlampor putsas, sommargardiner hängs upp. Sol och milda vindar, blå skuggor under träden, björkarna slår ut endera dagen. Forsen dånar och vattendraget nedanför backen går högt. Vita moln ilar i brådska. Jack nedanför trappan, utsträckt i solen, bevakar och vakar. I närheten står barnvagnen, där sover sonen Dag. Anna i stort förkläde och håret i oordning piskar soffkuddar, Mia och Mejan skakar filtar, dammet i en sky. Grannfrun och hennes dotter skurar golv och trappor. Pastorn håller sig undan.

Kyrkoherden uppenbarar sig mitt i Annas välorganiserade tumult. Han för med sig en bukett vårblommor och ursäktar sig upprepade gånger, men han har ett viktigt ärende, ja det gäller lika mycket Anna, han vill genast tala med Henrik och Anna, det ska inte bli långvarigt, nej det är ingenting obehagligt, snarare tvärtom. Nej, vagnen kan vänta vid grinden, kyrkoherden har lånat skjuts av Nordenson. Anna säger att Henrik nog är nere vid älven och fiskar. Hon beordrar Petrus att säga honom att komma genast. Därefter ber hon kyrkoherden att stiga in, bjuder honom upp i övervåningen, säger till om kaffe vilket avböjs, tar av sig det stora blårandiga förklädet och slår sig ner.

Gransjö: Pojken Farg bor fortfarande hos er, han är inte till besvär?

Anna: Jag vet inte vad jag ska säga. Han vägrar att flytta hem och trivs hos oss. Han är snäll och lydig och uppmärksam. Han leker gärna och tålmodigt med Dag.

Gransjö: Inga svårigheter av det slag som —

Anna: Ibland blir han frånvarande, ögonen virrar och han hör inte vad man säger. Men det är sällan. Nu till sommaren flyttar han ut i en liten kammare ovanpå förrådet. Där trivs han.

Gransjö: Problemet måste väl lösas så småningom?

Anna: Ja, ja, om man bara visste hur?

Gransjö: Anna ser ut att må bra.

Anna: Ja tack.

Gransjö: Och trivs?

Anna: Varför skulle jag inte trivas? Vi har ju allt vi kan önska. Och så blir det äntligen sommar!

Gransjö: Efter en ovanligt ruggig vinter.

Anna: Den glömmer vi. (skratt)

Gransjö: — den glömmer vi. (ler)

Anna: Nu hör jag Henrik.

Hon går till dörren och ropar, vi är här uppe i ditt rum. Men ta av dig stövlarna, det är nyskurat överallt. Var har du hittat den där gamla tröjan? Jag trodde att jag hade gömt den tillräckligt ordentligt. Henrik är klädd i en sliten långtröja, säckiga arbetsbyxor och strumpläst, han har blivit solbränd. Kyrkoherden och hans adjunkt hälsar hjärtligt om än formellt. Man slår sig ner.

Henrik: Har du inte bjudit på någonting?

Gransjö: Tack, tack, jag ska ingenting ha. Jag är tillräckligt störande i alla fall.

Henrik: Och vad förskaffar oss den äran?

Gransjö: Jag har fått ett brev.

Han öppnar sin svarta något slitna portfölj och letar bland papper, drar fram ett konvolut med Storkyrkoförsamlingens emblem.

Gransjö: Jag har således fått ett brev. (omständlig och lite munter) Det är skrivet av min synnerligen gode vän Pastor Primarius Anders Alopéus i Storkyrkoförsamlingen i Stockholm. Pastor Primarius är likaledes Förste Hovpredikant i Hovförsamlingen. Det är i denna senare egenskap min gamle vän och ämbetsbroder har tillskrivit mig.

Kyrkoherden gör en konstpaus och betraktar Henrik och Anna genom tjocka ögonglas.

Henrik: Jaha?

Gransjö: Jag ansåg brevets innehåll av sådan betydelse att det omedelbart och utan onödigt dröjsmål borde överbringas. (håller upp brevet)

Henrik: Det var kolossalt.

Gransjö: Just så pastorn. Det är möjligen alldeles kolossalt.

Anna: Och det gäller oss?

Gransjö: Jag får kanske lov att ägna mig åt högläsning. (rättar till glasögonen) Ja, alltså här i början är det en del personliga angelägenheter, det är så att säga mer personligt. Här! Här kan vi börja. Hör nu på noga: "Som min Bror säkert vet är Sophiahemmet en skapelse av Drottning Sophia. Hon var livligt intresserad av den svenska sjuk-

303

vården och önskade inrätta ett mönstersjukhus av högsta europeiska standard. Det lyckades Drottningen att med stor insats av egna medel framskapa en institution som idag är berömd och omtalad för sina betydande insatser inom läkekonsten. Drottningen var under sin livstid Styrelsens ordförande, en post som vid Drottningens frånfälle övertogs av Hennes Majestät Drottning Viktoria". Jaha, och så vidare. Till huvudsaken alltså! "Hennes Majestät har nu i samråd med Styrelsen beslutat inrätta en fast prästtjänst på halvtid. Uppgiften blir att leda och organisera det andliga arbetet inom Sjukhuset samt — i mån av tid — vara lärare vid Sjuksköterskeskolan och därvid sörja för de unga elevernas andliga fostran. Det har avtalats med kyrkoherde Källander i Hedvig Eleonora församling att den tänkta tjänsten vid Sjukhuset skall utfyllas och kompletteras med en anpassad tjänst i nämnda församling, så att det materiella utfallet motsvarar en komministers villkor och förhållanden. Vidare planerar Styrelsen att å Sjukhemmets område uppföra en prästbostad med modern inrättning och utstyrsel." Jaha. Ja. Nu — kommer — själva — klämmen — om jag så får säga. (paus) "Hennes Majestät Drottningen som för sin vacklande hälsas vårdande i huvudsak vistas på utländsk ort, besökte för några veckor sedan Fosterlandet i viktiga familjeangelägenheter, där undertecknad i sin ringhet var delaktig. Vid ett möte kom Hennes Majestät att tala om Sophiahemmet, vars problem städse ligger Hennes Majestät om hjärtat. Särskilt bekymrade sig Hennes Majestät för den tilltänkta prästtjänsten och betonade, hur betydelsefullt det vore att här finna rätt man. Vår Ärkebiskop som vid detta tillfälle var närvarande utropade genast: Jag tror att jag har vår man! På närmare förfrågan nämnde Ärkebiskopen en ung präst vid namn Henrik Bergman."

Kyrkoherde Gransjö har nu axlat sin roll av dramatisk uppläsare och gör en triumferande konstpaus, upprepar namnet med spelad förvåning och nickar bekräftande, ja det står verkligen Henrik Bergman och det måste vara samma person som sitter här mitt emot med solen i ansiktet. Anna har fattat tag i Henriks arm, hennes glädje är mer synlig än Henriks.

Henrik: Det var som själva katten.

Gransjö: Kort och gott råkade Ärkebiskopen erinra sig att Henrik Bergman var adjunkt i Forsboda församling. Pastor Primarius erinrade sig att han var gammal vän och studiekamrat med kyrkoherden och skrev genast det här brevet. Jag bör kanske påpeka att Pastor Primarius längre fram i sin åttasidiga skrivelse påpekar, *att* om jag anser Henrik Bergman *olämplig* för det så ytterligt hedrande uppdraget, bör jag betrakta detta brev som oskrivet. Varefter han nedkallar Guds Frid över mig och mitt hus.

Henrik: Det var som katten.

Anna: Det är inte sant, det är inte sant.

Gransjö: Jo. Förvisso, unga fru Anna, är detta sant. Jag har sedan jag mottagit, läst och digesterat denna skrivelse tagit mig friheten att på egen bekostnad ringa ett dyrt och strapatsrikt samtal till min vän Pastor Primarius. Han bekräftade det skrivna och berättade till yttermera visso att Ärkebiskopen hade mött Henrik Bergman en tidig gryning för många år sedan i kyrkoherdeboställets trädgård i Mittsunda. De hade kommit till ett samtal som hade gjort intryck. Dessutom hade Ärkebiskopen hört unge

Bergman predika och därav blivit synnerligen övertygad.

Henrik: Jag vet inte vad jag ska säga.

Gransjö: Pastorn behöver inte säga något alls. Pastorn ska tänka efter och diskutera med fru Anna.

Henrik: När ska vi ge besked?

Gransjö: Så fort som möjligt. Blir beslutet positivt önskar Hennes Majestät ett sammanträffande före Hennes Majestäts årliga vistelse på Borgholm. Det blir med andra ord att tämligen snart klä sig fin och fara till Stockholm och dricka eftermiddagsthé på Slottet. Slottsförvaltningen betalar biljetter och uppehåll. (pekar i brevet) Det står här i ett Postscriptum. (läser) Det betonas särskilt att Hennes Majestät önskar möta både pastorn och hans unga hustru. — ja, ja, ser man på, han har skrivit på tvären och det har jag inte sett — den unga hustrun Anna, född Åkerblom, som med utmärkta vitsord åtnjöt utbildning vid Sophiahemmets Sjuksköterskeskola våren nittonhundranio. Det står här, det hade jag inte sett.

Anna: Jag blev ju sjuk?

Gransjö: Här står ingenting om sjukdom. Här står bara "med utmärkta vitsord". Ja, det var alltsammans, det vill säga åtskilligt och nu ska jag lämna mina unga vänner i som jag hoppas mer glädje än förvirring. Samtidigt vill jag vara den första att gratulera, trots att jag själv ingalunda är att gratulera, eftersom jag går miste om en ung ämbetsbroder som jag har kommit att hålla av samt en ung prästfru som jag likaledes håller av och som gör vackra insatser i församlingsarbetet.

Kyrkoherde Gransjö sträcker ut sin gamla hand och klappar Anna på kinden. Sedan klappar han Henrik på kinden fast hårdare.

Henrik: Det är väl inte förbjudet att tacka nej.

Gransjö: Det är inte förbjudet men det är i det närmaste omöjligt. Ett anbud av slik dignitet ges inte ofta och är livsavgörande.

Henrik: Ja. Nog är det livsavgörande.

Gransjö: Nu ska jag emellertid packa mig iväg.

Anna: Då får vi tacka för besöket. (niger)

Gransjö: Adjö fru Anna. Hälsa sonen.

Henrik: Adjö Kyrkoherden.

Gransjö: Adjö Henrik Bergman och Gud vare med er båda i ert viktiga beslut.

I trädgården står några blommande fruktträd. På en vitmålad men något avskavd bänk sitter Anna och Henrik. På en filt slumrar Dag. Petrus ligger framstupa med händerna runt öronen och läser en bok. Hunden Jack har placerat sig strategiskt så att han utan besvär kan bevaka sina skyddslingar. Det är lördagseftermiddag (den avgörande dagen) och kapellets klocka ringer helgsmål. Nedanför grässlänten går älven tyst och solglindrande. Dånet från forsen hörs avlägset. Milda dofter, mild vind, insekters flit. Henrik röker pipa, Anna stickar en kofta åt sin son. Tystnaden är fredlig men mättad av outtalade frågor och osvarade svar.

Henrik: (skrattar tyst)

Anna: Vad skrattar du åt.

Henrik: Jag tänker på farfarsfar som var en stor förkunnare och nästan betraktades som ett helgon. Då han skulle fatta ett svårt beslut slog han i bibeln och tyckte alltid han fick ett rättvisande svar.

Anna: Och det har du gjort precis nu?

Henrik: På skoj. (bläddrar i en fickbibel)

Anna: Nå?

Henrik: Nu ska du få höra. Jag hamnade på Johannes uppenbarelse, kapitel tre och där står: "Vakna upp och håll dig vaken och styrk det som varit nära att dö! Ty jag har icke funnit dina gärningar vara fullkomliga inför min Gud. Tänk på hur du undfick ordet och hörde det och tag vara därpå och gör bättring!"

Anna: Äh, du har säkert fuskat!

Henrik: Jag lovar.

Anna: Och vad är budskapet?

Henrik: Jag kan bara tolka det på ett sätt.

Anna: Att vi ska stanna i Forsboda?

Henrik: Inget tvivel om den saken.

Stillhet. Bin surrar, helgsmålsklockan tystnar, en nyinflyttad taltrast prövar några toner. Henrik lägger samman boken och tänder sin slocknade pipa. Anna slätar ut sin stickning och betraktar den noga.

Anna: Du frågar inte vad *jag* vill.

Henrik: Jag frågar inte eftersom jag vet.

Anna: Är du så säker?

Henrik: Absolut säker.

Stillhet igen. Anna lägger bort sitt handarbete och kisar mot solen och den vajande blommande grenen över hennes huvud. Henrik lutar sig fram och lockar på Jack som genast stiger fram och slår sig ner vid sin herres knä, han blir kliad under halsbandet.

Anna: I det här fallet är mina önskemål av underordnad betydelse. Du måste följa ditt samvete.

308

Henrik: Är du riktigt säker?

Anna: Ja, det är säkert, Henrik.

Henrik: Du kommer inte att ångra dig?

Anna: Det är klart jag kommer att ångra mig tusen gånger, men då är det försent. Du ska inte behöva —

Henrik: (avbryter) — just nu är det som i paradiset. Om några månader är det trettio grader kallt och oframkomligt och kolmörkt nästan hela dagen och röda näsor och skrällhosta.

Anna: — och tomt i kyrkan och bråk nere på Bruket och Nordenson skäller om anarki och fiendskap. Och is på vattnet i handkannan.

Henrik: — och vi glömmer bort att vi har varandra.

Anna: — nej det glömmer vi aldrig bort.

Anna tar Henriks hand mellan sina händer. Han lägger bort pipan som i alla fall slocknat, blundar hårt.

Anna: Men du måste medge att det hade varit roligt att dricka thé på Kungliga Slottet tillsammans med Hennes Majestät Drottningen.

Henrik: Framför allt hade det varit en knäpp på näsan åt vännerna på Trädgårdsgatan.

Anna: Och lustigt att plötsligt säga till varandra att ikväll tror jag att vi ska gå på Dramatiska Teatern och se på Anders de Wahl.

Henrik: — eller på konsert och höra Beethovensymfonier.

Anna: — eller handla en sidenblus på Leja.

Henrik: — ja, så där kan vi fantisera.

Anna: — farliga fantasier, Henrik! (ler)

Henrik: — farliga? Hurdå farliga? (ler)

Anna: Nej, naturligtvis inte. Vi har ju bestämt oss, eller rättare sagt den där boken har bestämt.

Henrik: (lätt) Är du kanske lite ironisk?

Anna: Jag! Inte det minsta. Jag är lika allvarlig som någonsin en kvinna skriven av Selma Lagerlöf. Beslutet är fattat, Och det är vårt gemensamma beslut.

Petrus har slutat läsa och börjat lyssna. Han hukar vid bänken och vänder sitt bleka sällsamt blinda ansikte mot Anna.

Petrus: Tänker ni resa?

Anna: Nej tvärtom, Petrus.

Petrus: Jag tyckte ni sa, att ni skulle resa?

Anna: Då har du inte lyssnat ordentligt. Vi bestämde just att vi skulle stanna.

Petrus: Då ska ni inte resa?

Anna: Prata inte så där dumt, Petrus. Vi stannar.

Petrus sjuåriga, åldrade ansikte är misstroget och sorgset: Jag tyckte det lät som om ni tänkte resa, säger han nästan ohörbart och återgår skenbart till sin bok. Han får tårar i näsan och snörvlar så tyst som möjligt.

Henrik: Apropå! Du fick brev från din mamma?

Anna: Ja, det glömde jag att säga: hon skrev och undrade om vi skulle komma till Sommarhuset på din semester. Ernst och Maria ska resa till Lofoten med vänner. Oscar och Gustav hyr i skärgården. Det skulle bara bli bror Carl och vi.

Henrik: Vad tycker du?

Anna: Vad tycker du? Mamma blir ganska ensam.

Henrik: Jag trodde hon trivdes med att vara ensam.

Anna: Ja, dåså.

310

Henrik: Vaddå, dåså?

Anna: Det var ju svar tillräckligt.

Henrik: Vi har det bättre här. (paus)

Anna: Bara en vecka?

Henrik: Är det nödvändigt?

Anna: Nej, nej. Mamma trodde inte att vi ville komma. Hon frågade mest för ordningens skull.

Henrik: Skulle vi inte skaffa oss en unge till förresten?

Anna: Jo, vi skulle visst det.

Henrik: Du låter inte så angelägen längre? Det var din idé!

Anna: (skrattar) Det har blivit så mycket att tänka på. Mitt lilla klena huvud blir så förvirrat.

Henrik: Ska vi gå in? Det börjar bli kyligt.

Anna lyfter upp sin son som vaknar och kinkar. Henrik plockar samman den övriga rekvisitan, napp, skallra, filt, pipa och bibel, lockar på Jack och beger sig mot prästgården. Kommen halvvägs vänder han sig om.

Henrik: Kom nu Petrus.

Petrus: Jag ska bara läsa färdigt.

Henrik: Det börjar bli kyligt.

Petrus: Jag fryser inte.

Henrik: Glöm inte ta med dig boken.

Petrus: Nej.

Henrik: Kom nu så tar vi ett parti schack?

Petrus: Jag ska läsa färdigt.

Henrik: Gör som du vill.

Anna har gått upp för trappstegen till verandan, hon hejdar sig och ler mot Henrik: Petrus betraktar henne oavvänt. Verandadörren stängs. Han rullar över på rygg och sträcker händerna uppåt — spärrar ut fingrarna.

En varm försommardag i mitten av juni år nittonhundra-sjutton väntar Anna och Henrik Bergman i Gröna Salong-en som tillhör Drottningens privata våning. Den är belägen i Slottets västra flygel med utsikt över Strömmen, National-museum och Skeppsholmen. Pastor Primarius Anders Alo-péus, en ståtligt rödbrusig prästman av mäktigt omfång är också närvarande. De står vid ett av de stora fönstren och samtalar lågmält om den anslående utsikten: men det drar, säger Alopéus. Det drar så att det känns, jag tror till och med att gardinerna vajar, men så blåser det också åt det här hål-let, tur att det inte är vinter.

I bakgrunden sysslar två hovbetjänter i livré och vita handskar med thébordets tillbehör och ingredienser. De rör sig ljudlöst och meddelar sig till varandra med avmätta gester.

Rummet är välproportionerat, närmast fyrkantigt. Det är utstyrt och möblerat i elegant, men alltför rikligt åttiotal: svällande soffor och fåtöljer klädda i skimrande stoffer, handmålade sidentapeter, rikliga stuckaturer utefter taket och på de höga dörrarnas överstycken, förgyllda motställda speglar som betraktar varandra och gör rummet oändligt. Höga kristallkronor, konstfärdigt draperade golvlampor, stegdämpande mattor över golvets knarrande parkett. Mör-ka tavlor i sirade ramar, palmer och bleka skulpturer, spin-kiga bord översållade med prydnadsföremål, en flygel täckt av en orientalisk schal och belamrad med fotografier, före-ställande mer eller mindre furstliga personer.

Anna är klädd i en nysydd, gråblå förmiddagsdräkt och hatt med uppvikt brätte och liten vit fjäder. De båda herrar-na bär prästdräkt, Henriks skor är alltför nyköpta, alltför blanka och alltför trånga. Han stirrar förskräckt på Anna och griper efter hennes hand: min mage bullrar hela tiden, det blir katastrof. Du skulle inte ha ätit den där rovsoppan, viskar Anna. Försök att andas djupt. Henrik andas djupt, han är gråblek i ansiktet. Jag borde aldrig gått med på det här, jag borde — En dörr öppnas och kammarherre Segerswärd uppenbarar sig. Han är iförd uniform och ett strålande leende som blottar en tandrad av förunderlig vithet. Han doftar fin pomada och nedlåtande älskvärdhet. Den lilla handen är blek och eftergiven: det här är alltså lilla pastorskan, välkommen och pastor Berglund, välkommen. Hovpredikanten och jag har träffats tidigare idag, vi är i samma välgörenhetskommitté. Jag vill bara i all hast påpeka några småsaker: Hennes Majestät tilltalas "Ers Majestät" om det skulle visa sig nödvändigt vill säga. Man bör lämpligen undvika direkt tilltal. Det är Hennes Majestät som ställer frågor och leder konversationen, det är inte lämpligt att göra egna utvikningar. Jag vill dessutom nämna att Hennes Majestät är opasslig och mycket trött. Jag föreslog i all underdånighet att mötet skulle uppskjutas till en annan och lämpligare dag, men Hennes Majestät är mycket pliktuppfyllande och starkt engagerad i allt som rör Sophiahemmet. Därför avböjde Hennes Majestät mitt förslag. Däremot kommer mötet att bli helt kort. Angelägenheter av praktisk natur bör diskuteras med vår vän Pastor Primarius som är helt insatt. Har vi några frågor? Inga frågor. Hennes Majestät kommer genom den där dörren. Jag föreslår — det är brukligt — att gästerna ställer sig här. Hennes Majestät kommer först att hälsa på Hovpredikanten sedan på lilla pastorskan och då niger man så djupt och vackert som man någonsin kan. Till sist hälsar Hennes Majestät på pastor Berglund.

Alopéus: Bergman. Henrik Bergman.

Kammarherren: Har jag verkligen?? Det är inte möjligt?? Det måste vara felskrivet på min lista!! Jag ber om ursäkt, jag är verkligen generad, kära pastor Bergman. Förlåt en gammal man!

Ett bländande leende, grå uppspärrade ögon, den knubbiga slappa handen rör vid Henriks arm. Pendylen på den öppna spisens marmorfris slår tre klingande slag. Dörren öppnas och Drottning Viktoria gör sin entré i vår berättelse. Hon är en högvuxen kvinna, mager och bredaxlad, det tjocka gråsprängda håret är samlat i en konstfull knut på hjässan. Ansiktet är blekt med ett uttryck av smärta kring de mörkblå ögonen. De tunna läpparna är sammanpressade i behärskning och leda. Hon är klädd i en draperad, milt grå sidenklänning, halslinning och bröstparti är i spetsar. Enda smycken är ett enkelradigt pärlhalsband, små briljantörhängen och en diamantring mellan vigselringarna. I sitt sällskap har hon en hovdam som ljudlöst stänger dörren. Grevinnan Bielke är liten, fyllig, vithårig och rosenkindad, ögonen strålar av barnslig, oförställd munterhet. Hon är klädd i en lång mörkgrön kjol och en shantungblus med en kamébrosch i halslinningen. Över armen bär hon en lätt kashmirschal.

Drottningen går långsamt och en aning vacklande fram till de väntande gästerna. Hon sträcker fram handen mot Anna, hennes leende är snabbt och skimrande. Anna niger vackert (det har hon övat). Därefter hälsar Drottningen på Henrik och sist på Hovpredikanten.

Hon säger med lätt brytning, att det var roligt att vi kunde träffas, att det var vänligt att komma den långa vägen, ska vi inte slå oss ner, jag hoppas det ska smaka med en kopp thé, vi har faktiskt äkta vara fortfarande. I och för sig dricker jag gärna thé både av äppelblom och kamomill.

De livréklädda betjänterna serverar medan Drottningen förhör sig om resan, om sonen Dag (hon är väl påläst) och om man tänker sig en kväll på teatern, hon har själv för några dagar sedan övervarit en representation av "Det gamla spelet om Envar", en skakande upplevelse, det var som en gudstjänst, vi kom oss inte för med att applådera.

Det smärtfyllda uttrycket ger plats för mjuk älskvärdhet, det kommer färg på de bleka kinderna, rösten är lågmäld, någon gång svårförstådd, men mild. Då hon talar ser hon oavvänt på Anna och Henrik, ansiktet är öppet och sårbart.

Drottningen: Och nu hyser vi alltså stora förhoppningar.

Henrik: Min hustru och jag är fortfarande en aning förskräckta. Allt har gått så snabbt. Vi vet ju inte heller vad som krävs av oss. Jag menar, vad som *verkligen* krävs. Vi vet bara att vi vill göra vårt bästa.

Drottningen: Vid senaste styrelsemötet gjorde vår arkitekt en föredragning om de närmaste årens nybyggnader. Professor Forsell får världens modernaste röntgeninstitut och vår prästfamilj får en egen prästgård. Var har vi kuvertet, grevinnan? Jaså där. Varsågoda, det här är en blyertsteckning av den tilltänkta bostaden. Den kommer att ligga på en liten höjd. Utanför står stora skogen — Lill-Jansskogen. Det blir som att bo på landet, fastän man bor centralt i staden. Idealiskt för barnen.

Anna: Jag vet precis. Det är mittemot hemmet för de gamla systrarna. Solhemmet.

Drottningen: Ja, fru Bergman vet ju. Har minsann gått i skola några hundra meter från sitt blivande hem. I nedre våningen tre stora rum och ett väl utrustat kök. I övre våningen fyra rum. Barnkammaren är tänkt i hörnet. Det

315

blir sol hela dagen. Och naturligtvis alla bekvämligheter. Om några år är alltsammans klart. Under tiden ska Hedvig Eleonora församling sörja för bostaden.

Anna: Det är överväldigande.

Drottningen: Jag inser att det blir svårt att lämna ert Forsboda!

Henrik: Ja, det blir svårt.

Anna: Först var vi oroliga och tveksamma. Vi tyckte att vi försökte fly från det som var vår uppgift.

Henrik: — vår livsuppgift.

Anna: Jag var kanske inte så rädd som Henrik.

Henrik: Jag tyckte att jag lämnade mänskor som levde i nöd —

Drottningen: På ett sjukhus kan nöden vara lika stor, pastor Bergman.

Henrik: Ja. Jag vet. (ler, skakar på huvudet) Jag vet.

Drottningen: Säg mig en sak pastorn. Tror pastorn att vårt lidande sänds oss av Gud.

Kammarherre Segerswärd suger försiktigt på sina löständer, han finner Hennes Majestäts fråga obscen, hans ansikte berövas varje tänkbart uttryck. Den beskedliga grevinnan Bielke får tårar i ögonen, men hon är ju lättrörd. Pastor Primarius lutar sig bakåt och tynger med sin omfångsrika kroppshydda mot fåtöljens bräckliga ryggstöd, han ger sin yngre kollega ett uppfordrande ögonkast, leendet är professionellt och anpassat till frågan. Anna inser snabbt att den storvuxna, plågade kvinnan har ställt en fråga bortom konventionen.

Henrik: Jag kan bara säga vad jag tror för egen del.

Drottningen: Det var ju därför jag frågade.

316

Henrik: Nej, jag tror inte att lidandet sänds oss av Gud. Jag
tror att Gud med sorg och förfäran ser på sin skapelse.
Nej, lidandet kommer inte från Gud.

Drottningen: Men lidandet ska ju rena oss?

Henrik: Jag har aldrig sett att lidandet kommer till hjälp.
Däremot har jag sett exempel på att lidandet förstör och
deformerar.

Drottningen: (till sin hovdam) Vill grevinnan vara vänlig att
ge mig min schal.

Grevinnan Bielke har genast rest sig och höljt Drottningens
axlar i den lätta schalen. Hon sitter några ögonblick med
slutna ögon, håller högra handen mot bröstet.

Drottningen: (ser på Henrik) Om det är som pastorn säger,
hur är det då möjligt att trösta någon enda mänska.

Henrik: All tröst är tillfällig.

Drottningen: — tillfällig?

Henrik: — ja. Den enda möjligheten är att förmå mänskan,
den hjälpsökande, att sluta fred med sig själv. Att förlåta
sig själv.

Drottningen: Ska vi inte be Gud om förlåtelse?

Henrik: Det är samma sak. Om du förlåter dig själv har Gud
förlåtit dig.

Drottningen: Är Gud så nära!

Henrik: Gud och mänska är odelbara och förblandade. Det
är en fasansfull grymhet att skilja Gud från mänskorna!
Gud som överhet, som straffande instans, som rättshave-
rist. Det är på tvärs mot allt Kristus lärde oss. Och han
visste ju!

Drottningen har återigen slutit ögonen, hon sitter lätt till-

317

bakalutad, läpparna är halvöppna och bleka. Jag är förfärligt trött idag, ni får lov att ursäkta mig, mina vänner. Hon reser sig mödosamt och en smula vacklande, hovdamen stödjer henne diskret. Jag tackar för er uppriktighet, säger hon och ler svagt.

Så vänder hon sig mot Anna: Se nu till att pastorn kommer till sin nya prästgård. Jag tror att ni får ett rikt verksamhetsfält, båda två.

Hon nickar åt Pastor Primarius och Kammarherren. De båda betjänterna stiger fram, flyttar fåtöljen och öppnar dörren. Jag måste be att få ursäkta mig, läspar friherre Segerswärd och sträcker fram sin feta slappa hand, han orkar inte ens le med sitt nyanskaffade gebiss: Vill Jansson vara vänlig att hjälpa gästerna?

Han slingrar ut bortom speglarna. Uppbrottet är hastigt och stumt. Gästerna serveras sina ytterkläder och ledsagas av herr Jansson till Västra Valvet. Det går fort och utan vidare kommentarer. Kort bugning och stängd dörr. Pastor Primarius stiger ut på Borggården och kisar mot solen. Det blåser varmt och starkt.

Primarius: Jaha, jaha, klockan är snart fem, jag har en förrättning, jag hoppas ungdomarna klarar sig utan den gamle. Adjö fru pastorskan, adjö pastor Bergman, jag gratulerar till er utomordentliga, om än ytterst oortodoxa provpredikan. Den gjorde uppenbarligen intryck på den Höga Damen. Det är nya toner minsann, nya toner, mycket kärvt och friskt: Gud sörjer sin Skapelse, varför inte? Tiderna förändras, djärvt personliga tolkningar har blivit dagens mode. Jag tänker på om jag i min ungdom — (skrattar) Nej, här står jag och flamsar. Gratulerar och lycka till! Om pastorn vill diskutera praktiska detaljer så är kyrkoherde Källander fullkomligt informerad.

Han trycker händer, lyfter på hatten och blåser iväg över Borggårdens solbelysta ödslighet. Henrik står några ögonblick och ser efter den bortrullande prelaten och börjar sedan gå mot Slottsbacken, han går fort och rörelserna är häftiga, han andas häftigt. Anna blir ond och ber honom lugna takten, hon hinner ju knappast.

Anna: Vad är det med dig? Vad är det? Varför är du arg? Det gick ju bra? Inte ska du reta dig på den där Primarius, det var ju en riktig stofil, han var avundsjuk, det syntes ju på långt håll. Spring inte. Jag hinner inte med!
Henrik: Nej! Nej!
Anna: Vaddå, nej? Vad är det som är nej?
Henrik: Det är nej, nej, nej! Jag flyttar inte till Stockholm, jag tar inte Sophiahemmet, jag tänker inte tala till hovpredikanter och kammarherrar och drottningar. Jag ska vara kvar i Forsboda. Jag har varit en idiot. En dubbelidiot. En idiot åt alla håll. Nu ser jag klart. Tack och lov för den där Primarius, tack och lov för den där Förnäma Damen! Kommer lidandet från Gud? Finhetens finhet och larvigheternas triumf! Hörde du hur jag svamlade, smickrad och förljugen och högfärdig! Jag måste till hotellet och borsta tänderna. Vad gick det åt mig, jag är ju inte klok. Bländad och förförd, Anna! Bländad och förförd av den där stackars Damen med sina nasala älskvärdheter. Nej, nej. Nu är det slut på Bergmans Fånigheter. Nu reser vi hem till Forsboda och tar itu med vår steniga åker och våra sura, fattiga, tjuriga medmänskor. Jag säger nej och nej. Jag säger nej. Det är nej.

319

Anna: (rasande) *Stanna* säger jag!

Hon drar honom i ärmen, tar honom i armen, hon får honom att stanna. Hon står mittemot honom nedanför obelisken på Slottsbacken, hon är liten och rasande och andfådd.

Anna: Om du kunde höra dig själv! men du ska naturligtivs vara glad som är förskonad från den upplevelsen. Jag och jag och *jag!* Jag säger nej, vad i helvete är det för skitsnack, rent ut sagt *skitsnack!* Vi är faktiskt *två,* men det har du kanske glömt längst därinne, där du har dina mest storstilade visioner. Jag heter Anna och jag är din hustru. *Jag är en av oss.* Och jag har faktiskt rätt att säga vad jag tycker. Och jag tycker att du beter dig som en hysterisk primadonna. Vad är det du tjatar om? Vad är det du fattar för beslut? Hur understår du dig att bestämma om — livsavgörande — om sådant som är livsavgörande — livsavgörande, Henrik! utan att rådgöra med mig. Jag är din hustru och jag måste ha rätt att säga min mening. Och nu gråter jag, men om du tror att jag gråter för att jag är ledsen så misstar du dig som vanligt. Tårarna rinner för att det gör ont för att du *trampar* på mig. Du trampar på din trognaste vän och jag gråter för att jag är så arg! Jag är förbannad och rasande och skulle kunna ge dig en orre här mitt framför Storkyrkan din — kamel.

Henrik: Skrik inte, folk hör, du är inte klok. Vi kan väl resonera lugnt? (börjar skratta) Du är verkligen för söt när du är så där arg.

Anna: Sluta upp med den där larviga överlägsenheten! sluta flina! Om du säger ett ord till går jag ifrån dig och åker hem till Trädgårdsgatan och tänker inte tala med dig om du så kryper på alla fyra hela vägen till Upsala.

Henrik: (plötsligt snäll) Anna, förlåt mig.

Anna: (nådigare) Blev du rädd nu, va?

Henrik: Det var som jävulen vad du blev arg.

Anna: Jag har ett rasande humör ska du veta. Och i fortsättningen — om det blir någon fortsättning — tänker jag bli mycket argare till vardags.

Henrik: Jag har ett förslag i all ödmjukhet.

Anna: Du har alltså ett förslag.

Henrik: Vi köper varsin strut med hallonglass och så tar vi färjan därnere och reser över till Djurgården.

Anna: Du menar att vi ska resonera?

Henrik: Anna, käraste vännen min. Det här är ju så allvarligt för dig och så allvarligt för mig och vi är så nära varandra. Vi måste för farao hitta en lösning.

Anna: En glass kan naturligtvis verka lugnande och svalkande.

Djurgårdsfärjan ångar beskäftigt, den mullrar svagt och darrar milt, vattenspegeln är blank och oljig, solreflexer i svallvågen. Anna och Henrik har fått en hel bänk för sig själva längst framme i fören, en beskedlig fartvind fläktar dem om kinderna. Anna har tagit av sig hatten och lagt den bredvid sig på bänken. De äter glass i strut.

Anna: Ta av dig hatten.

Henrik: (tar av hatten)

Anna: Får jag smaka på din glass?

Henrik: Vi byter. (de byter strut)

Anna: Du börjar.

Henrik: Jag har ingenting att säga.

Anna: För tio minuter sedan sa du åtskilligt.

Henrik: Jag kan repetera det jag sa.

Anna: Men i vänligare ton.

Henrik: I vänligare ton.

Anna: Jag lyssnar.

Henrik: Som vanligt med mig är det en *känsla.* Den här gång-
en såg jag stora bokstäver, jättelika, NEJ — nej. Ingenting
annat. Så var jag arg och ledsen på mig själv och på den
där tjockisen till Primarius. (tystnar)

Anna: — och sen?

Henrik: Jag vet inte. Ingenting.

Anna: (tyst) Hur ska vi göra?

Henrik: Vad vill *du?*

Anna: Jag vet inte längre. Det är ett sådant ansvar. Varför kan
man inte ta livet lite lättsinnigt?

Henrik: Vi är inte den sorten.

Anna: Du är inte den sorten.

Henrik: Jag kan inte tvinga dig att bo i Forsboda hela livet.
Om du offrade dina föreställningar om ett bra liv skulle
du bara bli ledsen och arg? Och hämndlysten?

Anna: Detsamma, Henrik.

Henrik: Ja. Jo. Det är nog så.

Anna: Ja.

Henrik: Jag kan inte säga hur mycket det här samtalet plågar
mig.

Anna: Någon måste ge efter. Usch det blir jag som ger efter,
det vet jag ju. Jag förstår inte ens varför jag bråkar. Du föl-
jer din kallelse, och din kallelse är att leva och dö i vild-
marken bland hedningar och kannibaler. Det är din kal-
lelse, den måste du följa — och jag följer dig. Det är kan-
ske *min* kallelse. Men jag är inte så säker som du. Jag
trodde att livet skulle vara färgrikt och glansfullt. *Stora* of-
fer och *stora* känslor. Inte levande begravning. Kommer

du ihåg hur vi fantiserade om prästen och sjukskö-
terskan och den lidande mänskligheten?
Henrik: Det blev ju som vi drömde.
Anna: Nej, Henrik. *Vi drömde inte om Forsboda.*
Henrik: Är det så förfärligt?
Anna: Inte för några veckor sedan. Då fanns inget alternativ.
(suckar lite) Åh, Henrik, jag tyckte att det skulle bli så fan-
tastiskt härligt. (suckar igen) Men det var väl lite barns-
ligt. (ler)
Henrik: Stackars Anna. Din dumma präst var inte någon sär-
skilt hänförande drömprins. Du skulle ha tagit Torsten
Bohlin.
Anna: Är det inte konstigt i alla fall? Jag ville inte alls ha Tors-
ten Bohlin, jag ville bara ha dig.
Henrik: Du ville inte ha Torsten Bohlin, eftersom din familj
var galen på Torsten Bohlin.
Anna: Tror du det? Ja, kanske.
Henrik: Och så tog du mig eftersom din mamma avskydde mig.
Anna: (ler) Det låter troligt.

Nu finns det inte mer att säga om den här scenen.

Här följer ett utdrag ur ett brev från Pastor Primarius An-
ders Alopéus till hans kära ämbetsbroder Kyrkoherde Sa-
muel Gransjö i Forsboda. "Då jag mottagit Din värda Skri-
velse av den trettonde i denna månad och nogsamt tagit del
av dess Budskap skyndade jag att anhålla om Audiens hos
Hennes Majestät Drottningen. Jag tvingas tillstå att Hennes
Majestät yttrade *djup besvikelse* över unge Bergmans lika för-
vånande som okloka *avböjande.* Jag dristade mig likväl att i
dessa rådlöshetens smärtsamma ögonblick föreslå en lätt

retardering av våra planer. Jag framkastade i underdånighet att man möjligen hade agerat alltför burdust och *möjligen* borde ge vår unge vän och hans väna maka en betänketid av låt oss säga *ett år.* Hennes Majestät behagade finna min tanke värd beaktande och föreslår jag således att min Högt Värderade Broder vid ett därför *väl lämpat tillfälle* återkommer till Hennes Majestäts Nådiga Erbjudande. Jag är övertygad om att min Värderade Broder med all tänkbar Klokhet skall vända vår unge väns tankar i *önskad riktning,* därvid icke förglömmande den förtjusande fru Annas helt säkert *avgörande* inflytande på makens känslor och tankar. Det är förvisso möjligt att jag misstar mig, men den unga Hustrun föreföll mig ganska *entusiastisk* inför möjligheten av ett glansfullt och hedrande Avancemang. Hennes Majestät Drottningen bad mig *särskilt* hälsa min Värderade Broder att Hon med tillförsikt anförtrodde denna grannlaga Uppgift i min Aktade Broders *erfarna händer.* Slutligen nedkallar jag över Dig min Älskade Broder i Kristus Jesus och hela Ditt hus, Guds Frid och Välsignelse. Tuus Anders Alopéus.

Kyrkoherden läste brevet två gånger, gick till vila på sin schäslong, begrundade det skrivna i sitt hjärta och beslöt att bida det rätta ögonblicket. Därefter somnade han gott och sov ända till middagen, då fröken Säll med milda knackningar på dörren väckte kyrkoherden till färsk potatis och inkokt lax. Visserligen härskade kristid men i potatislandet och i älven skymtade inte den minsta kris.

Lördagen före midsommar samlar pastorn sina läsbarn för att smycka kapellet med blommor och nyutslagna björkar. Anna och Henrik har givit sig av hemifrån redan tidigt på eftermiddagen, följda av Mia och Mejan, Petrus, sonen Dag och hunden Jack. Alla, utom Jack, bär stora fång av vita och blå syrener, man har skattat bersån som bolmar av dofter och färger. Nu är husets herre och hela hans familj på marsch mot kapellet. Plötsligt tar Anna sin man om livet med vänstra armen, trycker pannan mot hans skuldra och säger att hon är glad: nu är jag glad Henrik, nu känner jag att jag är riktigt glad igen. Det var nog du som kände rätt den där gången, jag var så bländad av glansen, förstår du. Nu känner jag att jag kommit över allt det där, de där barnsligheterna. Det var du som var klok, det vill inte säga att du alltid är klok, men den där särskilda gången var du klok och jag var dum.

Allt detta säger Anna i viskande ton medan hon håller sin man om livet och rättar sina steg efter hans, nu går de med jämna snabba steg, hon bär en vit sommarklänning med högt liv och vid kjol, hon har snört av sig kängorna och dragit av sig strumporna, hon är barfota och barhuvad, det tjocka bruna håret hänger i en fläta över ryggen. Henrik säger utan att tänka sig för att han ofta har undrat hur Paradiset kan se ut, antagligen finns det inget Paradis men *om* det nu finns ett Paradis så finns det alldeles säkert här på jorden i juni månad en lördagseftermiddag i Valbo Socken. Här vandrar jag, Henrik Bergman i Paradisets Lustgård i den fullkomliga Glädjen. Det trodde jag väl aldrig. Det trodde jag aldrig skulle hända mig. Aldrig i livet. Och änglar! Och en Paradishund! Det är inte möjligt, det är ofattbart!

Det är femton läsbarn, sju pojkar och åtta flickor, några från längorna runt Sågen, några från Bruket, provinsialläkarens yngste son och Disponent Nordensons båda döttrar Susanna och Helena. De är äldst i kullen, Susanna är sjutton och Helena sexton. Alla är sysselsatta med att pryda och städa under fröken Magdas överinseende. (mörkblått förkläde

över den ljusa sommarklänningen och vidbrättad stråhatt)
Så kommer pastorn och hela hans hus, nu är det tjugoen
mänskor i det lilla kapellet, dessutom ett barn och en hund.
Man avbryter arbetet, hälsar och språkar, Anna slår sig ner
vid orgeln, Petrus trampar luft och så sjungs von Dübens
sommarpsalm: I denna ljuva sommartid, gack ut min själ
och gläd dig vid, den store Gudens gåvor! Se hur i prydning
jorden står! Se hur för dig och mig hon får, så underbara
håvor.
Ingen lägger märke till att Nordenson stigit in i kapellet
och stannat nere vid dörren. Han bär en elegant sommar-
överrock, ljus kostym och välknuten kravatt. Hatten håller
han i vänster hand. Ansiktet är blekt, han har magrat, det
rycker i höger mungipa, blicken är beslöjad, det tunna grå
håret välkammat, slätkammat, pomaderat.
Henrik är den förste som upptäcker besökaren, men han
läser välsignelsen efter sången. Sedan tar han några steg
mot Nordenson. Alla ser honom, ser på honom, det har bli-
vit stilla i kyrkorummet.

Henrik: Välkommen. Vill ingenjör Nordenson slå sig ner?
Eller vill ingenjör Nordenson kanske hjälpa till? Här
finns fortfarande mycket att göra.
Nordenson: Jag är ledsen att jag stör, men jag kommer för att
hämta mina döttrar.
Henrik: Det var mycket omtänksamt av ingenjör Nordenson,
men Susanna och Helena kommer nog att vara upptag-
na ytterligare en timme. Vi hade tänkt oss en genomgång
av frågor och svar inför morgondagens förhör.
Nordenson: Jag förstår att det blir komplicerat men jag är
rädd att mina döttrar måste avstå.
Henrik: Fröken Säll är säkert villig att ta med sig flickorna så

fort vi är färdiga. Ingenjör Nordenson behöver alltså inte vänta.

Nordenson: Jag kommer för att hämta mina döttrar. Mina döttrar. Susanna och Helena.

Henrik: Jag har förstått att ingenjör Nordenson avser att hämta sina döttrar. Tråkigt nog låter det sig inte göras inom den närmaste timmen. Flickorna är upptagna av andra göromål.

Nordenson: Jaså. De är upptagna. Av andra göromål. Helena och Susanna är upptagna.

Henrik: Ingenjören kan alltså inte hämta dem förrän om en timme.

Nordenson: Susanna, kom hit till mig.

Susanna: (orörlig)

Nordenson: Helena, kom hit till mig!

Helena: (orörlig)

Nordenson: (lugnt) Kom nu, mina döttrar. Jag kan inte vänta hur länge som helst.

Henrik: Jag föreslår att vi två går ut på kyrkogården och reder upp problemet. Det måste föreligga ett missförstånd av något slag.

Nordenson: På den punkten kan jag lugna pastorn. Här föreligger inte minsta missförstånd. Oavsett tidpunkt eller lokalitet är det Helenas och Susannas oavvisliga skyldighet att lyda sin far.

Henrik: Det måste finnas en lösning.

Nordenson: (lugnt) Absolut, pastor Bergman. Lösningen är att mina döttrar följer mig. *På ögonblicket!*

Henrik: Och om de inte lyder?

Nordenson: Jag vet att de lyder.

Henrik: Vad händer om jag ber er lämna kyrkan?

Nordenson: (stillsamt) Då kommer jag att bruka våld.

Henrik: Våld mot vem?

Nordenson: Mot vem som helst.

Henrik: Det är inte möjligt.

Nordenson: (försonligt) Driv inte det här spelet längre, pastor Bergman. Jag ber er hövligen att uppmana mina flickor att följa sin far.

Henrik: Ni är berusad.

Nordenson: Ni är också berusad, pastor Bergman. Men på ett farligare sätt. Ni är berusad av er makt över mina döttrar. Ni förödmjukar mig medvetet inför barnen. På det här sättet omintetgör ni Susannas och Helenas möjlighet att delta i konfirmation och nattvardsgång.

Henrik: (kort paus) Susanna och Helena, gå till er far.

Flickorna lämnar vad de har för händer. Utan att se sig om går de fram till fadern, stannar framför honom med bortvända ansikten och hängande armar.

Nordenson: Er order kom precis en halv minut för sent, pastor Bergman. För femton sekunder sedan beslöt jag mig för att förhindra deras deltagande i era blodsritualer. En dag kommer de att tacka mig.

Henrik: Ni kan inte göra så.

Nordenson: Vad är det jag inte kan göra? Kan jag inte förhindra att mina barn utsätts för en känslomässig våldtäkt, ett vidrigt apspel, en stinkande orgie i tårar och blod? Vad är det jag inte kan göra, pastor Bergman?

Henrik bryter det koreografiska mönstret och tar de få stegen fram till Nordenson. Han är mycket blek, blå skuggor har slagit upp under ögonen, munnen darrar.

Henrik: Ni är en usel mänska. Ni är hämndlysten, svartsjuk och vedervärdig.

Nordenson: (orörlig) Det är intressant att höra en präst skända en far inför sina barn i vittnens närvaro. Det är nästan medryckande att höra en andans man bruka sådana ord i guds eget hus. Gud är kärleken och Kärleken är Gud, var det inte så pastorn? Guds och Kärlekens hus. Ett Kärlekshus så att säga.

Henrik: Jag skulle döda er. (utan röst)

Nordenson: Hursa? Pastorn blev så lågmäld. Jag tyckte mig urskilja ordet "döda". Är det möjligt! Slå mig till marken. Det är lätt gjort. Jag tänker inte försvara mig. Ni är ung och stark! Slå mig. Jag är gammal och trött och som sagt — berusad.

Anna: Henrik. Sluta nu!

Rösten kommer långt bortifrån, den når knappast fram. Orörligheten löser sig, tyngd av hat. Nordenson vänder och går. Hans döttrar följer honom.

Vintern kom tidigt. Redan i början av oktober drog den första snöstormen fram över Forsboda och slog ut elektricitet, telefonnät, väg- och tågförbindelser. Efter stormen drabbade den arktiska kylan. Man mätte minus trettio grader vid Sågen och i skogarna kring Bruket. Det kom is på Storsjön och vattendragen. Bara forsen och strömmen nedanför prästgården lät sig inte bindas, strömfåran var svart mellan iskanterna och vattenfallet dånade avlägset.

Till detta med den ovanliga och märkvärdiga kylan kom kristidens prövningar, kanske inte så påtagliga ute på landsbygden som i städerna. Brödkort och kaffekort infördes (man hade druckit maskroskaffe i ett år). Karbiden försvann och det blev ont om stearinljus, fotogen blev en bristvara. Men i skogen fanns ved och man kunde hålla tämligen varmt i spisar och kakelugnar. Forsboda redde sig så där tämligen. Bruket och Sågen gick för fullt, man kunde fortfarande äta sig mätt, man kunde hålla värmen i husen och längorna och man kunde lämna ransoneringskorten utan avseende. Men det blev mörkt och stilla i den arktiska natten.

Henriks mor kommer äntligen på besök. Hon verkar glad och någorlunda frisk. Den stränga kylan plågar hennes astma men kakelugnen i gästrummet eldas dag och natt. Fru Alma blir helst sittande i gungstolen med sin bok eller sitt handarbete och Dag leker stillsamt på den utbredda filten eller ställer sig vid farmoderns knä för att höra en saga. Fru Alma berättar gärna sagor.

En solig eftermiddag vid slutet av besöket får Alma ont i sidan, hon tar sina tabletter men utan resultat. Hon reser sig ur gungstolen för att kalla på hjälp men faller omkull på golvet. För att inte skrämma barnet, skrattar hon lite och säger att tjocka farmor är en riktig klunsa och det är kanske bäst om Dag går och hämtar mamma eller pappa.

Dag står emellertid kvar och betraktar den omkullfallna farmodern med allvarliga blickar: ska du dö nu? Sedan sätter han sig på golvet helt nära och lägger handen på den sjukas panna. Hon sluter ögonen och tänker antagligen att det kan vara bra så här också. Men smärtan i vänster sida kommer tillbaka och hon får svårt att andas. Hon öppnar ögonen och säger ganska strängt att nu *måste* Dag hämta pappa eller mamma eller någon annan vuxen person som kan hjälpa farmor i säng.

Dag reser sig motvilligt och söker reda på mamma i köket. Hon har stoppat hunden Jack i bykkaret och tvättar honom med såpa. Mejan kokar kålsoppa, Petrus sitter vid köksbordet med en indianbok och Mia har farit med sparkstöttingen till posten.

Alma hämtas upp från golvet, läpparna är blå och smärtorna tilltar, de strålar ut mot skulderbladen och hon har återigen svårt att andas. Med förenade krafter får man den tunga kvinnan avklädd och i säng. Petrus och Dag står ur vägen och betraktar det sällsamma skådespelet med allvar men utan särskild förskräckelse. Jack har smitit upp ur bykkaret och skakat vätan ur pälsen, det blir ganska vått i köket. Därefter gömmer han sig under Mejans säng i jungfrukammaren.

Henrik försöker ringa till provinsialläkaren men telefonstationen meddelar att linjen till Valbo har rasat på grund av snön som tynger på trådarna, men att felet nog ska vara reparerat i slutet av nästa vecka. Eftersom Henrik är en duktig skidåkare bestäms att han genast ska ge sig av. Han räknar med att vara tillbaka med doktorn inom mindre än två timmar. Mejan tar hand om pojkarna (och Jack som ska sköljas och torkas). På botten av en burk finns fortfarande lite kakao. Mejan gör mjölkchoklad och skär till två stora brödbitar med flott. Det blir återigen lugnt i prästgården. Det är vindstilla över vitheten och solen vilar på skogskanten. Det är fortfarande ljust i gästrummet (som egentligen är barnkammare. Under farmoderns besök sover Dag i föräldrarnas sängkammare, det tycker han om).

Anna sitter vid sängen och håller den gamla kvinnans hand. Då smärtorna bedarrar slumrar hon några minuter. Det är alldeles tyst i himlen och på jorden. Solen lyser. Matsalsklockan slår två slag. Mejan och pojkarna skrattar. Jack skäller. Så är det stilla igen.

Alma: Anna.

Anna: Ja.

Anna lutar sig fram, helt nära, ser den mjuka handen genomskuren av fina streck och rispor, ögonlocken är slutna men darrar svagt, nu är andningen knappast hörbar, pulsen är långsam, blir långsammare, lite saliv i mungipan, det tunna håret i en grå slinga över den låga breda pannan. Handen.

Alma: Tror du att gossen blev rädd?

Anna: Det tror jag inte.

Alma: Jag menar när jag ramlade omkull?

Anna: Han sitter i köket och dricker choklad med Petrus och Mejan. Och Jack.

Alma: Jag är så klumpig. Jag tappade taget. Det blev ett fasligt brak.

Anna: Det var ju dumt att ingen hörde något.

Alma: Tror du att Henrik hinner tillbaka?

Anna: Det är inte så lång väg. Och provinsialläkaren har häst och släde och det är plogat.

Alma: Kommer du att lämna Henrik?

Anna: Nej.

Alma: Jag har en sådan underlig känsla.

Anna: Vi har haft svårigheter. Men nu är det bra.

Alma: Jag förstår inte varför jag oroar mig.

Anna: Vi har det bra, farmor.

Alma: Henrik är — nej.

Anna: Ensam?

Alma: Instängd — nej. Jag vet inte. Jag vet inte.

Anna: Jag lämnar honom aldrig. Det lovar jag.

Alma: Ser du det var så här: när Henrik bara var en liten kra-
ke och hans far var död och jag inte hade ett begrepp om
hur vi skulle leva — (tystnar)

Anna: Ja.

Alma: Jag gjorde en förfärlig dumhet.

Anna: Vi behöver väl inte —

Alma: Jo. Det är så förfärligt. Ett helt år bodde vi hos Henriks
farfar på gården. Henriks farfar och hans bror bodde
däruppe, du vet. Hindrich var ju kyrkoherde och den
andra, han den långa, var riksdagsman. Inte då, det blev
han senare. Vi hade ingenstans att ta vägen och så fick vi
bo på gården. Jag stod i dörren och såg på hur Hindrich
piskade min gosse, han var väl som Dag är nu, tre år kan
han ha varit. Det skulle vara någon sorts uppfostran.
Hindrich sa, att det var för pojkens egen skull. Henriks
farfar såg på, men sa ingenting. Jag var alldeles som för-
lorad. Jag bara stod där.

Alma talar lugnt och redigt utan känsloyttringar, det är som
om minnet av bestraffningarna tömts på alla känslor, en be-
synnerlig bild som det av någon dunkel orsak är viktigt att
kalla fram.

Anna: Var det ofta?

Alma: Hindrich var besatt av det här med "uppfostran" som
han sa. Han hade ju vuxna barn, en dotter, hemmadotter,
hon sa egentligen ingenting. Hon sa bara: du kan vara
övertygad om att far menar väl, det är inte så farligt, vi
fick också stryk, inte har vi farit illa. Du är så blödig, sa
hon. Pojken har blivit blödig som du. Han ska härdas lite.

Så där pratade hon. Henriks farmor var snäll, men hon var rädd av sig, hon vågade aldrig — jo någon gång.

Anna: Men tant Alma stannade inte?

Alma: Nej. En dag tog jag pojken med mig och for till Elfvik, ja du vet, systrarna på Elfvik, det var inte så storartat då. Men fint nog. Jag fick låna lite pengar av Blenda, hon som hade hand om förståndet. Hon ville inte ha mig boende, för hon tyckte inte om mig. Men jag fick låna lite pengar. Och så flyttade vi till Söderhamn, då.

Anna: Det var modigt.

Alma: Modigt?

Anna: Vill tant Alma ha något att dricka? Lite thé?

Alma: Ja tack, jag blir så torr i munnen av tabletterna.

Anna lägger Almas hand på täcket, hon är alldeles stilla. Solen lyser fortfarande men har sjunkit ner mellan träden och rummets skuggor djupnar. Kylan står grön över orörliga långsmala moln.

I köket härskar lugn och trivsel. Petrus läser högt för Dag, de sitter tätt tillsammans vid köksbordet. Mejan har slagit sig ner vid sitt handarbete. Kålsoppan ångar och doftar. Jack ligger platt, nyskurad och utmattad på golvet. Dagen sjunker.

Mejan: Hur är det med gamla frun?

Anna: Jag tror hon sover.

Mejan: Hon hade nog ordentligt ont?

Anna: Alldeles säkert. Vi skulle göra lite thé åt henne.

Mejan: Det ska snart bli.

Anna: Nu ska Dag sova middag. Jag går upp och lägger honom. Henrik och doktorn borde väl vara här vilket ögonblick som helst?

Återvunnen, återfunnen vardag. Lugna röster, vana hand-
grepp, göromål. Anna lockar på sin son som motvilligt läm-
nar Petrus och högläsningen. Jack rör på svansen för att visa
att han visserligen är vaken men mycket trött. Mejan bryg-
ger lindblomsthé som hon häller i en stor blomstermålad
frukostkopp, lägger några långskorpor på ett fat. Anna lyf-
ter Dag i famnen och bär honom upp för trappan: jag vill gå
själv, säger han sorgset men bryr sig inte om att spjärna, nu
står han på sängen, tröjan och byxorna åker av: vill du kissa,
nej jag har kissat. Du har ett stort hål på strumpan, vi måste
byta strumpor! Nej tack, nya strumpor sticks. Ner i sängen,
så där ja, ge mor en puss, så där ja. Var ska Dag ha *sin* puss.
Jaså, på näsan. Varsågod.

Anna sluter den gröna sovskärmen runt Dags säng. Ska
farmor dö nu? säger pojken tyst. Det ska hon inte, doktorn
kommer precis när som helst.

Om döden kommer och hämtar farmor och lassar upp
henne på en kärra, hämtar han kanske nån annan på sam-
ma gång, frågar Dag. Vad är det du pratar, säger Anna och
står kvar vid skärmen. Det skymmer starkt i det vita rum-
met, snöljuset är skugglöst och flyter in och ut genom fönst-
ren. Han kanske tar fel och hämtar mig i stället. Eller mor.
Döden kommer inte med någon kärra, säger Anna. Var har
du fått det ifrån? Far läste ju högt för tanterna i en bok! Jaså,
och det hörde du? Men det är en saga, förstår du. Döden
kommer inte med någon kärra och döden tar inte fel. Om
farmor dör så är det för att hon är så trött och har så ont.
Dag lyssnar uppmärksamt på moderns utredning. Så säger
han: Barn dör också? Anna står tyst och funderar, nu hör
hon Henrik utanför huset, han tar av sig skidorna och stam-
par snön av pjäxorna på förstubron.

Nu är far tillbaka, säger Anna. Sov nu pojken min, så ska

vi prata om allt det där när vi har gott om tid någon dag. Hon smeker honom hastigt över pannan och kinden, han blundar pliktskyldigast.

Henrik: Doktorn var inte hemma men syster Blenda lovade att säga till genast han kom tillbaka. Det var något olycks-fall vid Smedjan.

Mejan: Gamla frun sover. Jag var uppe med thébrickan och hon sa att hon var sömnig och ville sova, men hon drack lite thé. Jag hjälpte henne.

Henrik står i förstugan och snör av pjäxorna, är röd i ansik-tet av kylan, har dragit in snö, den korta pälsen och skinn-mössan ligger på vedlåren. Han snorar lite.

Anna: Jag satt hos henne en lång stund och hon var alldeles klar. Det kan hända att anfallet har gått över för den här gången.

Henrik: Jag går upp och tittar till henne.

Anna: Det är bättre att jag! Du är ju alldeles svettig, jag har lagt fram torra kläder framför kakelugnen i arbets-rummet.

Henrik: Kan vi äta lite tidigare idag? Jag har ett möte med kyrkvärden och de andra gubbarna nere i kapellet kloc-kan sex.

Mejan: Vi kan äta om tio minuter.

Anna: Jag skulle ju komma med. Det gällde julbasaren. Du får väl säga att jag blivit förhindrad.

Henrik tassar uppför trappan för att byta kläder och Anna öppnar försiktigt dörren till rummet där fru Alma sover. Hon ser genast att den gamla är död men går för säkerhets skull fram till sängen och gör en snabb yrkesmässig kontroll. Hon sluter den dödas halvöppna ögon, lägger samman hennes händer över bröstet och stryker håret ur pannan som fortfarande är varm och en aning fuktig. Sedan tänder hon ett halvt nedbrunnet stearinljus som står på nattduksbordet och ett annat ljus som står på den höga gröna byrån. Därefter går hon fram till sängen och betraktar den döda kvinnan. Hon känner efter vad hon känner: jo, högtid. Ömkan. Dödens majestät. Ur ditt sköte föddes Henrik.

Hon hör Henriks steg i trappan och går ut till honom, stänger dörren bakom sig. Han ser genast vad som hänt, står ett ögonblick orörlig på trappans sista steg, tar sedan Annas högra hand och börjar gråta, högt och ovant, utan tårar. Det är en besynnerlig och skärande gråt. Anna står först rådvill, sedan drar hon honom med sig in till den döda. Han stannar vid dörren, gråten tar ett hastigt slut, den är som förbjuden och måste fortast möjligt behärskas.

Anna: Hon somnade, det kan man se.
Henrik: Ja, men ensam. Ensam. Hon var alltid ensam.

I början av november drabbas landet kring Storsjön av ett snöoväder som med kortare avbrott varar i en dryg vecka. Kylan är som en svetslåga över mänskor och mänskors boningar, den fräter sig in i märgen, det är trettio grader kallt och snöstorm, det är som helvetet, det är som jordens undergång.

En morgon i gryningen kräks Anna i hinken, först tänker hon att det var nog den där strömmingen, den var fet och äcklig. Så kräks hon en gång till och blir svettig av förskräckelse. Det är inte strömmingen. Henrik håller henne på pannan, han står i långkalsongerna och undertröjan, har just börjat raka sig, har tvållödder i ansiktet. Då är det korven på den där nattsmörgåsen, jag kände att den var unken. Jag åt ingen korv, säger Anna och tittar rådlöst i spegeln. Jag åt ingen korv. Ja då vet jag inte, du har kanske blivit kall om magen därute på dass. Nej det tror jag inte, mumlar Anna drar ner linnet och blottar sitt vänstra bröst. Ser du! säger hon. Nej vad? Vad är det jag ska se?

Anna: Du kan väl för farao se att bröstet har blivit —
Henrik: Sötare?
Anna: Idiot! Ser du inte att det är annorlunda?
Henrik: Över natten?
Anna: Tänk om jag är med barn!
Henrik: Va. Vi har ju varit —
Anna: — så försiktiga. Fast jag vet inte vad du *egentligen* menar med försiktig.
Henrik: — du sa ju att du *ville* ha barn.
Anna: — det är ju sånt man säger.
Henrik: — när mamma —
Anna: — Äh!
Henrik: Där har kommit några ådror.
Anna: — det har ju blivit jättestort bara över natten. Och nu ska jag kräkas igen.
Henrik: Ställ dig på knä. Jag håller pannan.
Anna: Det blir ingenting.
Henrik: (sätter sig på golvet) Kom ska jag hålla om dig.
Anna: Jag fryser. Varför är det så kallt hela tiden?
Henrik: (sveper filt) Nu blir du varm.
Anna: Du kladdar ner mig med raklödder.
Henrik: Älskade hjärta. Gnäll och klaga!

Anna: Jag är så olycklig, Henrik.

Henrik: Är du *så* olycklig?

Anna: Varför måste det vara så ohyggligt kallt och så ohyggligt mörkt? Kan du svara på det?

Henrik: Vi har ju valt det här livet.

Anna: Och så tyst. Och så ensamt. Kan vi inte *resa* någonstans? Bara några veckor. Bara en vecka.

Henrik: Hur skulle vi ha råd med sådant?

Anna: Jag har råd. Och jag bjuder.

Henrik: Jag kan inte resa nu när kyrkoherden ligger med influensa. Det vet du.

Anna: Fy sjutton vad jag mår illa.

Henrik: Vill du krypa ner i sängen.

Anna: Nej, det är bättre så här med dig. (omfamning)

Henrik: Klaga mera!

Anna: Jag längtar efter mamma! Det är inte klokt, men jag längtar efter mamma.

Henrik: Då skriver jag ett artigt brev och ber din mor komma hit och hälsa på oss: "Det skulle för oss vara en innerligt kär glädje om tant Karin äntligen ville göra sig det stora omaket att besöka oss här i vildmarken."

Anna: Det vore gräsligt.

Henrik: Då vet jag faktiskt inte.

Anna: Jag längtar efter Trädgårdsgatan. Mamma och Lisen och Trädgårdsgatan. Och *Ernst!* (gråter lite) Jag längtar efter min bror!

Henrik: Stackars min älskade.

Anna: Vill du ha en unge till. Svara ärligt. Vill du ha en unge till.

Henrik: Jag vill ha tio. Det vet du.

Anna: Helst flickor?

Henrik: Eftersom du frågar. Jag vill gärna ha en flicka den här gången. Du har också mest lust på en flicka.

Anna: Jag har absolut inte lust att vara med barn.

Henrik: Jag ska bli så särskilt snäll.

Anna: Du är som du är.

Henrik: Vad var det där för tonfall?

Anna: Du är så barnslig, Henrik. Jag vill äntligen ha en full-vuxen mogen man.

Henrik: Så att du själv får vara liten och barnslig.

Anna: (snällt) Det där var både larvigt och banalt.

Henrik: Om du vill resa till din mamma några veckor —

Anna: Och ge henne den triumfen? Aldrig!

Henrik: Ja, då vet jag inte.

De sitter på golvet och håller om varandra insvepta i den stora sängfilten. Det dagas, snön bolmar och rasar, ljudlöst men utan nåd.

Torsdagskväll i början av december. Syförening i prästgården. Allt är som vanligt men gästerna är färre än vanligt, bara fem till antalet, något som inte enbart kan skyllas på kylan, väglaget eller bristen på fotogen, stearinljus, kaffe och andra förnödenheter.

Det finns anledning att presentera de närvarande: Gertrud Tallrot är sjuttio år och änka sedan åtskilliga år, hennes man arbetade i Smedjan. Numera hjälper hon till på poststationen när det är behov av extra hjälp. Hon är lång, mager och kutryggig, ögonen är klara bakom pincenén, tunnhårig, stor haka med något skäggväxt, gott humör och djup röst. Stor kofta och stövlar. Kliar sig i örat med strumpstickan, det ser vådligt ut.

Alva Nykvist är i femtioårsåldern och arbetar sedan

många år på brukskontoret. Hon är rundhyllt, blekblommig och livligt sällskaplig, ögonen är svarta och nyfikna. Hon förmedlar gärna lokala katastrofer och intressanta rykten. Hon är ogift och vårdar utan ömhet en ofärdig kusin. Hon är beläst, kristlig och företar resor till utlandet. Hon hör så att säga till brukets överklass, eftersom hon lever på arv från fadern, som var framgångsrik grosshandlare i Gävle. Fru Magna Flink har under åren blivit vän i prästfamiljen. Hennes man vistas större delen av året på resor, han är representant för verktygsmaskiner med huvudkontor i Enköping. Magna är en mörk, ståtlig skönhet, beslutsam och väl medveten om sin betydelse. Hon organiserar kommunens lottarörelse. Barnen är vuxna och studerar i Upsala. Om man ska säga något ofördelaktigt om Magnas karaktär så är hon både svartsjuk och possessiv, något hon döljer med viss skicklighet.

Märta Werkelin är trettio år och den nya lärarinnan i småskolan. Hon är övertygande snäll, tystlåten och har blå, något utstående ögon. Hon tycks ständigt förvånad, har tjockt askblont hår och är kvinnlig utan att veta om det. Eftersom hon är nykomling på orten är hon inte särskilt välinformerad.

Tekla Kronström är gift med en arbetare vid Sågen. Hon är mor till fem barn. Skarpa grå ögon, bred panna, höga kindknotor, stor mun (alla tänder i behåll), stora bröst och stor bak. Hon har uppnäsa, är kortklippt och liten till växten. De fem kvinnorna deltar i kvällens syförening, de dricker maskroskaffe och lyssnar till pastorns högläsning.

Henrik: (läser högt) Långt ifrån att nedslå Luciens mod gav raseriet över detta nederlag för hans ärelystnad honom nya krafter. Liksom alla mänskor som av instinkt föras till en högre sfär och komma dit innan de kunna reda sig därstädes, föresatte sig Lucien att offra allt för att stanna kvar i den höga societeten. Under sin vandring drog han, en och en, ut de förgiftade pilar som han mottagit. Han talade högt för sig själv, han snäste de dumhuvuden med vilka han sammanträffade, han fann kvicka svar på de dumma frågor, som gjorts honom och blev förtretad över att hans espri kom så där post festum —

Henrik tystnar, vänder sida: nytt kapitel, slår igen boken med en liten smäll och lägger den på det runda bordet med fotogenlampan. Anna reser sig och serverar honom kaffe. Var och en tycks fördjupad i sina händers förehavande. Henrik läppjar på den beska drycken och sätter ner koppen.

Henrik: Jag tror att jag till skillnad från Balzacs hjälte vill gå rakt på sak.

Ingen av gästerna tycks reagera. Anna går runt och serverar påtår. Hunden Jack gäspar.

Henrik: Jag skulle vilja ta reda på varför vi blivit så fåtaliga den sista tiden.

Tystnad.

Henrik: I början av hösten var vi mellan tjugoen och trettiofem. Nu är vi (räknar) fem. Plus Anna och jag själv — och så Jack förstås.

Tystnad.

Henrik: Låt oss skylla på kylan och väglaget, men jag tror inte att det är hela förklaringen.

Tystnad.

Henrik: Jag skulle gärna vilja veta om det finns en annan förklaring. Om någon av er kan komma på en annan förklaring.

Tystnad. Alla är koncentrerat sysselsatta.

Henrik: Då frågar jag direkt. Vad tror fru Tallrot? (paus) Fru Tallrot arbetar ju tidvis på poststationen och träffar en massa folk.

Vid detta direkta tilltal kliar Gertrud Tallrot sin stora haka och kisar över pincenén.

Gertrud: Jag vet inte riktigt vad jag ska svara. (paus) Jag för min del tror att folk är lite rädda, eller vad man ska säga. Jag vet inte, men det är vad jag tror.
Henrik: (häpen) Rädda?
Tekla: Jag hör ju inte till de där riktigt flitiga kyrkobesökarna, det gör jag ju inte. Men man har ju inte kunnat undgå att märka vissa saker.
Henrik: Nej, folk kommer inte så ofta.
Tekla: Det ena behöver för all del inte ha med det andra att göra.
Magna: Det tror inte jag heller.

Några av de andra kvinnorna håller med: nej det är nog skilda orsaker. Tystnad.

343

Henrik: Nej.

Märta: Det kan ju vara den här predikanten hos pingst-vännerna.

Henrik: Vi kan väl strunta i kyrkan och tala om våra tors-dagskvällar. Fru Tallrot säger att folk är rädda. Varför skulle folk vara rädda?

Alva: (livligt) Det vet ju vem som helst.

Henrik: Inte jag.

Alva: Nere på kontoret lär finnas *en lista* på alla som är med i syföreningen.

Henrik: Är det sant?

Alva: Jag har visserligen inte sett den där listan men Tors-tensson på kontoret sa att det fanns en lista och att den var inlåst i ingenjörns kassaskåp.

Henrik: Vad ska Nordenson med en sådan lista?

Tekla: Det är väl inte så svårt att räkna ut. Om det nu är sant.

Alva: Varför skulle det inte vara sant?

Tekla: (arg) För den där Torstensson är en skitstövel, en som hittar på saker för att skrämmas. Precis som sin herre och mästare.

Henrik: Jag förstår inte i alla fall. Skulle Nordenson —

Alva: Jag har också hört det där pratet om en namnlista. Men finns det *någon* som har blivit trakasserad eller illa behandlad?

Gertrud: Jadå för all del. Johansson och Bergkvist och Fry-dén har fått sparken utan förklaringar och Granström har blivit flyttad och fått sämre jobb och sämre betalt.

Tekla: Förmannen, jag menar Santesson, kom fram och frå-gade min Adolf om jag fortfarande besökte pastorns tors-dagskvällar? Går din kärring fortfarande på den där kär-ringpastorns kärringtorsdagar? Adolf blev förbannad och sa att Santesson var den värsta kärringen och att han

344

skulle — ja — skita i vad han och hans Tekla gjorde på torsdagarna.

Henrik: (blek) Men det här är ju inte möjligt!

Märta: Alla tänker på när Nordenson var i kapellet förra midsommaren.

Gertrud: Ja, det är klart. Det måste man förstå.

Märta: Jag är ju lite bekant med Susanna, hans äldsta dotter. Susanna sa flera gånger att det där kan far aldrig förlåta, den där förödmjukelsen inför konfirmanderna kan Nordenson aldrig förlåta.

Henrik: (skrämd) Men varför har ingen —

Tekla: Varför ingen har sagt något? Det är väl ändå lite mycket begärt, pastorn?

Alva: Nog har det sagts åtskilligt, men inte till pastorn. Inte till pastorskan heller.

Anna: Magna, har du vetat om det här? Och inte sagt något till oss. Det är ju —

Magna: Jag har hört en hel del sladder men jag har faktiskt inte brytt mig, eftersom jag tror att —

Anna: Men du har ju själv sett att våra torsdagar —

Magna: Ja, det har jag väl sett. Men jag tror att det finns en bättre förklaring.

Anna: En bättre förklaring? Vad menar du?

Magna: Det kan vi tala om en annan gång.

Anna: Varför inte nu?

Magna: För då skulle både fru Kronström och fru Tallrot bli ledsna och det vill jag inte.

Henrik: Jag vill — jag fordrar (upprörd) jag *fordrar* att du säger vad du vet. Eller tror dig veta.

Tekla: För mig behöver hon inte genera sig. Jag är redan så arg som jag kan bli.

Gertrud: Om det är det där vi vet *allihop,* så är det lika bra att

345

fråga pastorn direkt.

Alva: (plötsligt) Fast jag för min del tror ju att det finns en tredje förklaring.

Henrik: (verkligt rädd) Magna, du påstår att du är vår vän. Nu ber jag dig. Tala om vad du vet.

Magna: Kyrkoherden berättade för sin hushållerska, fröken Säll att Henrik och Anna var på besök hos Drottning Viktoria på Slottet i juni, det var väl i början på juni. Fröken Säll försa sig till några medlemmar i lottakåren, jag antar att alla satt och berömde Henrik och då sa hon väl, att honom får vi nog inte behålla så länge, för han har fått anbud att bli *hovpredikant.* Ja sen kom ju sommaren och hösten och alla pratade om det här och en del blev väl ledsna, antar jag. En del tyckte väl att Henrik var falsk som inte sa något om att han skulle sluta här hos oss.

Anna: Varför har du själv inte sagt något?

Magna: (sårad) Om ni båda tänker ge er iväg utan att säga något, så inte är jag den som springer efter och förhör mig om orsaken.

Anna: Men Magna!

Magna: Det kan ju hända att man hade uppskattat ett eller annat litet ord. Det är väl ingenting att tjata om.

Anna: Men Magna! Vi har ju *tackat nej!* Henrik blev tillfrågad i våras. Det gällde inte alls att bli hovpredikant. Han skulle bli präst vid ett stort sjukhus där drottningen är styrelsens ordförande. Vi var frestade, det är väl inte så konstigt. Men Henrik *tackade nej.* Jag var mycket mera osäker. Men Henrik *tackade nej!*

Magna: Jaså. (fortfarande förorättad)

Anna: Nu vet du alltihop. Det var väl ingenting att berätta.

Magna: Man kan ha olika meningar om den saken.

Anna: Ingenting har förändrats. Vi ska stanna här. Det har vi
bestämt.

Magna: Som en sorts uppoffring?

Anna: Vi *vill vara* här.

Magna: Det var ju snällt.

Henrik: Jag förstår inte varför du är så arg.

Magna: Jag är inte arg. Jag är ledsen.

Henrik: Jag förstår inte varför du är ledsen.

Magna: Nej, det är klart.

Tekla: När ni två kom hit till Forsboda blev vi glada, eller vad
man nu ska kalla det. Jag menar inte bara folk som går i
kyrkan regelbundet utan de flesta var nöjda.

Dörren öppnas och Mia kommer in med en korg ved. Hon
blåser på glöden i kakelugnen och lägger in vedträn, elden
flammar upp.

Gertrud: Man kan plötsligt inbilla sig att man har som en ge-
menskap.

Märta: Pastorn kom ibland ner till oss i skolan och höll mor-
gonbön eller tog över den bibliska historien. Det var till
stor glädje ska jag säga. Både för barnen och för mig. Vi
längtade efter att pastorn skulle komma. Vi sa till var-
andra: nu har pastorn inte varit här på länge, nu kommer
han snart.

Henrik: Varför var det ingen som sa något?

Märta: (förvirrad) Vad skulle vi ha sagt?

Henrik: Ni kunde ha sagt: Kom snart tillbaka.

Märta: Skulle vi ha sagt det?

Henrik: Till exempel.

Märta: Ursäkta mig pastorn, men det hade inte varit passan-
de. Det hade varit påfluget.

Henrik: Vi trodde ju att vi hörde till?

Tystnad. Gertrud Tallrot slätar ut sin stickning mot bordet, hon skakar på huvudet. Alva Nykvist fållar en kant, nålen rör sig kvickt. Hon biter i tråden med vita korta tänder, blicken är snabb och nyfiken. Magna Flink sitter görlös med de stora händerna i skötet, brodyrbågen ligger bredvid henne på bordet. Hon är ledsen, kinderna är röda och hon sväljer. Märta Werkelin har sträckt sig efter högläsningsboken och bläddrar utan att se. Hon suckar försiktigt. Tekla Kronström vänder på sin tunga kropp och tittar på Anna som står bakom henne med kaffekannan. Henrik håller händerna mot stolens armstöd, en ofrivillig illustration till en känsla: vad är det som sker just nu, just här i vår välbekanta matsal, i ljuset av vår beskedliga taklampa som förresten osar lite, fotogenet har blivit så dåligt. Jag måste gå fram till bordet och rätta till lampveken så att lågan inte sotar i taket. Henrik reser sig försiktigt och går fram till bordet, höjer armarna och dämpar den rödaktiga, rykande lågan.

Henrik: Den ryker.

Gertrud: Det är fotogenet som är så dåligt.

Alva: I Gävle går det inte att få tag i fotogen. Det hörde jag nere på kontoret.

Tekla: Snart sitter vi väl i mörker, som ena urtidsvildar. Och gnager på gamla köttben.

Märta: Pappa skrev och sa att vi alldeles säkert kommer med i kriget. För att hjälpa Finland. Och då kommer ryssarna med sin flotta och anfaller Söderhamn och Gävle och Luleå och bränner och skövlar precis som förra gången.

Anna: Kriget måste snart vara slut.

Tekla: Det tar inte slut förrän mänskorna tar över och slår ihjäl generalerna.

Det blir tyst igen. Henrik sätter sig på en stol vid matsalsbordet, han stryker sig över ansiktet, svindelkänslan lämnar honom inte.

Henrik: Så Anna och jag har bara inbillat oss?

Tekla: Vad menar pastorn?

Henrik: Vi trodde ju att vi — (tystnar)

Gertrud: Det är ingen som förebrår pastorn eller pastorskan. Man gör så gott man kan. Den goda viljan är det väl inget fel på. Till slut blir härvan i alla fall trasslig.

Tekla: Om jag hade varit i pastorns kläder, så hade jag tagit anbudet och rest härifrån så fort som möjligt. Här i Forsboda finns ingenting att hämta.

Anna: (tyst) Vi trodde att vi kunde vara till nytta.

Tekla: Förlåt, vad då för nytta?

Anna: Vara till nytta. (rådlös)

Tekla: Man blir rörd. Det blir man.

Gertrud: Nu ska Tekla inte bli elak.

Tekla: Vad ska en sån här liten vacker pastor och hans vackra pastorska kunna uträtta här långt ute i eländet.

Gertrud: Nu är Tekla bolsjevikisk.

Tekla: Äh, skitprat. Hör du Gertrud, du behöver inte försvara någon just nu. Framför allt behöver du inte försvara pastorn. Det går ingen nöd på honom. Han har sin stadiga utkomst av staten.

Alva: Jag har hört en annan förklaring.

Tekla: Det är ingen som är intresserad av dina förklaringar. Och nu ska jag gå hem innan jag börjar svamla.

Tekla Kronström suckar, så börjar hon omständligt plocka samman sin rekvisita. Till slut tar hon av glasögonen och stoppar ner dem i ett slitet fodral. Hon ger Anna en lång blick.

Anna: Får jag fråga fru Kronström?

Tekla: Varsågod.

Anna: Varför har fru Kronström kommit hit varje torsdag? Jag menar om —

Tekla: Det finns ingen förbindelse mellan vårat och erat. Ni förstår inte hur vi tänker och ni förstår inte oss. Så är det hela vägen.

Anna: Jag fick inte svar på frågan.

Tekla: Jaså. Nej. Svaret är enkelt. Jag tyckte väl om pastorn och hans fru. Jag tyckte om att höra honom läsa högt ur de där romanerna. Jag ville väl sitta här några timmar med de andra tanterna. Jag tyckte väl att det var vackert.

Hon tar i hand utan att säga något, nickar åt de andra kvinnorna. Uppbrott, fåordigt och generat, orden hänger i rummet som våta disktrasor. Alva Nykvist gör sig nyttig, hon dukar ut, borstar smulor med en liten silverborste och hjälper till med att vika samman duken. Plötsligt säger hon, nejmen jag tror att de andra har gått, jag är visst ensam kvar. Anna och Henrik är försagda, de ser inte på varandra.

Alva: Här har pratats både ett och annat. Och så den där *listan* förstås. Men jag tror ju att det finns en annan orsak. En som är värre. Det är väl prat förstås, precis som allt annat.

Anna, Henrik och Alva Nykvist blir stående. Henrik försöker tända sin pipa, Anna har tagit eldgaffeln för att röra ut glöden i kakelugnen. Alva står med korsade armar och huvudet lite bakåtböjt. Hon kisar under halvslutna ögonlock. Varken Anna eller Henrik har bett henne att stanna kvar eller att yttra sig.

Alva: Om jag inte visste att det jag nu säger är skamligt, ja skamligt förtal, så skulle jag inte säga ett ord, det är säkert. Det måste ni förstå.

Hon inväntar en reaktion men den uteblir. Hon harsklar och sänker huvudet. Nu betraktar hon sin sko som sticker fram under kjortelfållen.

Alva: Det är nog så att det *giftigaste* är det ingen som vill nämna. Nu tycker jag faktiskt synd om er båda två. Särskilt tycker jag synd om pastorskan, förstås.

Hon väntar några ögonblick, men ingen säger något. Hunden Jack reser sig och ställer sig vid Annas knä.

Alva: Det är nog så att många tycker att det här hemliga umgänget med Nordenson är det värsta. Man menar väl snarast umgänget med fru Nordenson. Eller rättare *pastorns* umgänge med fru Nordenson. Många är upprörda. Och många säger att de förstår varför Nordenson är så hätsk mot pastorn. Jag menar hela den där historien med döttrarna. Det var väl inte döttrarna det gällde. Många säger att det är synd om Nordenson. Att det är synd och skam. Jag far väl inte med skvaller, det är ju allmänt känt att fru Nordenson, att Elin är lite lätt av sig. Hon är så vacker och slät fru Nordenson. Och hon ler så vänligt, men det står en stank, ja en stank av liderlighet omkring henne. Så den där listan, om det nu finns någon, är nog inte det rätta skälet till att folk uteblir från kyrkan och på torsdagarna.

Allt detta sägs i en hövlig, saklig ton. Fru Alva Nykvist hetsar inte upp sig, hon skyndar sig inte heller. Hon låter den mörka blicken gå från Anna till Henrik och tillbaka, någon gång ler hon hastigt och urskuldande. Då hon äntligen avslutat sin information gör hon en hjälplös gest med handen: nu har jag sagt allt. Det var smärtsamt men nödvändigt, förlåt mig, vi tror ju inte på all denna fasansfulla —

Henrik nickar bekräftande och tar i hand.

Henrik: Jag får tacka för upplysningarna. Det har varit värdefullt. Anna och jag är ytterst tacksamma. Vilken *kväll*, fru Nykvist! Jag är överväldigad. *Vi* är överväldigade. Och tacksamma. (ler)

Alva Nykvist kommer slutligen iväg. Tamburdörren stängs. Henrik låser och vänder sig mot Anna. Hans ansikte är blekt men han skrattar.

Henrik: Nu Anna! Nu vet jag säkert. Nu vet jag hur viktigt det är att vi inte sviker de här mänskorna. Anna!

Han omfamnar henne med rörelse och kan därför inte se hennes ansikte. Plötsligt krafsar någon på tamburdörrens glasruta, därefter en försynt knackning. Anna drar sig ur omfamningen och öppnar.

På trappan står Märta Werkelin. Hon är upprörd och har tårar i ögonen: förlåt att jag besvärar, förlåt men jag måste säga något viktigt. Anna släpper in henne. Hon stannar innanför dörren under den högt hängande fotogenlampan, tar stöd mot väggen och gråter häftigt medan hon drar av sig de tjocka tumvantarna och den stora pälsmössan, det askblonda håret löser sig och väller ner över hennes axlar. Anna och Henrik blir stående handfallna och ovilliga: Ska vi inte gå in och slå oss ner, säger Anna lamt.

Märta Werkelin skakar energiskt på huvudet och snyter sig: nej nej jag ska gå genast, det är bara något jag måste säga först. Alla blir stående. Märta stödd mot väggen, Henrik med handen på trappans ledstång, Anna vid dörren till matsalen. Märta drar i sin långa schal.

Märta: Det är så förfärligt och jag är så ledsen. Varför ska det behöva bli som i kväll? Det är ju — groteskt. Det är ju — sjukt. Och jag skämdes. Jag skämdes för att jag inte vågade komma fram med det jag tänkte på hela tiden. Jag tänkte att det här som pågår just nu, det är *precis* som historien om min blus.

Hon snyter sig igen och är förvånansvärt vacker i sin upprördhet och med tårarna i de lätt utstående ögonen, de gråtsvullna läpparna och det glänsande håret över skuldrorna.

Märta: Det är som min blus. En dag tog jag på mig en vacker blus. Det var i våras och vackert väder. Jag ville att skolungarna skulle få se att deras fröken kunde vara vackert klädd. De skulle få se något vackert. Blusen är av äkta spets med hög krage och rysk knäppning om ni förstår, och så vidgar den sig över ärmarna och manschetterna är i ett annat material. Spetsarna är genombrutna och under spetsarna så är det rött siden, och så tog jag på mig en guldbrosch som jag har ärvt. Den satte jag här i halsen och så flätade jag håret i en tjock fläta som fick hänga över ryggen. Och så gick jag ner till barnen och så gick vi ut och ner i slänten, nedanför skolan och där satt vi och hade lektioner och det var ingenting märkvärdigt med

353

det. Sedan kom pratet. Om blusen. Aldrig direkt. Och jag
skämdes så fruktansvärt. Det var nästan som om jag hade
gjort något oanständigt. Men aldrig att någon kom till
mig och sa något direkt. (paus) Och ikväll är det *precis*
som med blusen. Jag vet inte hur jag ska förklara vad jag
menar, men det är samma sak. Vad är det för ett hat, vad
är det för en ovilja? Det är väl svårt nog ändå här långt
borta i mörkret. Och nu reser pastorn, det förstår jag.
Pastorn och pastorskan behöver inte tåla all den här vid-
righeten, och det här mörkret. Jag måste ju stanna. Jag
får inga anbud att bli lärarinna på Slottet. (skrattar) Det
lät avundsjukt, men jag är inte avundsjuk, förlåt mig! Jag
unnar er att komma härifrån. Och nu ska jag gå, stackars
ni, som måste vara utledsna efter allt snusket i kväll och
så kommer jag och stortjuter ovanpå. Godnatt och förlåt.
Nej, säg ingenting, jag är tacksam för att pastorn och pas-
torskan har lyssnat så tålmodigt. Godnatt.

Märta Werkelin sträcker fram en späd hand och säger god-
natt en gång till. Så försvinner hon i den arktiska natten,
hon halvspringer i backen mot grinden. Så är hon borta.
Anna släcker i matsalen och stänger kakelugnsluckorna.
En tung ordlös vrede rör sig långsamt i maggropen. Henrik
släcker i tamburen. Nattlampan brinner med svagt fladd-
rande ljus i övervåningens hall utanför sovrummen och
arbetsrummet. Det är månsken i fönstret till höger om
trappan. På golvets trasmatta ligger leksaker och bygg-
klossar. Petrus och Dag har använt övre hallen som lekrum,
vilket egentligen är förbjudet sen Dag ramlade utför den
branta trappan. Henrik går in i sängkammaren och tänder
ljus vid sängarna, han kränger hastigt av sig kläderna och
tvättar sig i handfatet, borstar tänderna. Kakelugnen är

varm efter kvällsbrasan, gardinerna är omsorgsfullt för-
dragna.

Anna plockar leksaker och byggklossar. Hon går fram
och tillbaka på hallens trasmatta. Hon är inte systematisk,
inte snabb. Hon slänger något i den stora trälådan, det hörs.
Så lämnar hon alltsammans och öppnar dörren till rummet
där Dag och Petrus sover. (Detta är egentligen Annas rum
som under Almas vistelse förvandlats till barnkammare. Ef-
ter dödsfallet har man inte kommit sig för med att verkstäl-
la återflyttningen.) Pojkarna sover djupt och ostörbart. Dag
ligger i säng hos Petrus. Anna lyfter upp sin son och stoppar
ner honom i hans egen säng, hon låter handen vila mot
hans huvud, mot hans hår, mot hans kind. Vreden som inte
har ord. Petrus andas ljudlöst, hans ansikte är utslätat, mun-
nen halvöppen, ögonlocken rycker, en puls arbetar i den
sträckta halsen. Är han möjligen vaken? Låtsas han sova?
Nej, han sover nästan säkert.

Vreden mot Henrik, ordlös och blind. Den famlar och
snubblar. Barnet rör sig i hennes mage, oroligt, utan
mjukhet.

Hon stänger dörren och återtar städandet på hallens tras-
matta. Trälokomotiv, grankottar och en pappskiva, bygg-
klossar, en stor tennsoldat, en teddybjörn utan öra. Henrik
borstar tänderna och spottar i handfatet, han spottar i
handfatet, hon har tio gånger bett honom att spotta i hin-
ken. Anna väger på stegen, nödtorftigt dämpade av trasmat-
tan. Henrik slutar borsta tänderna , häller ut tvättvattnet i
hinken. Det blir tyst eftersom Anna hejdat sig, hon håller en
trasdocka mellan händerna. Månsken.

Henrik: (osynlig) Kommer du?
Anna: Snart.

355

Henrik: (osynlig) *Är* det något?
Anna: Nej, hurså.

Anna tar några steg, stannar obeslutsam, går tillbaka, stannar igen, slänger trasdockan i lådan.

Henrik: (osynlig) Det var fasligt vad du stampar omkring därute.
Anna: Säger du det, du.
Henrik: Men skorna är vackra. (tittar ut) Högklackade.
Anna: Mindre lämpliga kanske?
Henrik: Vad menar du?
Anna: Med hänsyn till kvällens möte.
Henrik: Nej hurså? (står, liten paus) Kommer du nu?
Anna: Snart.
Henrik: (villrådig) Jag lägger mig väl?
Anna: Jag kommer snart.
Henrik: Jaha. (försvinner ur dörren) Ja, ja — (paus)
Anna: Henrik.
Henrik: Ja. (håller på med sängens kuddar)
Anna: Vi måste skicka iväg Petrus. Ju förr dess bättre.
Henrik: Snälla Anna. Det där tar vi i morgon, va?
Anna: Nej *nu!*

Hon står i sängkammardörren, börjar plocka hårnålar, ansiktet är halvt bortvänt, rösten en aning okontrollerad, hon måste andas.

Henrik: Varför har det blivit så brått med Petrus, den stackarn. Han stör väl ingen.
Anna: Jag har aldrig lovat att han ska få bo här för evigt. Jag har aldrig lovat att bli hans ställföreträdande mamma. Du får tala med fru Johansson.

356

Henrik: Javisst. (foglig) Jag ska tala med fru Johansson.

Anna: (inre skakning) Det är svårt nog ändå. Jag kan inte ta ansvar för en extra unge, det borde du begripa.

Henrik: Var inte så arg, Anna.

Anna: Jag är inte arg. Varför skulle jag vara arg?

Henrik: (sätter sig upp i sängen) Kom hit och sätt dig.

Anna: Nej, jag står bra.

Henrik: Jag ska tala med fru Johansson.

Anna: Genast. Genast i morgon.

Henrik: Så fort som möjligt.

Anna: Jag har försökt att tycka om den där lilla stackarn, men jag kan inte. Han är som en *hund.*

Henrik: Du tycker ju om hundar.

Anna: (ler lite) Idiot.

Henrik: Ja, han är främmande.

Anna: Han är en främmande sort. Det är bättre att vi klarar av den här saken så fort som möjligt.

Henrik: Det blir ett elände förstås. Stackars pojke.

Anna: Vi ska faktiskt ha en egen unge.

Henrik: (undergivet) Ja, det är klart.

Anna: Han sparkar och bråkar hela tiden.

Henrik: Hon. Det är en flicka.

Anna: Petrus är — Han ser på mig med sina hundögon och jag blir arg och så blir jag arg på mig själv, för man får inte känna motvilja mot ett barn.

Henrik: (trött) Det har varit ganska mycket i kväll och jag ska upp klockan sex, kan vi inte sova nu?

Anna: Förstår du vad jag menar?

Henrik: (uppgivet) Javisst förstår jag.

Anna: (lägger sig ner) Då sover vi väl. Godnatt.

Henrik: (kysser henne) Godnatt argaste.

Anna: (kysser honom) Godnatt pastorn.

Hon blåser ut sängljusen. Månsken. Petrus Farg står alldeles orörlig ute i hallen. Han har en lång nattskjorta med röda bårder och nattstrumpor.

Morgonen är isande vindlös och disig. Det snöar glest. I prästgården ligger den oförtröttliga Mejan till sängs, hon har hög feber och hostar skrällande, har strumpa om halsen, ansiktet är rött och ögonen glansiga. Mia som delar säng och sover skavfötters med Mejan är också förkyld men står vid köksbordet och förbereder middagsmålet. (I prästgården äter man frukost klockan halv åtta med gröt, ägg och smörgåsar. Klockan ett serveras varm dryck, smörgås med pålägg och någon varmrätt, det kallas med rätta middagsmålet. Kvällsmål äts klockan fem, det är två lagade rätter. Före sänggående dricks thé eller mjölk och tuggas hård knäckebrödssmörgås med ost.) Mia förbereder alltså middagsmålet vid köksbordet, brer smörgåsar med flott och korvskivor, dukar fram och ställer i ordning. Gårdskarlen har burit in ved och staplar i vedlåren. Anna och Petrus bär varsin korg med späntstickor till de omättligt glupska kakelugnarna. Dag sitter redan i sin stol och suger på en skorpa, han kinkar och snorar.

Anna: (kommer in) — från och med idag slutar vi elda i vardagsrummet, matrummet och barnkammaren. Vi får nöja oss med att hålla varmt i köket, jungfrukammaren och rummen på övervåningen. Jag undrar om inte Dag har feber.
Mia: Snorig är han i vart fall.
Anna: Hur är det Mia?
Mia: Mejan har det värre. Hon hostar så sängen skakar. Det

blir inte så mycket sova.

Anna: Du får flytta upp till Petrus och Dag. Vi ställer i ord-
ning tältsängen.

Mia: Bara Mejan kryar på sig.

Anna: Hon ska dricka varmt och hålla sig varm.

Anna häller Emsersalt och varmt vatten i en kopp och går in
till Mejan som blinkar rödögd, läpparna är torra och hos-
tan skräller.

Mejan: Jag känner mig bättre så jag tror nog att jag stiger
upp till middagen.

Anna: Drick det här och håll dig kvar i sängen.

Mejan: Men jag måste kanske på huset.

Anna: Du får sitta på hinken, det kan inte hjälpas.

Mejan: Det är ett elände.

Anna: Vi kunde ha det värre. Vi har varmt och vi har mat och
fotogenet har inte tagit slut. Få se nu vad du har för feber.
Du har trettionio precis, då har febern gått ner några
streck. Du ska se att du är uppe om några dagar.

Mejan: (hostar) Jag har nog lungsoten.

Anna: Du har inte lungsoten, Mejan. Det kan jag lova dig.

Mejan: Frun har ju varit sjuksköterska. Så frun ska väl veta.

Anna: Just det. Lägg dig ner nu, jag ska ställa in hostsirapen.

Anna går ut i köket och stänger dörren till jungfrukamma-
ren. Mejan hostar. Mia har tagit på sig ytterkläder och
stövlar.

Anna: Vart ska du ta vägen?

Mia: Jag ska till posten. Pastorn väntade tidningen.

Anna: Ska du gå ut i den här kylan fastän du är förkyld?

Mia: Jag tar sparken, det är ju plogat.

Anna: Jag går upp och bäddar. Vi äter väl om en timma, då är du tillbaka?

Mia: Alldeles säkert.

Mia stövlar ut och avlägsnar sig uppåt grinden, skjutande sparken. Anna letar fram en sagobok med illustrationer, hon ger den till Petrus: Du sätter dig här och läser för Dag medan jag går upp och bäddar. Du och Jack håller reda på Dag och på varandra. Jack som dåsat i spisvärmen reser sig genast och uppmärksammar sitt ansvar.

Anna drar stora vinterkoftan om sig och skyndar genom vardagsrummet och matrummet som är utkylda. Hon springer uppför trappan, upp i den övre hallen, där trälådan med de sammanplockade leksakerna fortfarande står lämnad på trasmattan. Hon lyfter upp den och bär in den i pojkarnas rum. Hon börjar genast bädda med snabba förargade rörelser. Henrik står i dörren.

Anna: Kom in och stäng dörren så att du inte släpper ut värmen.

Henrik: (lyder) Jag har tänkt på vårt samtal.

Anna: Vilket samtal?

Henrik: Vilket samtal? Vi talade om Petrus.

Anna: Jaså Petrus. Det brådskar väl inte.

Henrik: Igår kväll skulle han skickas på ögonblicket.

Anna: Jaså.

Henrik: Jag kan inte sitta därinne och skriva min söndagspredikan och veta att jag ska skicka bort Petrus. Jag kan inte.

Anna: (vänligt) Gör som du vill.

Henrik: Vi ska väl bestämma tillsammans.

Anna: Javisst. Nu bestämmer vi tillsammans att du gör som du vill. Din söndagspredikan är faktiskt viktig. (utan ironi) Det måste vi tänka på.

Henrik: Petrus är en medmänska.

Anna: (slutar bädda, ser på honom)

Henrik: Vad är det?

Anna: Ingenting.

Henrik: (tar i henne) Anna, var inte så avig.

Anna: Jag är också en medmänska, trots att jag råkar vara din hustru.

Henrik: Kan vi inte hjälpa varandra?

Anna: Hjälpa varandra?

Henrik: Anna!

Anna: (vänligt) Ja visst min vän! Vi ska hjälpa varandra. Gå nu in och skriv din predikan, så låter vi saken bero tills vidare. Är det bra så?

Henrik står kvar och suger på sin slocknade pipa, den jämrar svagt. Han bär en rymlig tröja och en schal över axlarna, skrynkliga byxor med knän, tofflor, vintersockor, byxbenen är instoppade i sockorna. Han vill antagligen säga något ytterligare, men Anna bäddar vidare och har vänt ryggen. Därför lommar han in till sin predikan och sin evangelietext som han har betalt för att stå i predikstol och tolka: "Tecken skola ske i solen och i månen och i stjärnorna, och på jorden skall ångest komma över folken. De skola stå rådlösa vid havets och vågornas dån, då nu mänskor uppgiva andan av förskräckelse och ängslan inför det som skall övergå världen". Jag ska stå vänd mot en handfull mänskor, se in i deras ansikten och tala om Det Ofattbara. Henrik biter i en trasig nagel: han har börjat bita på naglarna som i barndomen. Och så Anna som är så avig och gravid!

Anna har gått in i sängkammaren för att fortsätta städningen, den häftiga rörelsen gör henne gott: stackars Henrik, jag är elak, jag beter mig som en riktig satkärring. Hon skrattar för sig själv och rätar på ryggen, tittar ut genom fönstret.

Först förstår hon inte vad hon ser, sedan förstår hon och skriker, det är som i drömmen: Hon ser Petrus springande i strumplästen, barhuvad och utan överrock. I famnen bär han Dag som klamrar sig fast med armarna om hans hals. Jack springer efter i stora cirkelrörelser. Petrus är halkande och springande och hasande på nerväg utefter den uppskottade stigen mot tvättbryggan. Petrus ränner med Dag i famnen. Mot älven.

Anna störtar utför trappan och försöker genskjuta Petrus genom att korsa slänten. Hon sjunker genast till knäna i snön. Hon ser att Petrus avlägsnar sig alltmer, den sista vägbiten stupar tämligen brant mot vattnet. Hon pulsar och plumsar, det är som i drömmen, hon kommer knappast framåt. Hon skriker åt Petrus att stanna, han vänder på huvudet men fortsätter. Nu hasar han på baken i den halkiga lutningen. Hon ser Henrik komma rusande, han väljer den plogade vägsträngen, nu faller han framstupa, reser sig, halkar och faller igen. Petrus har försvunnit nedför backen, han håller Dag framför sig helt försiktigt och Dag skriker. Jack hoppar i cirklar, osäker om situationens innebörd.

Anna kommer slutligen upp ur snön, tumlar genom den skottade drivan och hasar utför den hala backen. Vid älvkanten står Henrik och håller sin son i famnen. Petrus sitter på marken. Han blöder ur näsan och läppen är spräckt. Blodet droppar på snön, han sitter med huvudet nerböjt, framåtböjt utan att klaga, han trycker handflatorna mot snön. Anna tar över Dag som fortfarande skriker, hon försöker lugna honom, tårar och snor rinner, han har snö i håret. Utanför tvättbryggan håller strömmen öppet vatten, det sorlar och skrämmer och är svart mot den vita iskanten. Henrik lyfter Petrus i kragen, de blir stående, flåsande. Anna är på väg mot huset, följd av Jack. Hon vänder på huvudet och ser sig om. Henrik slår pojken i ansiktet, han slår hårt, Petrus faller. Han reser honom upp och slår en gång till, pojken faller på sidan och blir liggande. Henrik rycker pojken i kragen så att han kommer på benen och släpar honom utefter vägen. Han dödar honom, tänker Anna likgiltigt. Petrus gråter inte, hans ansikte är svullet och blodigt, händerna är blodiga.

Nästa morgon sitter fru Johansson vid prästgårdens köksbord. Henrik står i köksdörren, han har dragit på sig stövlarna och den korta pälsen, den stickade luvan håller han i handen. På gården väntar häst och släde. Anna kommer in i köket, hon skjuter Petrus framför sig, de stannar mitt på golvet. Jack svansar och tassar oroligt.

Anna: Goddag, fru Johansson.
Fru Johansson: Goddag, pastorskan.
Anna: Jag får be om ursäkt att här är så stökigt. Båda flickorna ligger sjuka.
Fru Johansson: Så är det överallt. Vid Sågen är det bara halva styrkan och i Skolan är lärarinnan sjuk, så gamla lärarinnan vikarierar.
Anna: Jag tror att Petrus har fått med sig alla sina tillhörigheter. Jag har packat ner några böcker också. Petrus tycker ju om att läsa.

363

Petrus står mitt på golvet och ser inte på någon. Den blinda blicken är uttryckslös. Vid ögat är en svullnad och läppen har fått en spricka.

Fru Johansson: Pastorn har berättat alltihop. Det finns inte så mycket att lägga till.

Anna: Jag hoppas fru Johansson förstår att under nuvarande omständigheter vågar vi inte —

Fru Johansson: Nej nej. Det är klart. Det är då ingenting att resonera om.

Anna: Adjö då, Petrus.

Anna klappar honom på kinden, han böjer undan huvudet.

Fru Johansson: Då är det väl bäst att vi kommer iväg.

Hon reser sig tungt och tar Anna i hand: Jag får tacka så mycket för allt tålamod och all omsorg. Anna ser bort: Det var ju synd att det skulle sluta så här. Fru Johansson är generad: Pastorn och pastorskan kunde ju ändå inte ta hand om pojken för evigt.

Man blir stående. Slutligen tar fru Johansson tag i Petrus nacke och föser honom mot dörren. Henrik griper efter väskan och man avtågar under tystnad. Jack följer, han tycker om att åka släde. Henrik hjälper fru Johansson och Petrus, stoppar om med skinnfällen och sätter sig på kuskbrädan, manar hästen, bjällran pinglar. Ekipaget försvinner uppför backen mot grinden.

Anna ser efter dem. Det är ett stort mörker. Så småningom tvingar hon sig ut ur sin orörlighet och knackar på dörren till jungfrukammaren. Där är trångt. Mias tältsäng blockerar infarten. Hon ligger och kurar med svettig panna. Mejan sitter i utdragssoffan och stickar, hon hostar dovt. Kakelugnen rungar, järnluckorna skallrar, det är bastuvarmt och luktar svett och utdunstningar.

I morgon stiger jag upp, säger Mejan bestämt. Bara om du är feberfri, svarar Anna. Hur är det med Mia? Jag tror hon yrar. Hon pratar så konstigt så jag måste skratta, säger Mejan. Du borde kanske vädra, säger Anna. Det är ganska kvavt härinne. Jag tänker inte släppa ut den goda värmen, säger Mejan och hostar. Dricker du din Emser? Jadå. Och Petrus som fick åka sin väg? Ja, nu har Petrus åkt. Jag tyckte då aldrig om den där grabben, säger Mejan avgörande och rasslar med strumpstickorna. Är det säkert att jag inte ska ta disken? Du ligger! säger Anna och går ut i köket och stänger dörren.

Vid spisen finns en kopparcistern med varmvatten. Anna öppnar kranen, varmvattnet ryker och skvalar i diskbaljan. Hon fyller på med kallvatten och blandar i en klick grönsåpa (bristvara). Så lyfter hon upp baljan på diskbänken, det tar på ryggen, men hon är djupt inne i sitt mörker och tårarna rinner. Hon börjar diska efter gårdagens aftonmål. Så slutar hon tvärt, torkar händerna och sätter sig vid köksbordet. Spisen susar och knastrar men för övrigt är det stilla. En gigantisk tystnad som vilar mot Annas axlar och höjer sig som en pelare mot den isiga rymden.

Hon har suttit ganska länge, kanske har hon slumrat några minuter. Hon hör bjällran uppe vid grinden, grannen som lånat ut släden kommer klivande. Henrik hälsar, stiger ur, lämnar tömmarna. De båda männen språkar några ögonblick, Henrik stampar av sig snön på trappan. Anna reser sig och böjer sig bakåt, ibland värker det i ryggen eller har hon också blivit sjuk, det vore inte så underligt. Dörren öppnas och stängs. Anna diskar. Henrik står borta vid dörren och har börjat ta av sig pälsen. Anna diskar. Henrik sätter sig på en stol och drar av stövlarna. Anna diskar. Det skramlar: glas, porslin, gafflar, skedar, knivar. Henrik sitter vid fönstret, han håller pälsen över knäna, stövlarna står bredvid honom, luvan och handskarna ligger på bordet. Han ser oavvänt på Anna som diskar. Jack lägger sig under köksbordet.

Henrik: Det blev bäst så här.
Anna: (diskar)
Henrik: Det fanns ingen möjlighet att ha honom kvar.
Anna: (diskar)
Henrik: Jag tror han begrep.
Anna: (skramlar)
Henrik: Han grät inte ens.
Anna: (sätter ner tallrikarna i diskbaljan)
Henrik: Varför svarar du inte?
Anna: (svarar inte)
Henrik: Vi kan inte ha det så här. Anna!
Anna: (diskar)
Henrik: Du har ingen anledning att bära dig åt.
Anna: (slutar diska, står)
Henrik: Det är som om alltsammans var mitt fel.
Anna: (skakar på huvudet, diskar)
Henrik: *Sluta diska* och vänd dig om!
Anna: (slutar inte diska och vänder sig inte om)
Henrik: (tiger)
Anna: (tiger)

Henrik reser sig plötsligt, går tvärs över golvet och fram till Anna, sliter tallriken ur hennes hand och smäller den i diskbänken så att skärvorna far. Sedan tar han henne hårt i axlarna och vänder henne mot sig. Han andas häftigt. Ansiktet darrar.

Henrik: Tala med mig!
Anna: Du har skurit dig på tallriken. Fingret blöder.
Henrik: Det ger jag fan.
Anna: (lugnt) Kom så går vi härifrån. Det är onödigt att flickorna ska höra oss.

Hon torkar händerna på förklädet och går före Henrik ut i vardagsrummet. Där är bittert kallt.

Henrik: Kan vi inte gå upp till mig? Här är så vanvettigt kallt.
Anna: Nej. Jag har flyttat in Dag i vårt sovrum. Vi tänker bara elda i sovrummet och ditt arbetsrum. Vad ville du säga?
Henrik: Du måste tala med mig.
Anna: Det tjänar ingenting till.
Henrik: Vadsomhelst Anna. Allt är bättre än tigandet.
Anna: Det säger *du?*

Henrik andas, andedräkten bolmar. Anna står med ryggen mot fönstret, hon har dragit in händerna i ullkoftan och korsat armarna över bröstet. Mejans blå förkläde är för stort. Håret är i oordning, ansiktet grått.

Henrik: Vadsomhelst.
Anna: Jag har ett ansvar. Jag har ansvar för Dag och för barnet som kommer. Mitt *ansvar* säger mig att jag måste härifrån. Mitt ansvar för barnen är viktigare än min lojalitet mot dig.
Henrik: Jag förstår inte.

Anna: Jag måste ta Dag med mig och resa härifrån. Du vill stanna, eftersom det är din övertygelse. Jag respekterar din övertygelse men jag delar den inte.

Henrik: Och vart ska du resa?

Anna: Ja, vart skulle jag resa. Jag reser hem förstås.

Henrik: Ditt hem är här.

Anna: (tiger)

Henrik: Du kan inte göra mig så illa.

Anna: Jag har redan skrivit till mamma.

Henrik: Vilken triumf. För henne.

Anna: Det är alltså din första tanke.

Henrik: Jag förbjuder dig att resa.

Anna: Du förbjuder ingenting, Henrik.

Henrik: Och hur länge tänker du vara borta?

Anna: När du tagit ditt förnuft till fånga kan vi tala om framtiden.

Henrik: Vad för framtid?

Anna: Jag har talat med kyrkoherden. Eller rättare kyrkoherden talade med mig. Han påpekade att anbudet står kvar.

Henrik: Så du har alltså gått bakom min rygg.

Anna: Det kan man kanske säga, ja.

Det ryker ur deras munnar. Kylan trycker mot deras ansikten och deras kroppar. De förblir obevekliga: Anna med ryggen mot fönstret, Henrik innanför dörren.

Henrik: (lugnt) Det här ska jag aldrig förlåta dig.

Anna: Jaha, så vet vi det. Nu går jag till köket och gör färdig disken.

Hon går förbi honom, han vänder sig om och griper henne

368

hårt om armen för att hejda henne, hon gör sig fri och skrattar till. Han slår henne i ansiktet, hon hejdar sig och stirrar på honom.

Henrik: (panik) Ge dig iväg bara! (skriker) Res *för helvete!* Jag vill aldrig se dig mer! Ge dig iväg! Du har ljugit och smitit och gått bakom ryggen. *Ge dig iväg!* (skriker) Ge dig iväg bara!

Han slår henne en gång till. Hon ryggar och för långsamt upp handen mot kinden. Stirrar på honom oavvänt, mer häpen än egentligen skärrad.

Anna: (lågt) Du är ju inte klok.
Henrik: Jag visste att det skulle bli så här. Jag visste att du skulle lämna mig. *Jag visste det!*

Hon lyssnar inte på honom utan går ut i köket och stänger dörren efter sig. Henrik börjar gå över golvet, kylan tränger upp från golvtiljorna upp genom benen, magen och bröstet, upp mot halsen, munnen, ögonen.

Tre dagar senare är allt organiserat för en odramatisk avfärd. Anna meddelar att hon tar sin son med sig för att besöka sin mor i Upsala, något som alla finner naturligt. Makarna talar vänligt och hövligt med varandra. Hunden Jack gråter stilla över resväskorna. Anna ertappar sig själv med att sjunga medan hon packar. Mia och Mejan har tillfrisknat och den vardagliga husordningen är någorlunda återställd.

Pastorn följer sin hustru till Stationen. Det blåser, den lösa snön virvlar i tysta moln, solen är röd som ett sår, klockan är halv tio på förmiddagen. De har tagit skydd i väntsalen, ett stort rum med brunbetsade väggar, fasta träbänkar och en väldig järnkamin som glöder mer än den värmer. Mia är sysselsatt med att pollettera de många resväskorna, sedan ställer hon dem på perrongen där godsvagnen stannar. Henrik och Anna är ensamma i väntsalen. De sitter bredvid varandra på träbänken, Henrik håller Dag på knät, men han vill ner på golvet. Det blir ingenting sagt. Så signalerar tåget och dundrar in över växlarna, det blir tjocka, vita ångmoln i kylan.

Bönhuset är ett kalt rum med fyra höga fönster mot snöstormen och den arktiska natten. Träväggarna är osmyckade och grönmålade. På podiet finns en talarstol och en tramporgel (snabbfrälsare). Bakom talarstolen hänger ett svartmålat träkors. Två höga järnkaminer ombesörjer uppvärmningen. Åtta karbidlampor hänger i järnkrokar under taket och sprider ett starkt blåvitt sken. I salen finns femton långa bänkar utan ryggstöd. Trots ovädret har alla kommit, det är fullt hus, mer än fullt, folk står i gångarna och sitter på golvet, det är kvävande hett och vännerna svettas.

Nu sjunger man: "när Syndarn blind av överdåd, sig i fördärvet hastar, han förekommes av Din Nåd. Du till hans möte hastar och ropar: Stanna Syndaträl! Sök räddning för din arma själ! Vak upp och se din våda!"

Henrik ser sig omkring, han står inklämd mot väggen. Alla sjunger, stormen slungar snön mot fönstren, karbidlamporna lyser skarpt över bleka ansikten, gamla mänskor, unga flickor, familjer med barn, pojkar i uniform, ensamma. Hans församlingsbor.

Man sätter sig, flyttande och makande, det är ett stillsamt

hostande sorl. Pastor Levander stiger upp i talarstolen och ber en tyst bön. Sedan höjer han blicken och betraktar de församlade utan inställsamhet, han talar med ljus genomträngande röst.

Levander: Och man förde till honom en som var döv och nästan stum och bad Jesus att lägga handen på denne.

Församlingen: Ja, ja, prisad vare Herren!

Levander: Då tog han honom avsides ifrån folket och satte sina fingrar i hans öron och spottade och rörde vid hans tunga.

Rop: Halleluja! Herren vare lovad.

Levander: — och såg upp till himmelen, suckade och sade till honom "Effata" (det betyder "upplåt dig").

Rop: Effata, Jesus du min frälsare!

Levander: Då öppnades hans öron, och hans tungas band löstes, och han talade redigt och klart.

Rop: Han talade, han talade. Oh, Jesus! Jesus!

Levander: Och Jesus förbjöd dem att omtala detta för någon, men ju mer han förbjöd dem, dess mer förkunnade de vad som hänt!

Rop: Kom till mig Jesus! Öppna mitt hjärta!

Levander: Och folket häpnade övermåttan och sade: "Allt har han väl beställt, de döva låter han höra och de stumma tala". Halleluja, systrar och bröder låt oss tillsammans prisa vår Herre Jesus Kristus för de under han gör med oss dagligen och stundligen. Må vi med glädje höja våra röster i lovprisning och bön.

Orgeln piper och gnisslar och blir genast överröstad.

Alla: (sjunger) Förkrossad under lagens hot, utav din hand

371

jag ledes, till nådens tron, till korsets fot, där frälsningen beredes! Här renas jag i Jesu blod. Här fattar jag ett annat mod. Här liv i tron dig skänkes!

Levander: Guds nåd och frid vare med er alla, men särskilt med dig som kommer ur det yttersta mörkret, särskilt du som är dina gärningars slav, särskilt du som tror dig för-kastad och gråter tårar av blod, du som kvävs av dina onda ord och dina onda tankar, du som bär jord i mun-nen och ormars gift i ditt sinne. Nåd vare med dig! Jesu Kristi nåd vare med dig. Och måtte han varkunna sig över dig i denna natt och ge dig frid.

Församlingen: Halleluja! Guds Nåd! Kristi Kärlek!

Levander: Du som har gått vilse, må du fattas av Fadershan-den. Du som är ensam och tror dig förkastad, må du re-dan i denna natt se ett stort ljus i Fadrens, Sonens och den Heliga Andens namn. Amen.

Församlingen: (ropar) Amen, amen, amen.

Henrik försöker tränga sig mot utgången, han är nära att kvävas av hettan och trängseln. Nu reser sig församlingen, en trumpetare står på podiet. Det är Tor Axelin från han-delsboden, han är medlem i frivilliga försvarets musikcorps.

Församlingen: (dånande) Jesu blod min skuld avplanar. Jesus haver allt försonat. Jesus allt gott för mig manar. Att jag varder nådigt skonad. Jag en säker tillflykt får, uti Jesu djupa sår. Jesus hjälper ut ur nöden. Uti livet och i döden.

Henrik har kommit till dörren och tränger sig ut. Han ser förvånade ansikten, ett leende, någon viskar. Så är han äntli-gen ute ur den väldiga gåtfulla mänskohopen, mänsko-kroppen. Isnålar i ansiktet. Smärtan som befrielse.

Fru Karin Åkerblom väntar på tåget, som är försenat på grund av ett snöoväder över norra Uppland. De båda kvinnorna möts på perrongen men det blir inte tid till känslor. Barnbarnet kinkar, det gäller att dirigera: ett på förhand anskaffat stadsbud tar hand om polletteringskvittot, den hyrda droskan väntar.

I tamburdörren står Lisen, ännu fler känslor: hon har ju inte sett sonen, överallt ljus, värme. Kvällsmaten står på bordet, det är dukat med de handmålade engelska thékopparna. Anna och fru Karin går som hastigast runt i våningen, den går inte att känna igen, nu blir det ytterligare känslor. Matsalen är halverad och förvandlad till arbetsrum med skrivbord och bokhyllor, en bäddsoffa står färdig för natten: där ska jag sova, säger fru Karin. Du och pojken ligger i mitt rum, har du sett ett sådant trevligt rum! Jag tog bort en tredjedel av salongen och fick ett trivsamt sovrum. Vi har skaffat en barnsäng åt gossen, hoppas han ska trivas.

Efter maten ska Dag i säng, han somnar innan han har hunnit läsa aftonbön. Lisen stökar i sitt rum (det enda som har förblivit oförändrat). Fru Karin och Anna har stängt om sig: nu måste jag äntligen se på dig, säger modern och håller sin arm om Annas liv, nu måste jag se på dig.

De båda kvinnorna står på den gröna mattan i salongen, ljuset i kristallkronan är släckt, lampetternas speglar reflekterar de milda ljuslågorna: jag har längtat så fruktansvärt, säger Anna. Modern skakar på huvudet och stryker dottern över pannan och kinden: Nu har jag dig här i alla fall.

Anna: Jag blev så trött, förstår du.
Karin: Det är naturligt, du är ju i tredje månaden.
Anna: Alla var sjuka, jag blev rädd.
Karin: När blir det?

Anna: Provinsialläkaren trodde juli.

Karin: Du får gå till Fürstenberg. Jag har talat med honom. Han tar emot dig på måndag.

Anna: Mamma?

Karin: Ja.

Anna: Det är bäst att jag — (tystnar)

Karin: (efter paus, varsamt) Vad är det?

Anna: Jag är förvirrad och vill bara gråta.

Karin: Du har rest hela dagen.

Anna: Jag tänker inte bryta sönder mitt äktenskap. Jag tänker inte lämna Henrik. Du fick kanske en felaktig föreställning av mina brev.

Karin: (lågmält) Kom Anna, kom sätter vi oss här i soffan. Som i gamla tider. Vill du ha ett litet glas sherry eller en konjak. Jag tänker ta mig en redig konjak — du också, inte sant? Efter alla känslorabalder.

Modern serverar och ställer glasen på små runda silverbrickor. Man slår sig därefter ner i den välvilligt pösande gröna soffan. Fru Karin sätter en pall under fötterna, Anna petar av sig tofflorna (båda är klädda och kammade för natten). Hon drar upp fötterna under sig. En liten lampa med målad skärm står på soffbordet. Kakelugnsluckorna har öppnats för glöden som blinkar och flämtar. Bakom dubbelfönstrens broderade skärmar skymtar frostblommorna. Anna blundar. Fru Karin väntar. En släde pinglar nere på gatan. Domkyrkan slår tre kvartsslag, avlägset.

Den tjugonde december nittonhundrasjutton gör Bruket konkurs och ställer in alla betalningar. Samma morgon finner man ingenjör Nordenson död i sitt vardagsrum. Han

374

har skjutit sig med sin älgstudsare genom munnen. Halva bakhuvudet sitter fast i bokhyllan. I det vacklande, isiga morgonljuset samlas mer än hundra män utanför brukskontoret vars dörrar är låsta. På anslagstavlan finns ett prydligt textat anslag: inga utbetalningar. Utanför gårdens grindar posterar ett par poliser som kallats in från Valbo. Länsman och hans medhjälpare sitter i stora salongen och prövar ett samtal med fru Elin som med bortvänt, uttryckslöst ansikte och ett litet hövligt leende svarar ja och nej och jag vet inte. Han talade inte med mig om sina svårigheter, han talade inte alls på sista tiden. Min make ville inte oroa mig, jag vet ingenting. På pastorsexpeditionen är det bittert kallt. För att någorlunda broderligt fördela den obetydliga värme som kämpar med kallraset från de otäta fönstren har kyrkoherden ställt dörren till sitt enskilda rum på glänt. För ögonblicket är komministern upptagen av tjänsteärende och klockaren på väg till kyrkan för att om möjligt reparera en nerfallen tangent. Genast orgeln får luft ljuder den höga förtvivlade tonen, den måste tystas.

Kyrkoherden kallar på sin adjunkt, vill Henrik Bergman vara vänlig komma in till mig och stänga dörren. Varsågod och sitt. Var är nya klockaren? Han kan väl inte bara gå iväg så där utan att tala om vart han ska. Men han är ju ny förstås och sjunger bra. Han har bra röst, pojken.

Henrik: Han skulle till kyrkan och reparera orgeln. Det var någon tangent i övre manualen som ramlat ner. Han trodde att han skulle få tyst på den.

Gransjö: Henrik ska gå upp till Bruket och se om han kan vara till hjälp, ute eller inne. Jag blir kvar här och håller ställningarna. När det är så här kallt värker höften, jag kan knappt röra mig, jag skulle bara bli till besvär därborta.

Henrik: Jag går genast. (reser sig)

Gransjö: Vet Henrik om flickorna Nordenson är hemma eller om de kom iväg till sin mormor?

Henrik: De kom iväg.

Gransjö: Sitt ner ett ögonblick.

Henrik: Ja.

Gransjö: Hur är det fatt?

Henrik: Utmärkt.

Gransjö: Anna har rest till Upsala, hörde jag.

Henrik: Ja. Det stämmer.

Gransjö: Med pojken?

Henrik: Annas mor ville äntligen se dottersonen.

Gransjö: Kommer hon hem till jul?

Henrik: Jag vet inte.

Gransjö: Vet Henrik *överhuvudtaget* när Anna kommer?

Henrik: Nej.

Gransjö: Vad har hänt?

Henrik: Förlåt mig, men jag är inte beredd att avlägga någon bikt. Kan jag gå nu?

Gransjö: Naturligtvis.

Henrik: Jag vill inte vara ovänlig och jag är tacksam för farbrors intresse men jag anser tillfället illa valt att diskutera mina privata sorger när hela Bruket står inför en katastrof.

Gransjö: Brukets katastrof är ett faktum. Din katastrof kan möjligen undvikas.

Henrik: Var det något annat?

Gransjö: Jag vill påpeka att anbudet kvarstår.

Henrik: Anbudet? För min del är det ur världen.

Gransjö: Jag kan alltså skriva till Vederbörande och meddela att Henrik under inga förhållanden är intresserad. Vill Henrik det?

Henrik: Jag vore synnerligen tacksam.

Gransjö: Synnerligen tacksam. Det är noterat.

Henrik: Jag vet var jag hör hemma.

Gransjö: Och Henriks hustru?

Henrik: Hon har också bestämt sig.

Gransjö: Gå nu Henrik Bergman. Och gör sig nyttig.

Henrik bugar hövligt för den gamla herrn och går genom pastorsexpeditionen. Han knäpper den korta pälsen och trär på sig handskarna, i förstugan hämtar han sin pälsmössa. Ögonen är torra och svider av sömnlöshet. Nere vid avtagsvägen mot Bruket möter han Magda Säll, hon hälsar vänligt.

Magda: Är du på väg till Bruket?

Henrik: Farbror Samuel skickade mig.

Magda: Det talas om att skicka militär.

Henrik: Är det så illa?

Magda: Jag vet inte. Det var något som sas. När kommer Anna tillbaka?

Henrik: Jag vet inte så noga.

Magda: Vi ska resonera om Basaren. Nu blir det väl nödvändigt att skjuta på den.

Henrik: Farbror Samuel är kvar på expeditionen.

Magda: Jag tänkte precis hämta honom. Han går så dåligt när det är kallt. Och har värk hela tiden, stackarn.

Henrik: Jag hör av mig.

Magda säger något men Henrik har redan börjat gå den backiga vägen mot Bruket. På Järnvägsstationen står ett lokomotiv och några tomma godsvagnar. Ingen mänska syns till. Dagen har övergått i skymning. Ljuset är grått som bly. På planen framför kontoret och utanför gårdsmuren är det svart av folk. Länsman har klivit upp på en stege som står lutad mot magasinets vägg. Han talar med hög röst och säger att det är lönlöst att stå kvar. Alla bör gå hem och vänta på nya besked som kan komma i morgon eller i övermorgon. En utsänd från Statens arbetslöshetskommission är på väg och man har diskuterat möjligheten av att få igång arbetet redan till nyår. Bruket har inneliggande order och fordringsägarna sitter just nu samlade i Gävle och planerar för fortsatt drift. Jag ber er alltså att gå hem. Jag ber er att gå hem. Gå hem är ni hyggliga. Det finns ingen större anledning till oro. Vi ska framförallt inte ha bråk.

En hård snöboll slår i väggen. Länsman tittar häpet på träffstället och tittar sedan på den tysta mänskohopen. Han funderar kanske på att säga något men tiger och kliver ner från stegen. Folk viker åt sidan. Henrik blir stående modlös. Han känner igen sina församlingsbor, men han vågar inte närma sig. Han går genom de tigande klungorna, ibland hälsar han, man hälsar tillbaka.

Ingenjör Nordenson ligger på sin lädersoffa i arbetsrummet. Huvudet är ombundet, ansiktet sticker fram ur bandaget, den stora näsan står ut mer än vanligt, de tunna läpparna är halvöppna och blottar den övre tandraden, huden är missfärgad, skäggstubben mörk, ögonlocken röda. Han är fortfarande klädd i sin fläckiga morgonrock, skjorta utan krage, säckiga byxor och tofflor. Den elektriska taklampan lyser, annars är rummet redan mörkt i hörnen.

Fru Elin kommer fram till Henrik och rör vid hans arm. Hon håller ett brev i handen, skrivet med Nordensons ordentliga piktur.

Elin: Det här är hans avskedsbrev. Pastorn vill kanske höra vad han skriver (väntar inte på svar, börjar läsa med lugn röst). De sista åren, jag kan säga de sista två åren, har jag nästan varje kväll gått in i mitt arbetsrum, låst dörren och stuckit gevärspipan i munnen. Jag vill inte påstå att jag varit speciellt förtvivlad. Jag har bara haft en önskan att träna min vilja inför det oundvikliga. Det blir en stor lättnad att gå in i den slutliga, och som jag föreställer mig, absoluta ensamheten. Jag har sörjt för mina närmaste, för Elin och flickorna, de kommer inte att drabbas av den ekonomiska situationen. Jag har ingen anledning att be om ursäkt för min död även om den kommer att förorsaka en del praktiska och hygieniska besvär. Jag har heller inte någon anledning att be om ursäkt för mitt liv. Jag var som bekant tilltalad av alla slags spel. Jag vann någon gång, det var ju lustigt men egentligen likgiltigt. Själva levandet var ett av de banalare spelen, ett spel som jag för det mesta tvingades spela på någon annans villkor. Det var inte ens fråga om en slump. Kanske var jag någon gång min egen motspelare. Det vore i så fall den enda verkligt komiska poängen. Nu är jag berusad, tillräckligt berusad, och sätter därför punkt.

Fru Elin sänker brevet och andas hackigt, det blir som en torr snyftning. Hon ler generat.

Elin: Vill pastorn läsa en bön?
Henrik: Nej, jag tror inte det.
Elin: Pastorn tror inte att —
Henrik: Jag tror inte att ingenjör Nordenson skulle tycka om att jag stod här och läste böner. (paus) Har fru Nordenson talat med flickorna?

379

Elin: De stannar hos sin mormor över julen.

Henrik: Kan jag göra något? (rådlös)

Elin: Nej. Nej tack. Hälsa kyrkoherde Gransjö att jag kommer till expeditionen i morgon tidigt, så att vi får resonera om jordfästningen.

Henrik: Det ska jag framföra.

Elin: Då får jag tacka pastorn för att pastorn gjorde sig besvär.

Henrik svarar inte, tar bara i hand och bockar. På hemväg går han förbi brukskontoret. Det är fortfarande stängt men det lyser i fönstren och främmande herrar i hatt och överrock rör sig därinne, samtalar, river i pärmar, sitter vid borden och bläddrar. Det har blåst upp och snön kommer drivande i tjocka sjok utifrån Storsjöns mörka isvidd. En grönaktig, vacklande ljusrand dröjer över skogskanten. Hamnplanen och vägen ligger öde. Folk har gått hem. Det blev aldrig bråk. Någon kastade bara en snöboll som inte träffade.

Anna har klätt sig i en ankellång duvblå sidenklänning med högt liv och brett skärp under bröstet, vida ärmar, oval urringning, högklackade skor med slejf, genombrutna silkesstrumpor, halsband och örhängen. Hon har flätat sitt tjocka hår i en fläta som räcker till midjan, hon har parfymerat sig och svärtat ögonfransarna. Sonen Dag bär för första gången vit sjömanskostym, vita knästrumpor och nya blanka lågskor. Fru Karin har ifört sig en grå klänning i tunt ylle med spetskrage och höga manschetter. Hon har samlat sitt vita hår i en konstfull knut på hjässan. Fröken Lisen bär dagen till ära sin svarta helgklänning med brosch, små guld-

ringar i öronen, en äkta sköldpaddskam i håret och fin-
kängor med knarr.

Sålunda skrudade ämnar de tre kvinnorna och gossen
Dag fira den bedrövligaste julaftonen i Husets historia. Gra-
nen som står mellan fönstren i salongen är klädd med övligt
pynt. Trots kristid och ransonering lyser de många ljusen.
Under trädet ligger klappar i färgrika förpackningar. Kris-
tallkronan gnistrar och lampetternas speglar mångfaldigar
lågorna. På ett bord står en julkrubba med det bibliska sce-
neriet framställt av decimeterhöga figurer. En dold elek-
trisk lampa, inlindad i rött silkespapper, låter ljuset utgå
från Jungfrun och Barnet. En brasa sprakar och skjuter glö-
dande skott mot den skyddande brasskärmen.

På slaget fem dundrar det på dörren och morbror Carl
kommer intumlande utklädd till tomte: Är det inte förfär-
ligt, ropar han. Är det inte förfärligt! Jag blir galen! Va! Nå,
förfan! Finns det några snälla barn här. Eller bara lea kär-
ringar och förlupna fruar. Nej, nej mammchen jag ska vara
allvarlig, men jag skrattar nästan ihjäl mig när jag ser an-
strängningarna, det är inte klokt. Alltså *mittåt:* Finns det nå-
gon liten Snäll Gosse här? Morbror Carl vänder sin skräck-
injagande tomtemask mot fyraåringen som genast börjar
gråta. Carl sliter av sig masken, tar Dag på sitt knä och spe-
lar på läpp samtidigt som han trumpetar med näsan. Poj-
ken tystnar och stirrar hänfört på det uppsvällda, beskedli-
ga ansiktet som grimaserar och gör melodier. Nu är jag värd
en sup, suckar morbror Carl och sätter på sig pincenén. Det
var som jävulen vad damerna har klätt upp sig! Jag tror inte
mina ögon.

Så går vi till bords, säger fru Karin och tar pojken vid han-
den. Du ska sitta med mormor.

I köket är allt som det alltid har varit. Här skönjer man

ingen kristid och ingen hungersnöd, säger Carl och slår ihop de feta händerna. Vi bestämde först att vi inte skulle fira någon jul i år, säger fru Karin. Men så tänkte vi om. Pojken ska känna att det är jul som vanligt.

Några timmar senare har alla uttömt sina krafter och maskerna har krackelerat, ljusen flämtar och dör i hållare och stakar, brasan tynar och glöder, halvskymning. Gossen Dag har somnat i sin ännu så länge alltför stora säng omgiven av sina julklappar. Morbror Carl har sjunkit samman i gröna soffan. Hans tal är sluddrande, dessemellan slumrar han. Lisen sitter på en rakryggad stol med händerna på klänningens siden. Hon fixerar ett ljus i granen, det flammar till och slocknar, flammar igen, plötsligt är lågan blåaktig.

Fru Karin och Anna sitter i fåtöljerna vända mot kakelugnen, de ser in i glöden, låter sig omslutas av värmen som redan doftar aska.

Karin: Jag har börjat ta mig ett glas konjak innan jag går till sängs. Det både hjälper och värmer.

Anna: Hjälper?

Karin: Svårt att somna.

Anna: Mamma har väl alltid haft god sömn.

Karin: Inte nu längre. På den tiden då det stormade sov jag gott. Numera är det svårare. (dricker)

Anna: Tack snälla mamma för en fin julafton.

Karin: Jag tycker att den var bedrövlig.

Anna: Dag var nöjd.

Carl: (grymtar) Jag är också väldigt nöjd, mammchen.

Karin: Tack snälla Carl, det var vänligt sagt. (sträcker på sig) Jag är inte särskilt hjärtnupen, det är jag inte. Men jag fick lust att gråta. Flera gånger. Och då sa jag till mig själv:

du är ju inte klok, Karin Åkerblom, vad gnäller du för?

Carl: Man måste vara tapper. (flinar tyst)

Anna: Det kom brev från Henrik i förmiddags.

Karin: Jag ville inte fråga.

Anna: Han skrev att allt var bra.

Karin: Det var ju bra.

Anna: Han hälsade.

Karin: Tack, hälsa tillbaka, när du skriver.

Carl: (snörvlar) Jag varnade honom. Akta dig som fan för familjen Åkerblom, sa jag.

Anna: (ignorerar) Han predikar i stora kyrkan vid julottan. De har stängt kapellet tills vidare. Kaminen är sönder.

Karin: Då har han det ju ganska bra.

Anna: Det låter så. Han har skickat hem Mejan och Mia över helgerna. Han och Jack tar långa skidturer.

Karin: Hur klarar han maten?

Anna: Han är ofta bjuden till middag hos kyrkoherden.

Karin: (dricker) Så bra att han har det bra.

Anna: (gråter)

Karin: (ser på sin dotter)

Lisen: (vänder på huvudet och ser på Anna)

Carl: Nu är det precis dags för tomten att ta sig till hotellet. Tack för ikväll kära mammchen. Tack för ikväll fröken Lisen. Tack för ikväll, Anna din lipsill (ömt). Det är ju ingen reda med dig. Där fick du en stor våt puss. Gråt mitt hjärta! Kvinnorna gråter för att få vackrare ögon. Ja, ja, mammchen. Jag ska gå. Och i morgon ses vi inte för jag tar morgontåget till Stockholm. Nej, nej, jag klarar mig. Sitt kvar, sitt kvar för helvete. Jag är inte särskilt berusad. Tomtekostymen lämnar jag kvar på hotellet. Hälsa bröderna förresten och önska gott nytt år från mig. Nej, hälsa *inte* till bröderna. Det finns en gräns för min förljugenhetskapacitet. Ikväll är den nådd och överskriden. Jag får ingen ny tilldelning förrän på nyåret.

Det slår i tamburdörren. Carl visslar i trappan. Lisen stiger upp på en stol och blåser ut de sista julgransljusen. Sedan önskar hon godnatt och försvinner i köket, där hon dukar av och ställer undan. Karin sträcker ut sin hand och fattar dotterns hand.

Karin: Fryser du?
Anna: Nej, nej, jag är varm.
Karin: Din hand.
Anna: Ja, jag vet. När jag är ledsen blir händer och fötter iskalla. Det minns du väl. (utan övergång) Jag har sådan ångest för Henrik: jag har så fruktansvärt dåligt samvete.

Henrik har således hemförlovat Mia och Mejan på obestämd tid. Samtidigt visar han praktiska och organisatoriska talanger: han har bland annat vidtagit en effektiv frontförkortning, han flyttar in i den övergivna jungfrukammaren. På så sätt kan han bekämpa den kosmiska kölden. Det är eld i spisen hela dygnet, spismuren och kakelugnen håller varmt. För övrigt är husordningen minutiös: det diskas varje dag, utdragssoffan bäddas, fotogen ransoneras och fylls på, prästrocken borstas, byxorna pressas, han äter ett ordentligt lagat mål mitt på dagen. Förnödenheter hämtas av grannen som har dagligt ärende till handelsboden. Varje morgon tar han sig till pastorsexpeditionen på skidor, en halvtimmes färd om väglaget är hyggligt. Han beger sig hem i skymningen. Hunden Jack följer och vaktar, sörjer visserligen Någons obegripliga frånvaro men sköter sina förpliktelser.

Henrik skriver sina predikningar vid köksbordet, han går till vardags i en stor kofta med långa ärmar och krage, den är varm som en päls. Byxbenen är nerstoppade i grå sockor, han använder träskor. Han har låtit skägget växa, men ansar det med Annas kvarglömda nagelsax. Han har burit in en bokhylla i kammaren och fyllt den med angelägna böcker. Tolstoj, Rydberg, Fröding, Lagerlöf, Walter Scott, Jules Verne, Albert Engström och Nathan Söderblom.

Väckarklockan mäter tiden, det är ett gammalt monstrum av plåt och mässing, signalen kan väcka döda, nu tickar den fredligt. Elden rungar i spisen, pastorn sitter vid köksbordet och förbereder sin predikan för nyårsdagen. Det handlar om det motvilliga fikonträdet och den omsorgsfulle vingårdsmannen: "Herre låt trädet stå kvar också detta år för att jag under tiden må gräva omkring det och göda det, kanhända skall det så till nästa år bära frukt."

Han tänder sin väl inrökta pipa: det är äkta tobak, en julgåva av kyrkoherden som just slutat röka, han andas in den milda sötaktiga doften. Jack sover på sin mattstump under bordet, det rycker i benen och han morrar svagt. Plötsligt springer han upp och ställer sig vid dörren, någon närmar sig uppe vid grinden, någon på sparkstötting. Henrik öppnar till kökets förstuga och stänger bakom sig för värmen. Magda Säll rycker upp ytterdörren, köstrappan har under nattens oväder blivit en snödriva.

Magda: Goddag Henrik och god fortsättning på Helgen. Jag kommer med lite godsaker för dig och Jack. Farbror Samuel hälsar att du är välkommen att fira nyårsafton med oss. Vi blir inte så många, sju, åtta kanske.

Magda Säll håller fram den medhavda korgen. Den resliga, bredaxlade personen har intagit kökets förstuga. Det grå-sprängda håret sticker fram under schalen och krusar sig över pannan, kinderna och den ståtliga näsan är röda av ky-lan. De mycket mörka ögonen betraktar Henrik utan för-ställning, munnen ler: Vi ska väl inte bli stående härute, sä-ger hon och skrattar vänligt. Bjuder Henrik på något varmt? Hon drar av sig filtstövlarna: Jag är alldeles stelfrusen om tårna. Trots stövlarna. Kan jag ställa dem här framför spi-sen. Här är ju varmt och gott. Jaha! Och så har Henrik flyttat in i jungfrukammaren och gjort arbetsrum i köket. Jaha! Nu ser jag att pastorn är i färd med sin predikan och jag förstår nog att jag stör, men jag ska inte stanna länge. Jag sitter bara ner och pustar några minuter. Kaffepannan är varm känner jag. Går det an att ta en kopp. Jag ser att Henrik håller pryd-ligt omkring sig. Han diskar minsann också.

Hon har vrängt av sig den tjocka vinterkappan och schalen som ligger i kors över bröstet. Tröjan har jag stulit av farbror Samuel, och kjolen är tjugo år gammal, men passar bra i det här klimatet. Varför morrar Jack, är han arg för att jag stör?

Magda: Hur är det?
Henrik: Bra. Utmärkt.
Magda: (ler) Det var ju bra.
Henrik: Jag ser av ditt leende att du inte tror mig.
Magda: Men snälla Henrik —
Henrik: Hur *skulle* en ensam man kunna klara sig ensam, övergiven av sin hustru. Det är uteslutet, inte sant?
Magda: Det var ju bara en hövlig förfrågan.
Henrik: Och du får ett hövligt svar. Bra. Jag mår bra. Jag har det bra. Jag har inrättat mig.
Magda: Du låter arg.

386

Henrik: Mina tonfall rår jag inte på. Du kommer stormande på din sparkstötting fylld till nästippen av medkänsla. Det gör mig förlägen. Jag kan inte motsvara dina förväntningar.

Magda: Men snälla Henrik! (skratt)

Henrik: Jag ska tala om något för dig, Magda. Jag är den ensamma sorten. Jag har i själva verket alltid varit ensam. Tiden med Anna och min son gjorde mig förvirrad. Den stämde inte alls med mina tidigare erfarenheter. Jag inbillade mig till exempel att det fanns en särskild lycka som var avsedd för mig och som väntat bakom hörnet i alla år. Anna fick mig att tro någonting i den vägen. Anna och Dag. Jag blev nästan komiskt tacksam. Och som jag sa, förvirrad.

Magda: Du låter övertygande men — men jag tror i alla fall —

Henrik: Det finns inga men, Magda! Som du märker är jag fullkomligt lugn, jag talar lugnt. Om jag verkade irriterad var det en tillfällighet. Jag tycker inte om när någon tassar på mig. Låt bli att tassa på mig så lovar jag att jag ska vara både trevlig och konversant.

Magda: (ler) Jag medger gärna att jag hade väntat mig en i sorgen nedsjunken medmänska som jag skulle trösta med vänliga ord och överbliven julskinka.

Henrik: (ler) Det var snällt av dig att göra dig besvär. Jag är glad att du kom.

Magda sätter kaffekoppen på spisen, tar en stol och slår sig ner mittemot Henrik, ser på honom fundersamt.

Magda: Jag hade ett resonemang med farbror Samuel. Du vet ju att han tycker om dig. Han börjar bli ganska krasslig. Nåja, vi talade om dig och vi har börjat förstå att du är fast besluten att stanna här i församlingen trots alla svårigheter. (Henrik vill säga något) Vänta ett ögonblick, Henrik, låt mig tala färdigt. Farbror Samuel och jag kom fram till ett förslag. Nu ska du fråga: vaddå för ett förslag, dessutom ska du helst låta lite intresserad.

Henrik: (nådigt) Vaddå för förslag?

Magda: Du skulle helt enkelt flytta ner till oss i prästgården. Vi kan med enkla medel och begränsade kostnader inreda högra flygeln till din alldeles egna bostad. (med behärskad iver) Du får vardagsrum och kök där nere och i övervåningen kan du ha ditt sovrum och tvärs över trapphallen kan du ha ditt arbetsrum med utsikt mot sjön. Vi kunde städsla en hjälp som håller rent och lagar mat. Hon kan bo i stora huset, vi har flera små rum på vinden. (behärskar sin iver) Jag tror att kyrkorådet och kommungubbarna skulle bli väldigt nöjda. De kan utan dåligt samvete stänga kapellet och lägga ner den här prästgården.

Henrik: Ska kapellet stängas?

Magda: Åtminstone under vintern.

Henrik: Det har jag inte hört.

Magda: Jacobsson var hemma hos farbror Samuel i går. De talade om möjligheten av en stängning. På vintern. Uppvärmningen går på stora pengar.

Henrik: Det var ju märkvärdiga nyheter.

Magda: Ta inte illa upp. Det är inga nyheter, bara resonemang. Ingenting bestäms utan ditt hörande. Det förstår du väl?

Henrik: Och om Anna kommer tillbaka?

Magda: *Tror* du att Anna kommer tillbaka?

Henrik: Ingenting är definitivt. Hon har rest till Upsala på några månader. Barnet ska födas i juli.

Magda: Och sedan skulle hon komma tillbaka?

Henrik: Låt inte så misstrogen, kära Magda. Varför skulle hon inte komma tillbaka? Varför skulle inte två unga mänskor ha rätt att vara för sig själva några månader och enskilt pröva sina känslor?

Magda: För en stund sedan lät du ytterst övertygad.

Henrik: Övertygad?

Magda: Övertygad om din ensamhet. "Jag har alltid varit ensam, jag kommer alltid att vara ensam. Samlivet med Anna förvirrade mig." Och så vidare.

Henrik: Precis så känner jag det *just nu.* Om några månader, eller veckor eller kanske i morgon har jag kanske ändrat mig.

Magda: Du tycker om att säga emot, inte sant?

Henrik: (skrattar) Med risk att säga emot så svarar jag: nej, nej, inte alls. I vardagslag är jag bara suddig, beskedlig och lite mesig. För det mesta tycker jag att alla andra har rätt och att jag har fel.

Magda: Ditt skägg klär dig.

Henrik: Ett uttryck för min sanna personlighet? Eller kanske bara lättja, jag slipper värma vatten varje morgon. Jag slipper raka mig.

Magda: Tror du inte vi skulle få trevligt, om du flyttade in i gårdsflygeln?

Henrik: Tror *du?*

Magda: (leende) Spela schack, spela kort, göra musik, läsa högt, äta gott. Vara tillsammans? Henrik?

Henrik: Jo visst. Visst.

Magda: Vad tänker du på?

Henrik: Jag tänker på det jag skulle säga när du förvirrade mig genom att tala om mitt skägg.

Magda: Förlåt. (ler) Vad skulle du säga?

Henrik: Jag tror att jag mår bäst av att leva på Det Yttersta Näset. Både bildligt och bokstavligt. Då når jag den hårdhet, den skärpa — jag kan bara hitta banala ord för något viktigt. Magda, försök nu att förstå mig. Jag måste leva i försakelse. Då, *bara då,* har jag kanske en möjlighet att bli en bra präst. Så som jag *vill* vara men aldrig har *kunnat* vara. Jag är inte skapad för stora sammanhang, jag är inte särskilt klyftig — nej, jag säger det utan koketteri. Men jag vet att jag skulle bli en duktig arbetare i vingården om jag levde utan sidoblickar.

Magda: Nu är du mycket övertygande. Jag drar mig undan.

Henrik: Du låter ironisk.

Magda: (milt) Jag är inte ironisk, jag är gråtfärdig.

Henrik: Ja, det är många tårar som ska till.

Magda: (stryker honom över ansiktet) Nu ska jag gå innan det blir för sent. Jag menar, det har redan börjat mörkna. Lycka till med din predikan.

Henrik: Episteln handlar om fikonträdet som vägrade bära frukt. Och husbonden sa: hugg ner trädet, det står där år efter år och suger ut min jord.

Magda: Jag vet, jag vet. Och vingårdsmannen sa: låt mig vårda fikonträdet särskilt väl, så får vi se om det inte bär frukt —

Henrik omfamnar henne, de står några ögonblick vacklande, förstummade. Så gör hon sig fri och stryker undan håret ur pannan med sin stora hand.

Henrik: Jag har det bra, Magda. Det är inte särskilt trevligt, men bra. Jag tvingar mig att varje dag möta mig själv. Det är en ganska trist men obetalbar erfarenhet.

Magda: Du kan väl komma till middag på nyårsdagen i alla
fall?
Henrik: (ler) Jag tror inte det.
Magda: Farväl då.
Henrik: Tack, för att du besökte mig.

Magda har börjat påklädningen. Stövlarna. Schalen om hu-
vudet, den tunga kappan, vantarna. Jack har ställt sig upp,
han är nöjd med att gästen uppenbarligen ämnar ge sig av.

Magda: Nordensons begravning blir i Sundsvall, där finns
krematorium. Farbror Samuel envisas. Vi måste resa dit.
De var ju vänner på något underligt sätt. Jag såg dem sitta
lutade över schackbordet, en sällsam anblick, det kan jag
försäkra dig: Farbror Samuel så mild och änglaaktig.
Och så Nordenson, en osalig från helvetet, en demon.
Ditt skägg är verkligen förtjusande. Jag hoppas Anna får
glädja sig åt det.
Henrik: Anna tycker inte om när jag har skägg.
Magda: Det var tråkigt att höra!
Henrik: Du hinner säkert hem, innan det blir helt mörkt.

Köksdörren går igen. Ytterdörren gör motstånd, snödrivan
har vuxit. Dörren slår igen med en dov duns. Magda går
med raska kliv mot grinden, skjuter sparkstöttingen fram-
för sig. Korgen har hon glömt på diskbänken.
Så är Henrik ensam.
Skriker han? Nej.
Börjar han gråta, lutad över köksbordet? Inte troligt.
Går han fram och tillbaka i den grymt utkylda matsalen?
Det kunde tänkas, men det gör han inte.
Vad gör han, förslagsvis?

Han sätter sig vid köksbordet och lutar sig över sin halv-
skrivna predikan.

Han tänder pipan. Han tänder fotogenlampan.

Han ser ett ögonblick ut genom fönstret.

Den flackande skymningen, snön.

Kölden.

Här kunde spelet vara slut, varje slut och varje början måste
ju bli godtyckliga, eftersom jag berättar om ett stycke liv,
inte om ett påhitt. Likväl har jag bestämt mig för att tillfoga
en *epilog*, den är helt och hållet uppdiktad. Det finns ingen
dokumentation från första halvåret nittonhundraarton.
Nu är det i alla fall vår, försommar, juni månad. Studen-
terna har tenterat, firat, festat, sjungit och försvunnit, pro-
fessorerna och docenterna har dragit ner rullgardinerna
och rest till landet. Gatorna är tysta och parkerna blossar
och doftar. Trädskuggorna djupnar. Fyrisån sipprar besked-
ligt. Spårvagnen halverar sin turlista och de små svartkläd-
da gummorna som hållit sig inomhus hela vintern, dyker
plötsligt upp. De krattar gravarna, de kikar i skvallerspeg-
larna bakom gardinerna, de sitter på bänkarna i Botanicum
eller Stadsparken och låter solvärmen tränga in i leder och
benknotor.

Klockan sju på morgonen en solig torsdag i början av
juni landar ett godståg från Norrland vid Upsala Centrals
stenlagda lastkaj. I slutet av tågsättet finns (det var så på den
tiden) två åldriga personvagnar med träbänkar, spottkop-
par och järnkamin men utan varje spår av bekvämligheter.
En enda passagerare stiger av. Restaurationen har just öpp-
nats, han beställer en enkel frukost (det finns inte så mycket
att få, kristiden har blivit kärv). Sedan går han in på dasset

392

och tvättar sig, rakar sig och byter skjorta. Han bär en prydlig mörk kostym med väst, hård krage och svart slips. Sina förnödenheter förvarar han i en sliten svart portfölj som han jämte hatt och regnrock ställer in på godsförvaringen. Sedan beger han sig i långsam takt uppför Drottninggatan och viker av vid Trädgårdsgatan. Där fattar han posto mitt emot huset nummer tolv, väl dold bakom grindarna till Läroverkets gård. Ingen syns till. Den lilla spårvagnen gnisslar och försvinner i backen. Änderna tjattrar i Svandammen. Solen lyser, skuggorna förkortas. Domkyrkan slår tio. Nu öppnas porten och Karin Åkerblom stiger ut i det starka, vita ljuset. Hon drar en sittbarnvagn, Dag går bredvid och håller stadigt tag i vagnens armstöd. Så visar sig den som hållit upp porten. Det är Anna. Hon är mäktigt gravid och bär ljus klänning och vita kängor. Hon är barhuvad. Sommarkappan har hon lagt på vagnen. Det lilla sällskapet viker av åt höger och beger sig i sakta mak mot Svandammen. De ser inte Henrik som långsamt följer dem på motsatta trottoaren, dold av trädens och husens djupa skuggor.

De båda kvinnorna stannar och fru Karin lyfter upp pojken i vagnen, han står på knä vänd framåt och överblickar den närmaste omvärlden med belåten min. Man sätter sig åter i rörelse. Fru Karin säger något till sin dotter, Anna lutar huvudet åt vänster och ler, hon svarar. Båda ler, de har antagligen sagt något om pojken.

De går runt Svandammen och stannar framför Flustret som just öppnat sin parkservering. Det blåser i de stora träden. Henrik står på andra sidan dammen. Dag matar änderna. Anna ger honom små brödbitar ur en papperspåse. Fru Karin säger något och Anna skrattar. Han kan höra hennes skratt, trots att han står ganska långt borta. Det blåser och blåsten för med sig skrattet.

Anna tar sommarkappan från vagnen och en bok, hon lutar sig ner och knyter ett kängsnöre, vänder sig mot sonen och säger något, kysser honom. Så reser hon sig, nickar åt fru Karin och beger sig långsamt flanerande mot Stadsträdgårdens lummiga stillhet. Henrik följer henne.

Hon slår sig ner på en bänk i lindarnas skugga. På andra sidan grusgången plaskar en fontän omgiven av prunkande rabatter. Hon sätter sig tungt, böjer ryggen bakåt, stryker håret ur pannan (det blåser ju) och slår upp boken.

Henrik döljer sig i närheten. Kanske är han osynlig, kanske är han här bara i sina tankar, kanske är detta en dröm. Han betraktar henne: den böjda nacken, de mörka ögonfransarna, den mjuka munnen, flätan över ryggen, händerna som håller boken, den väldiga magen, vilken väldig mage, kängan under kjortelfållen. Hon vänder blad, slutar läsa, lyfter blicken, fontänen plaskar, det blåser i lindarna, det surrar bland rabattens blommor, en taltrast upprepar envist samma tonföljd, långt borta tutar en ångvissla. Jag är ju här, alldeles nära, ser du mig inte? Hon sänker boken, låter den ligga på bänken, vilar handflatorna mot bänken. Ser du mig inte? Nej. Jo. Nu vänder hon blicken åt hans håll, hon ser honom, döljer ansiktet i handen, sitter orörlig.

Anna: Vad vill du?
Henrik: En impuls bara. Jag hörde att det gick ett godståg på natten.
Anna: Vad vill du?
Henrik: Jag vet inte. Jag vill säga att jag — (tiger)
Anna: (tiger)
Henrik: Jag tänker hela tiden på dig och pojken. Jag längtar för mycket.
Anna: Jag kommer aldrig tillbaka.

Henrik: Jag vet.

Anna: Aldrig, vad du än säger.

Henrik: Jag vet.

Anna: Jag har haft så fruktansvärd ångest. Jag har känt mig som en förrädare. Nu är det bättre. Kom inte och riv upp alltsammans igen. Jag orkar inte.

Henrik: Du ska aldrig resa tillbaka, Anna. Jag lovar. Jag har skrivit till Pastor Primarius och tackat ja. Vi flyttar till Stockholm i höst.

Han tystnar och ser bort mot fontänen. Anna väntar. De är upprörda och darrande, men talar lugnt, rösterna är lugna. Hon sitter här och han sitter där. Var och en på sin bänk.

Anna: Vad ville du säga?

Henrik: (ler) Jag är inte någon begåvad martyr. Det räcker inte med god vilja.

Anna: Vi kommer kanske aldrig att förlåta varandra.

Henrik: Så du vill inte att vi ska fortsätta?

Anna: Du förstår väl att jag vill. Jag vill ingenting annat. Det är det enda jag vill.

Sedan vet de inte vad som bör och kan sägas. Därför sitter de tysta en lång stund var och en på sin bänk och i sina tankar. Anna är helt säkert upptagen av praktiska överväganden som har med den förestående flyttningen att göra. Henrik tänker på hur han ska förmå sig att se sina församlingsbor i ögonen under den tid som återstår.

Fårö den 29 oktober 1988